KB264256

지워지지 않는 상처

지워지지 않는 상처

초판 1쇄 찍은 날 · 2011년 11월 05일 ㅣ 초판 1쇄 펴낸 날 · 2011년 11월 10일
지은이 · 크리스틴 레슬리 ㅣ 옮긴이 · 장보철 ㅣ 펴낸이 · 김승태
등록번호 · 제2-1349호(1992. 3. 31) ㅣ 펴낸 곳 · 예영커뮤니케이션
주소 · (136-825) 서울시 성북구 성북1동 179-56 ㅣ 홈페이지 www.jeyoung.com
출판사업부 · T. (02)766-8931 F. (02)766-8934 e-mail: edit1@jeyoung.com
출판유통사업부 · T. (02)766-7912 F. (02)766-8934 e-mail: sales@jeyoung.com

ISBN 978-89-8350-768-6 (03230)

값 14,500원

지워지지 않는 상처

크리스틴 레슬리 지음, 장보철 역

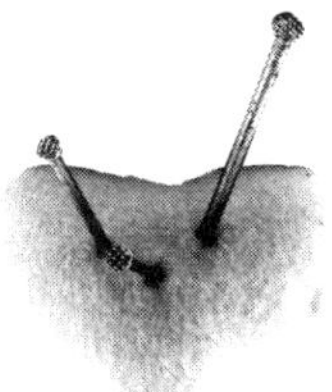

예영커뮤니케이션

When Violence Is No Stranger
by Kristen J. Leslie.
Copyright © 2011 Augsberg Fortress.
Korean translation copyright © 2011 Jeyoung Communications
Publishing House.
All rights reserved.

정의를 위한 것이 삶의 전부였던
나의 부모님 베티와 짐에게

추천사 1

우선 이 책의 출판을 기쁘게 생각한다. 성폭행에 관한 서적들이 나와 있긴 하지만, 이 책은 특별히 아는 사람들에 의한 성폭행을 집중적으로 다룸으로써 그 피해자들의 특수한 상황을 잘 정리하고 있고, 특히 목회신학 및 목회상담의 관점에서 다루었다는 점에서 교회 공동체 및 목회자들에게 큰 도움을 주고 있다.

성(sexuality)은 우리 사회에서 아직 자유스럽게 표현되고 논의되는 주제가 아니기 때문에, 성폭행은 비밀스러운 폭력이다. 은밀하게 매우 사적인 영역에서 이루어지기 때문에 드러나기 어려울 뿐만 아니라, 피해자가 이를 언급하거나 주장한다는 것은 매우 어려운 일이다. 큰 수치심과 사회적 오명(汚名)을 동반하기 때문에 피해자는 자신이 당한 폭력을 호소하기가 어렵다. 성폭행은 피해자에게 비밀스러운 상처를 남기기 쉽다. 더욱이 아는 사람들에 의한 성폭행은 피해자로 하여금 자신이 당한 폭력에 대해 외부에 공개하는 것을 더 어렵게 만든다. 그러므로 그것은 더욱 큰 상처를 남기게 된다.

이 책은 아는 사람들에 의한 성폭행이라는 비밀스러운 폭력, 그리고 비밀스러운 상처를 저자가 직접 만난 피해자들의 이야기들을 통해서 하나하나 짚어나간다. 그들의 이야기는 은밀하게 일어나는 폭력이 어떻게 피해자들의 몸과 마음과 영혼에 상처를 입히는지 우리에게 알려 준다. 성(sexuality)이라는 베일에 싸인 영역에서 일어나는 폭력이 얼마나 폭력적인지, 그리고 얼마나 개인의 몸과 그 삶을 파괴하는지, 그들의 이야기들을 우리들에게 생생하게 전해 준다. 그리고 저자는 그들의 입을 통해 교회와 목회자들이 어떻게 그들을 도와야 할지, 그리고 그들이 교회공동체와 목회자들을 얼마나 필요로 하는지 잘 전해 준다.

한편 우리가 경각심을 가져야 할 것은 교회 공동체 역시 이러한 성폭행이 일어날 수 있는 곳이라는 점이다. 만일 그렇게 될 때, 그 성폭행이 과연 공동체의 지도자들에게 정확히 알려질 수 있는지, 그리고 그 지도자들에 의해 치유적으로 잘 다루어질 수 있는지 우리는 물어야 할 것이다. 성(sexuality)이 금기시되어 있는 교회 공동체에서야말로 아는 사람에 의한 성폭행은 커다란 도전이다. 피해자가 될지도 모르는 모든 교인들에게 그 위험성을 어떻게 알리고 예방할 것인가, 피해자가 되었을 때에 이를 어떻게 대처하라고 가르칠 것인가, 그리고 이미 피해자가 되었다면 이를 어떻게 교회 공동체에서 다루어야 할 것인가 등에 대해 교회 공동체는 심각하게 고민해야 할 것이다.

성폭행 피해자들에 대한 목회 경험을 통해 저자는 그 피해자들이 하나님, 성서, 신앙과 관련하여 어떻게 씨름을 해 가는지 잘 묘사하고 있다. 그리고 신앙적인 문제들과 관련하여 피해자들을 어떻게 도와야 할지 저자는 의미 있는 충고들을 하고 있다. 신앙적으로 다루기 어려운 '성폭행' 문제를 다룸으로써 저자는 목회신학적으로도 공헌을 하고 있다.

끝으로 이 책을 번역한 장보철 박사에게 큰 감사를 드린다. 그의 노고를 통해 한국의 교회공동체와 목회자들에게 '아는 사람에 의한 성폭행'이 얼마나 깊은 상처를 피해자들에게 남기는지, 그리고 그들이 어떤 도움을 필요로 하는지 알려질 수 있게 되었다. 또한 한국의 목회 상담 분야의 전문가들에게도 이 책은 중요한 참고자료가 될 것이다. 이 책이 한국의 목회자와 목회상담가들에게 널리 읽히게 되기를 바라 마지 않는다.

홍영택
한국목회상담협회 회장
감리교신학대학교 목회상담학 교수

추천사 2

　　지난 몇 해 동안 많은 사람들에게 충격을 안겨 주었던 잔혹한 아동 성폭력 사건들이 연이어 발생했다. 이 아이들의 상처와 죽음에 우리들은 함께 마음 아파하며 눈물을 흘렸다. 우리 사회의 안전과 평화를 어디에서 찾을 수 있을 것인시에 대한 끊이지 않는 불안과 걱정이 안타까움을 더욱 크게 하고 있다. 정치권이나 정부는 '전자발찌', '신상공개'를 강화하고 '화학적 거세'와 같은 제도를 신설하는 것으로 우리들의 불안에 답했다. 그러나 이러한 제도가 우리들의 삶을 좀 더 안전하고 편안하게 만들어 줄 수 있을 것이라는 믿음은 그리 크지 않은 것 같다.

　　우리의 마음이 불안하고 염려가 끊이지 않는 까닭에는 여러 가지가 있겠지만, 두려움과 걱정이 넘쳐나는 것에 비해 정작 성폭력에 대해서 우리가 제대로 알고 있는 것이 많지 않다는 것도 큰 이유이다. 우리가 성폭력을 얼마나 제대로 알고 있는지, 성폭력이 어떤 상황에서 왜 일어나며, 이를 예방하기 위해서는 어떤 노력이 필요한지에 대해 우리가 얼마나 답을 할 수 있는지 생각해 보면 좀 답답해지기도 한다.

연일 성폭력 사건을 보도하는 언론이나 정부대책에서 말하지 않는 진실을 이야기하는 것이 꼭 필요하다는 생각이 절실하던 차에 『지워지지 않는 상처』를 만나게 되었다. 이 책의 저자 크리스틴 레슬리 교수는 '아는 사람에 의한 성폭력'을 둘러싼 주요한 이슈들을 꼼꼼하게 다루면서 성폭력 문제의 핵심을 정확하게 진단하고 있다.

2010년도에 한국성폭력상담소에 접수된 성폭력 피해 상담을 살펴보면 모르는 사람에 의한 피해는 전체 상담 중 약 12%, 아는 사람에 의한 피해는 약 85%로 대부분을 차지했다. 이것은 비단 2010년도만이 아니라 한국성폭력상담소가 최초의 성폭력상담소로 우리 사회에서 문을 연 이래 지난 20년 동안 변함없이 이어져 온 현상이다.

연령별로 보면, 어린이 피해 중 절반이 가족이나 친인척에 의한 피해로 가장 많은 수를 차지하고 있다. 그 다음으로 많은 경우는 유치원이나 학교에서 일어난 피해, 동네사람에 의한 피해다. 모르는 사람에 의한 피해는 5% 내외에 지나지 않았다. 성인인 경우 직장 내 관계가 37.1%로 상당 부분을 차지하고 있다. 어린이에게 친인척이나, 성인들에게 직장(특히 상사)관계에 있는 사람들의 특징은 무엇일까? 강자가 그 관계에서 발생한 '힘'을 '남용'할 때 약자에 위치한 사람은 한없이 무력해질 수 있다는 것이다. 연인관계, 학교의 사제관계나 친구관계에서 발생하는 성폭력 피해는 그 다음으로 많은 경우를 차지하고 있다. 『지워지지 않는 상처』에 나오는 생존자들의 이야기는 한국성폭력상담소로 찾아오는 내담자들의 사연과 아주 많이 닮았다.

생존자를 지원하는 현장에서는 매일 여러 가지 사연과 어려움, 이를 헤쳐나가기 위한 갖가지 노력과 전략, 이들 둘러싼 많은 고민과 토론이 이어지고 있다. 성폭력 피해를 경험한 어린이들과 이런 어린이들을 돌보는 부모님이나 선생님을 만나면서 오늘보다 더 나은 내일을 위해 무엇을 하면 좋을지 머리를 맞대곤 한다. 고소를 진행하면서 맞닥뜨리는 어려움 때문에 불면증에 시달리기도 하고, 학교나 직장에 가해자 처벌을 요구했다가 오히려 어처구니 없는 비난을 감수해야 하는 사람들을 만나기도 한다. 이제는 어른이 되었지만 오래 전 어렸을 때 피해로 여전히 힘들어하는 분들과 이야기를 나누기도 한다.

성폭력 피해는 비틀어진 세상에서 많은 여성들과 많은 약자들이 경험하는 일이다. 힘 있는 자가 힘 없는 자를 폄하하고 함부로 대하는 차별과 폭력이 세상에 만연하고, 사람들이 타인의 아픔과 고통에 무관심한 사회라면 성폭력 피해는 사라지기 어렵다. 그렇기 때문에 '성폭력은 내 문제가 아니라는 안일한 태도'나 '성폭력은 조심성 없이 행동하다가 당하는 사고'라는 그릇된 생각에서 벗어나, 우리가 해야 할 일이 무엇인지 적극적으로 찾아보는 노력이 필요하다.

타인의 고통과 어려움에 관심을 갖고 함께 아파할 수 있는 사회이어야 고통을 끊어내고 치유와 평화를 꿈꿀 수 있다. 이런 꿈이 있을 때 내 주변에, 그리고 내 안에서 힘겹게 입을 다물고 있던 아픈 상처들이 말문을 열기 시작할 것이다. 오해와 비난에 대한 두려움 없이 아프고 힘들었던 기억을 꺼내어 나누고 털고 닦으면 그 상처들은 치유될 것이다. 더욱 많은 사람들이 공감하며 위로하고 지지하는 세상에서는 약자를 폄하하고 공격하는 일도 결코 함부로 일어날 수 없다. 바로 이 꿈을 실현하기 위한 노력은 바로 오늘, 우리의 손으로 시작할 수 있다. 『지워지지 않는 상처』가 아름다운 변화를 위한 여정에 함께 하는 분들을 더욱 많이 초대하는 힘이 되기를 기대한다.

이윤상
한국성폭력상담소 소장

역자의 글

　아주 오래 전에 학교를 다닐 때, 가장 두려웠던 과목은 수학이었다. 워낙 숫자에 약한데다가 흥미마저 잃어버려서인지, 수학을 포기한 지는 아마 중학생 무렵인 것으로 기억한다. 하여간에 수학시험만 보면 무조건 매를 맞는 게 일이었다. 그때는 어린 마음에서인지 매를 맞는 게 무지하게 무서웠다. 시험 때마다 20여 대씩 족히 맞았던 것으로 기억한다. 그런데 맞는 것도 서러운데 선생님이 마음에 상처를 주는 말을 할 때가 있었다. 그러나 그 이후에도 몸과 마음에 상처받았던 기억이 아주 가끔씩 생각날 때가 있다. 그때 맞았던 다리의 상처와 선생님의 목소리가 내 몸과 귀에, 다른 아이들이 지켜보고 있는 생생한 현장과 함께 아직 남아 있기 때문이다.

　인간이 경험하는 고통 가운데 몸과 마음, 이 두 가지 모두 상처받는 것보다 더 견디기 힘든 일이 있을까? 그런데 이 세상에는 나보다도 더, 아니, 나와는 비교도 안 될 정도의 상처와 아픔, 눈물과 고통을 당한 사람들이 있다. 바로 이 책에 등장하는 성폭력으로부터의 피해자 혹은 생존자들이다. 그것도 아주 가까이 있는 친구, 부모, 이웃 아저씨 혹은 아줌마, 선생님, 목사님, 직장 동료, 데이트 상대 등으로부터 당하는 성폭행은 그야말로 온몸으로 껴안고 가야만 하는 평생의 질곡이다. 거의 30년이나 지난 과거의 일들이 내 꿈속에서 다시 살아나듯이, 성폭행의 피해자들은 어쩌다 한 번이 아니라 거의 매일같이 자신의 육체가 타인에 의해서 짓밟히는, 온몸이 스멀거리는 그 몸서리치는 기분을 다시 경험하고 있다.

지금 이 시간에도 신문과 방송을 온통 도배하다시피하는 성폭행. 익숙하지 않은 곳, 어두컴컴한 시간, 낯선 사람에 의해서가 아니라, 너무도 익숙한 장소, 일상적인 시간, 너무도 잘아는 사람에 의해서 저질러지고 있는 성폭행으로 인해 오늘도 많은 사람들의 (비단 여자들뿐만 아니라, 남자들도 성폭행의 대상이 되고 있다) 몸이 부서지고 있다. 마음이 병들고 있고, 영혼이 죽어 가고 있다. 이제는 토픽감도 되지 않는 성폭행으로부터 보다 자유로운 세상에서 살아갈 수는 없을까? 하나님께서 창조하신 우리 몸과 마음 안에 깃들여 있는 하나님의 형상을 회복할 수 있는 길은 진정 없는 것일까? 이러한 고민 속에서 아파하는 마음으로 이 책을 번역했다.

비록 미국의 사례를 담고 있기는 하지만, 우리 현실에 적용가능한 부분들이 많이 있기에 아마도 독자들에게 매우 큰 유익이 있으리라 생각한다. 특히 학교나 연구소, 혹은 상담소에서 상담학을 가르치거나 직접 상담하는 분들에게 실천적인 이해를 돕는 정보가 담겨 있는 책이다. 또한 교회 현장에서 사역하는 목회자들에게도 적잖은 도움을 주리라 믿는다. 그 누구보다도 성적인 유혹에서 벗어날 수 없는 현장이 바로 교회이자 목회가 되고 있는 현실을 인정하지 않을 수 없기 때문이다. 아울러서 성폭행으로 인한 아픔과 상처에 시달리는 가족, 친구, 혹은 교인들을 돌보고 위로하는 자리에 있는 분들에게 이 책은 매우 생생하게 읽힐 수 있을 것이다.

한국의 어려운 기독교 출판계의 상황 속에서도 기꺼이 이 책을 출간해 주신 예영커뮤니케이션의 김승태 사장님에게 심심한 감사를 드린다. 사랑하는 장녀를 잃은 아픔을 딛고 더욱 출판사역에 매진하는 모습에 목회상담을 공부하고 가르친 역자가 오히려 위로를 받는다. 졸속 번역을 더욱 아름다운 예술로 승화시켜 준 편집부 직원들에게도 고마움을 전한다. 바쁜 일정에서도 흔쾌히 추천서를 써 주신 감리교신학대학교 목회상담학 교수이자 한국목회상담협회 회장으로 섬기고 계시는 홍영택 교수님과 또한 현장에서 오늘도 노심초사 분투하고 계시는 한국성폭력상담소 이원상 소장님께 진심으로 감사의 말을 드린다.

아울러, 이 번역책의 원저자인 크리스틴 레슬리(Kristen Leslie) 교수에게 고마움의 마음을 표하고 싶다. 그는 오랫동안 예일대학교 신학부 교수로 목회상담학을 가르치다가, 지금은 미주리의 에덴신학교에서 후학을 양성하고 있다. 원고를 마무리하는 데 많은 도움을 준 역자가 섬기고 있는 워싱턴침례대학교 도서관 스태프들, 특히 배정배 군의 도움을 잊을 수 없다. 마지막으로 휴가 기간임에도 원고 교정으로 함께 시간을 보내지 못한 남편과 아빠를 이해해 주고 격려해 준 아내 김수진과 목소리가 '짱'인 아들 장현민에게 못다한 사랑을 표현하고 싶다.

지금 이 시간에도 어느 한 구석에서 아픈 몸을 어루만지며 힘들어하고 있을 성폭행의 생존자들에게 깊은 위로와 하나님의 만져 주심이 있기를 간절히 바란다. 이 번역책의 출간과 때맞추어, 한국 사회에 성폭행을 다룬 영화 〈도가니〉가 사회 여러 분야에 커다란 반향을 불러일으키고 있다. 바라기는, 사회의 썩고 또 썩은 부조리가 그저 흥미 위주의 대상이 아니라, 도려내어서 참으로 변화되어야 할 대상임을 우리 모두가 깊이 성찰할 수 있는 '실천적' 계기가 되었으면 좋겠다. 그러한 소중한 일에 이 작은 책이 도움이 되기를 기대한다.

이 책을 번역하는 데 표현과 용어 사용의 부족함을 느끼지 않을 수 없다. 본인의 지식 부족과 게으름으로 인해 일일이 확인하지 못한 부분도 있을 것이다. 독자들과 동료들의 지적을 부탁드리며, 더 열심히 노력할 것을 다짐해 본다. 우리 사회에 하나님의 사랑과 정의가 충만히 임하기를 기도하며 역자의 말을 맺고자 한다.

2011년 10월
생존을 향하여 온몸으로 싸우고 있는 이들을 위하여
장보철

한국 독자들에게

성폭행은 전쟁에서 중요한 무기로 사용된다. 전쟁 중에 한국 여성들을 지배하고 부끄럽게 하는 데 사용했던 구조적인 성폭행, 성적 노예와 성적 노예와 다름없는 행위들에 대해서 적지 않은 문헌들이 존재함을 역시는 보여 주고 있다. 제 2차 세계대전 후에, 일본군인들을 시중들게 하기 위하여 약 2십만 명의 한국 여성들이 위안소에서 위안부로 강제 징집되거나 유괴당했다. 이 여성 가운데 1/4 정도는 살아남지 못했으며, 강제적인 유산, 원인 모를 질병과 영구적인 신체적 상해 등에서 살아 남은 여성들은 대부분 아이들을 낳을 수 없었다. 이로 인해 오랜 세대에 걸쳐 한국 여성들과 그들의 가족들은 한(恨)을 경험했다. 성폭행이 한국 여성들과 그들의 가족에게 미친 장기적이고 여러 세대에 걸친 영향들이 시사하고 있는 바는, 한국교회를 섬기는 데 관심을 가진 사람들은 성폭행을 경험한 사람들이 경험한 영적이고, 심리적이며, 공동체적인 외상을 잘 이해하고 섬겨야 한다는 사실이다.

성폭행은 또한 많은 여성들에게는 오늘도 매일같이 일어날 수 있는 일이다. 2009년, 여성가족부(the Ministry of Gender Equality and Family)는 백 명의 한국 여성들 가운데 네 명꼴로 일생 동안에 성폭행을 당한 적이 있거나 성폭행을 당할 위험에 처한 적이 있다는 보고를 발표한 바 있다. 이러한 수치는 자신들이 당한 사건들을 관계당국에 신고한 용기 있는 여성들이 있다는 것을 보여 준다. 그러나 이와 반대로 성폭행을 당하고서도 신고하지 못한 여성들의 경우도 많다. 그들이 당하는 부끄러움과 경찰이나 다른 사법제도에 의하여 부당하게 다루어질 것이라는 두려움으로 인해 열 명 가운데 한 명이 채 안 되는 사례가 보고될 뿐이다. 종교 전문가들은 어떻게 하면 그러한 여성들이 은혜와 의미를 가지고 자신들의 수치와 두려움에 직면할 수 있을지에 대해서 알아야만 한다.

나는 가까이 있는 사람들에 의해서 저질러지는 성폭행의 생존자들이 부끄러움과 두려움, 그리고 고립감을 느끼는 것을 보고 그들을 돕기 위해 이 책을 썼다. 이러한 여성들은 자신들이 이 세상에서 새로운 존재 의식을 발견하기 위해서 애쓸 때 무엇을 경험하게 되는지를 목사들이나, 친구들 그리고 가족들이 이해하기를 바라고 있다. 폭력이 친구나 가족 구성원들로부터 저질러질 때, 여성들이 그동안 가지고 있었던 신뢰감이나 안정감은 산산조각이 나 버린다. 그들은 자기들과 함께 옆에서 함께 해 줄 수 있는 사랑하고 믿을 수 있는 믿음의 사람들이 필요하다. 이를 위해 우리는, 세상에서 신뢰를 다시 쌓기 위해 노력한다는 것이 무엇을 의미하는지를 이해할 필요가 있다. 성폭행 생존자인 한국 여성들은 그들의 상처를 치유하기 위해서, 성폭행의 실체들과 잘못 알려진 선입관들, 그리고 그들과 함께 하는 방법 등을 이해할 수 있는 믿음의 사람들이 필요하다.

이 책을 한국어로 번역하고자 하는 장보철 박사에게 고마움을 표하고 싶다. 그의 열정과 헌신을 통하여 장 박사는 부숴진 이 세계를 치유하기 위해 자신의 재능을 나누고 있다. 한국판을 만들어 가는 과정 속에서, 나는 장 박사의 동료로서 한국 여성들과 남성들에게 치유의 향기를 전해 주는 데 함께 협력할 수 있다는 사실을 무척 기쁘게 생각한다.

크리스틴 레슬리, PhD
목회신학과 돌봄 교수(Professor of Pastoral Theology and Care)
에덴신학교(Eden Theological Seminary)
October 10, 2011

차례

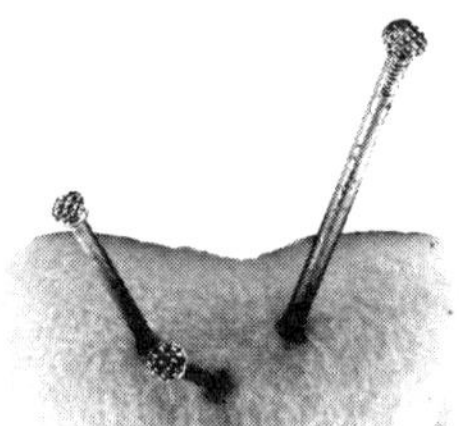

When Violence Is No Stranger

들어가는 글

성폭력에 관해서 다룬 글을 읽는 것은 어려운 일이다. 도저히 생각조차 할 수 없는 행동, 즉 가까운 친구에 의한 폭력 때문에 발생하는 고통을 보아야만 하기 때문이다. 보통 친구 사이에는 상처를 받을 것이라 생각하지 않는다. 더군다나 '성폭력'은 두말할 나위 없을 것이다. 그러나 친구들조차도 상대방을 성폭행한다. 그런 일이 일어나면 상대 여자의 세계는 산산조각이 나 버리고 만다. 이 책은 가까이 있는 사람에 의해 저질러진 폭력이 어떻게 한 여자의 세계를 부숴버릴 수 있는지, 그리고 친구들, 가족들, 신앙공동체, 그리고 목회상담가 등의 도움을 받아서 피해 여성들이 어떻게 치유받을 수 있는지에 대해서 다루었다.

최근에 나는 같은 동료로부터 이 책을 쓰는 데 힘들었느냐는 질문을 받았다. 물론 어려웠다. 내가 갖고 있는 이 세상에 대한 안전감이나, 남자들과의 관계를 고려해 볼 때 이 책을 쓰는 데 어려운 점들이 있었다. 비록 이 책이 성폭행에 대한 내용을 주로 하고 있지만, 성폭행 그 자체에 대해서 배울 수 있다는 이유만으로 이 책을 쓰지는 않았다. 그렇다고 내가 특별히 다른 사람들보다 악에 대항하여 싸우거나 한 것은 아니다. 내가 성폭행에 대한 책을 쓴 이유는, 그 사람들이 성폭행을 당한 뒤에도 여전히 살아가야만 하기 때문이다. 성폭행을 당한 여성들도 아침에 눈을 떠 깰 수 있고, 발을 땅에 딛고 일어설 수 있으며, 하루를 살아갈 수 있다. 그들의 생존 이야기 속에는 희망이 꿈틀거리고 있는 것이다. 그것이 바로 내가 이 책을 쓰게 된 동기이며, 독자들이 이 책을 읽어야만 된다고 믿는 이유이다.

만일 이 책을 읽는 독자가 목회돌봄가나 상담가 혹은 전문목회자라면, 이 책은 아는 사람에 의해서 성폭행을 당한 사람들이 정말로 무엇을 필요로 하는지에 대해서 알려 줄 것이다. 또한 이 책은 성폭행의 생존자들이 자신들의 세계를 재정립해 가는 장기적인 과정에 독자들이 함께 할 수 있도록 도와줄 수 있는데, 이때 당신이 그녀에게 어떤 식으로 도움을 줄 수 있으며 얼마나 신뢰할 만한지의 여부는 매우 중요하다. 만일 당신이 지금 성폭행을 당한 생존자를 돌보고 있는 친구 혹은 가족 중 한 사람이라면, 성폭행의 파괴적인 영향력에 대해서 알 필요가 있다. 그러한 파괴적인 영향력은 그녀가 혼자 당했던 성폭행을 이해하며, 그들을 어떻게 도울 수 있는지를 이해하는 데 도움이 될 것이다. 만약에 당신이 아는 사람에 의한 성폭행 혹은 다른 형태의 성적인 폭력의 생존자라면, 나는 이 책이 당신에게 치유의 목소리를 들려줄 수 있기를 기도한다. 그리고 당신이 이 책을 대하면서 그런 희망을 갈망하기를 바란다. 나는 어떤 사건에 대한 여러 가지 이야기들을 읽고 말하는 것은 우리에게 뭔가 변화를 가져다줄 수 있는 중요한 일이라고 믿는다.

내가 '아는 사람에 의한 성폭행'에 대해서 생각하기 시작한 것은 약 15년 전에 어느 대학의 교목으로 섬기고 있었을 때였다. 그때 성폭행을 당한 한 여학생이 내 사무실로 찾아왔다. 나는 기꺼이 그의 말을 듣고 신뢰했는데, 그 후 점점 더 많은 여학생들이 찾아오기 시작했다. 당시만 해도 나는 성적 폭행이라는 이슈에 대해서 정식으로 훈련을 받지 못했기 때문에, 이러한 여성들이 당하는 고통을 보다 더 효과적으로 이해하기 위해서 여기저기 워크숍이나 강의를 부지런히 쫓아 다녔다. 마침내 이러한 계기로 인해 대학원에서 이 분야를 전공으로 택하게 되었다.

목회상담 임상훈련의 한 과정으로서, 나는 캘리포니아의 포모나(Pomona) 시에 있는 성폭행 위기와 대처 서비스를 제공하는 기관인 프로젝트 시스터(Project SISTER)의 열정적이며 헌신된 스태프들이 주관했던 성폭행 위기트레이닝을 목적으로 삼고 있는 형사사법계획 사무실에서 일하게 되었다. 성폭행 위기에 대한 변호인이자 상담가로서, 나는 악에 직면할 때 용기를 가지고 저항하는 것이 무엇인지를 가르쳐 준

스태프와 내담자들과 함께 일을 했다. 나는 테라사 보룬다, 캐롤린 도밍구에즈, 에벌린 스톤, 매리 리치와 그 밖의 다른 프로젝트 시스터의 스태프들에게 고마움을 느낀다. 그들은 성적인 공격을 당한 사람들이 위기에서 빠져나와 치유하도록 도와주는 데 평생 동안 헌신한 사람들이다.

많은 사람들의 도움이 있었기 때문에 폭력과 치유에 대해서 생각하고 또 책을 쓰게 되었다. 누구보다도 나에게 자신들의 이야기들을 나누어 주었던 모든 여성 분들에게 고마움을 표한다. 그들의 이야기들은 다른 성폭행의 생존자들과 그들을 도와주고자 힘쓰는 우리들에게 치유의 중요성에 대해서 알게 해 주었다. 많은 주변의 귀한 친구들이 이 책을 쓰는 긴 여정에서 내게 힘과 격려를 해 주었다. 엘레인 바슬리, 덕 브라운, 슈 애셔, 네레느 존즈, 조 클레어 윌슨, 낸시 맥코맥, 레티 러셀, 샤논 클락슨, 요란다 스미스, 매릿 트렐스태드, 신씨아 테리, 그리고 미미 월터즈 등에게 나의 사랑을 전한다. 이 책을 써 내려가는 중에 이 책이 세상에 나올 수 있을까 회의와 의심이 생겼지만, 포트레스(Fortress) 출판사의 마이클 웨스트가 기꺼이 이 책을 출판해 주었기에 진심으로 감사를 드린다. 이 책이 나올 수 있도록 편집과 자료들을 모으고 정리해 주었던 카우디 맥클린, 맨디 브루머와 리사 제프콧 맥닐뿐만 아니라, 이 책을 편집하는 동안 물질적으로 그리고 인간적으로 후원해 주었던 와바쉬 교수와 학습센터(Wabash Center for Teaching and Learning)에도 고마움을 전하고 싶다. 마지막으로 처음부터 내 옆에서

무조건적인 지지와 이 책에 대한 강한 신뢰를 주었던 남편, 마이클 바
디에게 나의 사랑과 고마움을 함께 보낸다.

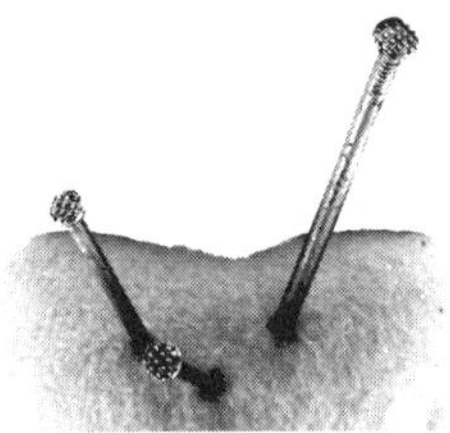

When Violence Is No stranger

서론

"나를 책망하는 자는 원수가 아니라 원수일진대 내가 참았으리라
나를 대하여 자기를 높이는 자는 나를 미워하는 자가 아니라
미워하는 자일진대 내가 그를 피하여 숨었으리라.
그는 곧 너로다 나의 동료, 나의 친구요 나의 가까운 친우로다.
우리가 같이 재미있게 의논하며 무리와 함께 하여
하나님의 집 안에서 다녔도다.(시 55:12-14)"

소피가 나의 사무실을 방문하고 난 이후로 나는 가족, 친구, 직장 동료 등 가까운 아는 사람(知人)으로부터 성폭행당한 생존자들이 그로 인해 발생하는 정신적, 심리적 그리고 사회적인 충격에 어떻게 대처해야 하는지 관심을 갖게 되었다. 사실 소피의 이야기는 다른 성폭행 사례들에 비해 그리 이상할 것이 없는 평범한 내용이었다. 파티에서 맥주 몇 병을 마신 후 집으로 돌아갈 때 그녀의 친구인 데이비드가 집까지 바래다 주었다. 그 후 데이비드는 소피의 방에서 강압적으로 그녀를 성폭행했다. 그녀는 단지 아주 극소수의 가까운 친구들에게만 이 사실에 대해서 털어놓았을 뿐, 가족에게는 알리지 않았다. 그때 그녀

는 성폭행을 피할 수 있었다고 생각하고 있었다.

그런데 2년이 지난 어느 날 갑자기 전혀 예상하지 못했었던 일들이 그녀에게 발생하기 시작했다. 음식을 거의 먹을 수 없었고, 잠도 쉽게 잘 수 없었으며, 많은 사람들 속에 있을 수도 없었다. 더욱이 자기 자신에게 무슨 일이 발생했는지조차 이해할 수 없었다. 이런 상황에서 소피는 나에게 도움을 요청하기 위해 사무실을 방문했던 것이다.

당시 대학교 교목이었던 나는 아는 사람에 의한 성폭행에 대해서 아는 바가 거의 없었다. 어린 시절 나는 부모님으로부터 어두운 골목을 혼자 걸어갈 때나 혹은 지나가다가 트렌치코트(군복 모양의 벨트가 달린 레인코트)를 입은 낯선 남성들을 만나게 되면 조심하라고 배우며 자랐을 뿐이다. 나는 여성들은 방문을 잘 잠그고, 절대로 혼자 다니지 않으며, 밝은 곳으로만 다니고, 옷을 여성답게 잘 입기만 하면 성폭행의 위험들을 극소화할 수 있을 것이라고 배웠다. 그러나 소피가 당한 폭력의 경우를 보면 위에서 나열한 범주들에 잘 들어맞지 않았다. 바로 낯선 사람이 아니라 평소에 알고 지내던 친구에 의한 성폭행이었다. - 사실 이 말이 나에게는 논리적인 모순으로 들린다 - 만일 나 자신이 그러한 앞뒤가 잘 들어맞지 않는 경험들을 했었다면 소피가 고통받고 있는 심리적이고 영적인 혼란을 상상할 수 있었을 것이다. 그러나 나는 그 전까지 친구와 성폭행을 연결한다는 것은 도저히 상상할 수조차 없는 일이었다. 따라서 나는 소피에게 효과적으로 도움을 주기 위해서 아는 사람으로부터 당하는 성폭행에 대해서 보다 명확하게 알 필요를 느겼다.

만일 학생들을 만나 상담하는 일을 하는 교목을 전문적인 직업으로 삼고 있는 나조차 성폭행에 대한 사실적인 내용들에 대해서 정확하게 알 필요가 있다면, 다른 종교종사자들이나 목회돌봄자들도 마찬가지일 것이라고 생각한다. 목회자들이나 다른 종교기관에서 종사하는 사람들은 아는 사람에 의해서 벌어지는 성폭행으로부터 살아 남은 사람들을 도와줄 수 있는 적절한 위치에 있기 때문이다. 어느 여론 결과에 따르면 정신건강 문제로 도움을 요청하는 대다수의 사람들은 첫째로 영적인 가치와 믿음들을 제시하는 전문가에게 가기 원하며, 둘째로 상담하는 과정 속에 자신들의 가치와 믿음들을 함께 나누는 것을 선호하는 것으로 나타났다.[1]

일반적으로 사람들은 목회자나 다른 종교기관 종사자들이 중요한 위안과 지지를 제공해 줄 수 있을 것이라고 믿고 있다. 이렇게 볼 때, 기독교를 비롯한 다양한 종교기관에 종사하는 사람들은 아는 사람에 의한 성폭행과 같은 고통스러운 경험을 하는 사람들이 겪는 심리적, 감정적, 육체적 아픔에서 회복될 수 있도록 도와줄 수 있는 중요한 자리에 있다고 말할 수 있다.

그러나 우리가 여기서 한 가지 기억해야 할 것은 그러한 전문종교인들의 중요성에도 불구하고 그들이 모두 도움을 제공하는 데 필요한 전문적인 훈련을 받았다는 것을 의미하는 것이 아니라는 점이다. 물론 많은 전문종교인들이 아는 사람에 의한 성폭행으로부터 생존한 사람들을 돕고 격려하며 상담한 경험들을 가지고 있고, 그들 중의 일부는 보다 전문적인 훈련을 받은 사람들도 있다. 그럼에도 불구하고 목회자들을 비롯한 많은 전문종교인들이 성폭행과 같은 사례들에 대해 목회자로서 효과적으로 대처할 수 있는 충분한 훈련이 부족한 실정이다.

성폭행을 당한 사람들을 치유하고 돌보아 주기 위해서 반드시 알아야 할 필수요소들로서 다음과 같은 것들이 있다:

(1) 아는 사람에 의한 성폭행의 빈도와 개념들

(2) 성폭행을 당한 여성들이 경찰에 신고를 하지 않는 이유와 신고했을 때 나타나는 결과, 아는 사람에 의한 성폭행에 대한 사실들과 왜곡된 오해들

(3) 심령의 상함과 치유와 연관된 다양한 이론들

(4) 생존자들이 무엇이 필요한지에 대한 적절한 반응과 그러한 반응을 둘러싼 예민한 이슈들

(5) 생존자의 동의를 받은 후 적절한 전문가에게 위탁할 때 필요한 사항들

제 1장부터 3장에 걸쳐서 마지막 네 개의 사항들에 대해서 보다 자세하게 다룰 것이다.

1. 아는 사람에 의한 성폭행의 빈도

성폭행과 관련해서 젊은 여성들이 깊이 인식해야 할 필요가 있는 사실 중의 하나는 아는 사람에 의한 성폭행은 결코 일시적으로 발생했다가 사라지는 이상 현상이 아니라는 점이다. 쥬디스 헤르만(Judith Herman)이 제안한 것처럼 그것은 성인으로서 사회에 첫 발을 내딛는 순간 발견하게 되는 이 사회의 위협적인 폭력이다.[2] 다음의 통계들을 보면 놀랄 만한 사실들을 발견하게 된다. 18세 이상의 미국 여성들 가운데,

* 3명 중의 한 명 꼴로 지금까지 자라오면서 최소한 한 번 이상 성적으로 공격당한 적이 있다.
* 매분마다 1.3명, 그리고 매시간마다 78명이 성폭행당한다.
* 하루에 1,871명이, 일 년으로 환산하면 약 683,000명이 성폭행당한다.[3]

위의 통계와 함께 더 놀랄 만한 통계는 대학 캠퍼스에서 네 명이나 다섯 명 중에 한 명은(20-25퍼센트!) 실제적으로 성폭행을 당하거나 미수에 그친 성폭행으로부터의 생존자이며, 그러한 성폭행이나 성폭행 미수 가운데 압도적인 숫자가(84퍼센트) 아는 사람에 의해서 저질러진다는 소름끼치는 사실이다.[4] 또한 다섯 건의 성폭행 피해자 가운데 하나 꼴로(22퍼센트) 18세에서 24세 사이의 여성들에게 발생한다.[5] 약간 과장되게 말하자면 대부분의 성폭행은 우리가 일반적으로 생각하는 것처

럼 인적 드문 으슥한 숲속에서 생전 모르는 낯선 사람들에 의해서 발생한다기보다 오히려 가족친지, 친구 또는 옆 사무실에 있는 직장 동료들에 의해서 저질러진다는 사실을 알 수 있다. 이러한 현상이 성폭행 피해자에게 주는 심각한 피해는 한 번 그런 일을 당하면 낯선 사람에 대한 두려움이 자연스럽게 안면이 있는 사람들, 익숙한 사람들, 신뢰할 만한 사람들로 전이되어 간다는 것이다.

한편 성폭행으로 생기는 상처와 충격은 여기에서 그치지 않는다. 피해 여성들은 두려움(실제적인 혹은 상상적인 위협의 결과로 발생하는), 죄의식, 부끄러움, 자기 비하, 공권력에 대한 불신 등을 경험하기 때문에 아는 사람에 의한 성폭행의 생존자들 가운데 16퍼센트도 안 되는 사람들만이 자신들의 피해 사실을 경찰이나 그 외의 사법기관에 신고한다는 것이다. 이 숫자는 흑인여성일 경우 더 낮아지는 경향이 있다.[6] 설상가상으로 성폭행 사실을 신고하지 않는 사람들(84퍼센트)은 성폭행 후 절대적으로 필요한 의료적인 도움도 구하지 않고 있다는 사실이다.[7] 그 이유로는 성폭행 생존자들이 의료진들에 의해서 피해자가 되고 있다는 느낌을 자주 느끼기 때문이라고 한다.

2. 아는 사람에 의한 성폭행의 정의

법률적으로 아는 사람에 의한 성폭행은 피해자의 동의 없이 물리적이며 육체적인 관계를 갖는 것을 뜻한다. 여기에는 피해자의 질이나 항문에다 남성의 성기, 입술, 손가락이나 물건 등을 삽입하거나, 혹은 피해자의 입에다가 성기를 집어넣기 위해 강압적이고 위협적인 힘을 사용하는 행위를 포함한다. 이러한 행위들은 한 명의 성인 피해자와 서로가 잘 아는 한 명 혹은 그 이상의 성인 가해자 사이에서 발생한다.[8] 그러한 강압적인 삽입은 물리적인 힘 혹은 육체적인 폭력이나, 피해자가 정신병이나 정신지체 혹은 술에 취한 상태로 인해 동의할 수 있는 능력이 없을 경우에 발생할 수 있다.[9]

이런 의미에서 위협이나 합의가 안 된 상태에서 행해지는 성적 행위는 범죄에 속하는 것이다. 아는 사람에 의해 발생하는 성폭행을 말할 때, 아는 사람의 범위로는 주로 친구, 학우, 애인, 전 애인, 직장동료, 고용주와 피고용주, 목회자와 교인을 비롯한 성폭행을 당하기 전에 이미 알고 있던 사람들이다. 위의 범주에서 미루어 알 수 있는 것은 성적인 폭력이 이전에 성관계를 한 번도 냊지 않은 아주 가까운 관계들에서도 발생할 수 있다는 것이다. 보다 범위를 좁히면, '데이트 성폭행'은 아는 사람에 의한 일종의 성폭행이라 할 수 있으며, 서로가 헌신된 상태에서 사귀고 있는 '연애' 관계에서 벌어진 성폭행이라고 규정할 수 있다.

위에서 언급한 법적인 정의에 대한 명확한 이해에 대한 필요성과 함께 아는 사람에 의한 성폭행의 생존자를 효과적으로 상담하기 위해서 전문종교인들에게 한 가지 더 필요한 것이 있는데, 그것은 바로 성폭행을 심리영적인(psychospiritual) 문제로 이해해야 한다는 것이다. 영적으로 혹은 신학적으로 볼 때, 아는 사람에 의한 성폭행은 신체적, 관계적, 성적, 그리고 육체화한 폭력(embodied violence)이다.[10]

첫째로, 아는 사람에 의한 성폭행은 힘이나 물리적인 폭력을 사용한 위협으로 인식할 수 있으며 여성의 육체에 깃들여 있는 소중한 고결성을 더럽히는 행위이다. 여성의 육체가 지닌 고결성에 대한 침범과 그녀의 자주권(self-agency)을 부인하는 것은 다름 아닌 이 세상에 속하는 하나의 존재로서 한 여성이 주체적으로 행동하는 것을 침해하는 것이다.

둘째는, 아는 사람에 의해 저질러지는 성폭행은 관계를 깨뜨린다. 가해자는 성폭행 전에 이미 그녀를 알고 있었기 때문에 그녀와 가해자 사이의 의존적인 상호협력 관계나 정의로운 관계에 대한 그 어떤 희망도 사라지게 만든다. 여기에서 더 주목할 필요가 있는 것은 단지 가해자와 피해자 쌍방 간의 관계뿐만이 아니라 생존자가 가해자가 아닌 다른 사람들과의 관계를 형성하고 지속하는 데에도 부정적인 영향을 미친다는 것이다.

셋째로, 아는 사람에 의한 성폭행은 상대방을 지배하고 폭력을 행사하고자 성적인 행동들을 사용하는 것인데, 이런 의미에서 성폭행은 토이넷 유진(Toinette Eugene)이 이름 붙인 여성의 심리적-영적-성적인 고결성을 침해한다. 성적인 행동들은 상대방을 통제하는 수단이 되고 결국 수치를 안겨다 준다. 이러한 강압적인 힘을 동반한 공격으로 인해 피해자는 생명을 부여하는 행위와 죽음을 낳는 위협과 영혼을 침범하는 행위 사이에서 혼란을 일으키게 되며, 이러한 혼란은 성스러운 생명을 잉태하는 성에 대한 이미지에 큰 영향을 미친다.

마지막으로 아는 사람에 의한 성폭행은 우리 인간들 각자에게 성육신한 하나님의 생명의 영(Spirit of God)에 대한 침범이다. 여성의 몸에 난 상처와 더럽힘의 흔적들은 다름 아닌 성육신한 하나님의 영에 대한 상처와 더럽힘이다. 이러한 심리영적인 개념을 염두해 두면서 한 여성을 육체적으로, 집단적으로, 교활하게 그리고 영적으로 공격하는 폭력의 넓이와 깊이에 대한 탐색을 시작하고자 한다.

날마다 쏟아져 나오는 성폭행에 대한 각종 통계들은 많은 여성들이 그들이 속해 있는 조직체 안에서 왜 그토록 커다란 불안감을 느끼고 있는지에 대한 현실적인 이유에 대해서 많은 부분 말해 주고 있다.(사실 나는 개인적으로 여성들이 안전함을 느낀 적이 있는지조차 의심스럽다.) 빈번하게 발생하는 아는 사람에 의한 싱폭행은 젊은 성인여성들이 가지고 있었던 자유분방한 삶에 대한 이미지를 바꾸고 있다. 우리가 잘 아는 바와 같이 젊은 성인기는 자기 정체성과 타인과의 친밀한 관계형성의 이슈들에 대해서 고민하고 싸우는 시기이다. 그런데 가까운 안면이 있는 사람에 의해 발생하는 성폭행으로 인해 많은 여성들은 위에서 언급한 과제들 외에 성폭행의 피해자와 생존자라고 하는 이슈가 언제든지 발생 가능한 상황에 대해서도 고민하도록 강요당하고 있는 현실에 부딪히고 있다.[11] 젊은 성인기를 묘사하는 여러 가지 이론들, 즉 책임질 일들이 없는 스트레스로부터 자유로운 시기라거나 책임유예 시기 혹은 성인으로서 짊어져야 하는 많은 이슈들에 대해 '한시적인 자유를 느끼는 시기'라는 개념들이 사라져 가고 있다고 할 수 있다.[12]

일반적인 통념상 우리는 여성들이 성폭행의 대상인 반면에 사고 발생 시 거의 신고하지 않는다는 사실에 대해서 잘 알고 있다. 이것은 아는 사람에 의한 성폭행이 우리가 알고 있는 것보다 훨씬 더 가까이 우리 곁에 자리잡고 있다는 것을 의미한다. 우리가 기억해야 할 것은 성폭행 사건이 소수 인종적인 이슈의 한 단면으로서 고작 신문지상의 한쪽 모퉁이에 나타나고 있지만 피해자가 바로 나의 직장 동료, 학우, 친구 또는 가족일 수 있다는 점이다. 아마 이 글을 읽고 있는 독자 여러분에게도 발생할 수 있을지 모른다. 다만 우리에게 충격을 주고 있는 것은 아는 사람에 의한 성폭행이 예외적인 상황이 아니라 일반적으로 흔히 나타나는 현상이라는 점이다. 물론 그렇다고 해서 아는 사람에 의한 성폭행이 아닌 일반적으로 벌어지는 성폭행 역시 정상적인 것이라고 말하는 것은 아니다.

성폭행의 유형은 피해자와 가해자 사이의 관계, 사용된 폭력의 정도, 연루된 가해자의 수, 성폭행 시 함께 저지른 다른 범행의 수 등에 따라서 다양하게 나타난다. 가중(加重)성폭행(aggravated rape)은 가장 식별하고 고소하기 쉬운 유형이다. 이 유형은 사전계획의 여부, 확실한 폭력과 무기들, 여성의 반항, 그리고 남성과 여성 사이의 전혀 면식이 없는 경우이다. 범죄 사실과 피해자, 그리고 누구에게 책임이 있는지 확인하기가 쉽다. 이런 경우 성폭행이라는 사실은 전혀 의심할 여지가 없다. 그러나 이 유형의 성폭행은 비교적 매우 드물다. 대부분의 성폭행은 '단순성폭행(simple rape)'의 범주에 속하는데, 이것은 폭력 현장을 목격한 사람이 아무도 없고, 가해자가 혼자이며, 성폭행과 동시에 다른 범죄가 없는 경우를 말한다.[13] 아는 사람에 의한 성폭행이 위의 어느 한 범주에 속하는 한, 대다수의 경우 '단순성폭행'으로 분류된다. 반면에 가중성폭행은 심한 육체적인 상처와 뚜렷한 폭력 행사로 인해 피해자에게 매우 심각한 영향을 준다.

한편 단순성폭행도 가중성폭행의 경우에서 볼 수 있는 육체적이고 심리영적으로 두려운 결과를 초래할 수 있다. 다른 말로 말하자면, 단순성폭행의 피해자나 생존자와 그 외 사건에 연관된 사람들이 그러한 충격적인 사건을 받아들이는 데 가중성폭행의 경우보다 더 심한 어려움을 느끼는 경우도 있다는 말이다. 사람에 따라서는 아는 사람에 의한 성폭행의 생존자들이 낯선 사람으로부터 성폭행을 당했을 경우보다 더 심리적으로 어려움을 겪게 되는데, 그 이유는 자기 자신을 더 자주 원망하며 가해자가 행한 폭력을 성폭행으로 여기지 않고 계속해서 가해자와 만남을 지속하는 한편, 법적, 의학적, 심리학적인 도움을 구하려고 하지 않기 때문이다.[14] 그들은 또한 목회자의 도움도 받아들이지 않는다.

가중성이건 단순성폭행이건 간에, 아는 사람에 의한 성폭행의 생존자들은 전형적으로 병원치료가 필요한 육체적인 외상(外傷)을 입게 마련이다. 성폭행 당시에 생긴 상처들로는 타박상이나, 팔, 다리, 허리나 머리 등의 부위에 긁힌 자국; 질과 항문의 찢긴 부위들; 강압적인 구강 섹스로 인한 입과 위에 난 상처들, 욱신거리는 엉덩이 부근의 관절들 등을 포함한다. 많은 경우에 성폭행의 생존자들이 보이는 위와 같은 증상들이 여타 다른 사고를 당한 사람들이 나타나는 증상과 비슷하게 보일 수 있지만 그 후의 증세는 전혀 다르게 나타난다. 게다가 성폭행으로 인해 상태가 심각한 육체적인 부상을 입을 수 있는데 이것은 결코 합의에 의한 성관계가 아니었다는 것을 보여 주는 확실한 증거이다.

성폭행의 생존자들은 처음에는 육체적인 부상과 찢겨진 상처에 너무 과민하다고 생각할 정도로 신경을 쓰는 경향이 있지만, 아는 사람에 의한 성폭행일 경우, 눈에 보이는 부상을 훨씬 뛰어넘는 심리영적인 상처를 남긴다. 비록 상처 난 몸의 부위들이 회복된다고 하더라도 생존자들은 폭력이 가져다주는 심리영적인 악영향으로부터 살아남아야 한다는 힘겨운 일에 직면하게 된다. 예를 들어 두려움, 부끄러움, 우울증, 자책감, 신뢰감의 결여 등은 가장 일반적인 현상들이다. 또한 가해자가 애인, 학우, 고용주나 직장 동료와 같은 잘 아는 사람일 경우에 생존자가 느끼는 혼란과 배신감이라는 감정들은 성폭행범이 낯선 사람이었을 경우보다 훨씬 더 강렬하다.

아는 사람에 의한 성폭행은 현저한 심리영적인 외상을 야기하는 범죄행위이다. 여기서 말하는 심리영적인 외상이란 앞에서 말한 대로 피해자가 경험하는 자기 자신, 하나님, 타인으로부터 근본적인 관계가 분리되는 것을 의미하며, 이런 이유로 말미암아 피해자에 대한 다각적인 대책이 매우 심각하게 필요한 실정이다. 심리영적인 위기는 성육화된 하나님에 대한 이해와 자기 정체성이 함께 상처를 받기 때문에 이 세상의 안전성, 자기 존재에 대한 긍정적인 가치, 하나님 창조 안에 내재하고 있는 의미 있는 질서 등을 파괴한다. 이것은 단지 심리학적인 방법으로는 충분히 설명할 수 없는 깊은 영적인 충격이라고 할 수 있다. 그러므로 이러한 외상을 이해하는 데 있어서 추가적으로 신학적인 탐구를 하는 것은 두말할 나위 없이 필요하다고 하겠다. 신학적인 탐구와 함께 피해 여성이 자신에게 일어난 일들을 이해하기 위하여 사건이 발생했던 당시의 환경을 재구성하려고 시도할 때 직면하는 몇 가지 갈등들로는 성행위의 동의 여부에 대한 질문들, 안전함의 결여, 무가치하다는 느낌들, 그리고 배신감 등을 들 수 있다.

아는 사람에 의한 성폭행으로부터 회복을 이루어 내는 생존자는 다름 아닌 자신에게 고통을 주고 있는 외상에 적합한 심리적이고 신학적인 이슈들에 주의를 기울여 대면하는 사람이다. 자신의 회복을 위해서 시도하는 그러한 대면의 과정에서 생존자는 경험이 많은 전문종교인의 도움이 유익하다는 것을 발견할 수도 있다. 즉 성폭행으로부터의 생존자는 외상 그 자체와 함께 충격을 받은 자기 자신을 어떻게 이해해야 하는지에 대한 갈등과 힘겨운 싸움을 전문종교인과 함께 함으로써 도움을 받을 수 있다는 말이다. 뒤에서 좀 더 자세히 다루겠지만 아는 사람으로부터 당하는 성폭행은 자신의 삶의 의미를 만들어 가고 자기 자신과 하나님, 그리고 세상에 대한 믿음을 가질 수 있는 생존자의 능력을 파괴시킬 수 있는 직접적인 공격이라 말할 수 있다.

따라서 전문종교인들은 생존자가 심리영적인 의미를 만들어 가는 데 중요한 역할을 할 수 있다. 성폭행이 어느 정도의 영향을 미칠 것인가, 그리고 심리영적인 면이 얼마나 크게 차지하느냐의 문제는 대개 생존자 주위의 사람들의 반응과 그녀의 회복 과정에 달려 있다. 성폭행의 생존자가 처녀성, 배반, 신정론(神正論, theodicy), 합의와 부끄러움 등의 심리영적이고 신학적인 이슈들에 대하여 건강한 의미를 만들어 가기를 원할 때, 이 문제에 능통한 전문종교인들은 생존자의 치유과정에서 매우 중요한 위치를 차지할 수 있다고 하겠다.

3. 기독교 전통에 나타난 성폭행 이야기와 비유들

아는 사람에 의한 성폭행의 생존자들에게 신뢰할 만한 지지자와 친구가 되기 위해서 목회상담가나 돌봄의 제공자들은 고통과 악의 한 가운데에 서 있어야 한다. 이것은 결코 쉬운 일이 아니지만 신앙인으로서 우리는 단지 편안하고 현명하며 효과적인 상담가로서의 역할을 수행하는 데 그치는 것이 아니라, 돌봄의 행위에 있어서 용기 있고 공정한 자로 부르심을 받은 것이다. 기독교 전통은 외상을 입은 피해자들이나 공정한 돌봄제공자들에 관한 좋은 사례들을 제공한다. 우리가 성폭행의 생존자와 상담을 시작하기 전에 성경에 나오는 몇 가지 이야기들을 알아 두면 도움이 되리라 믿는다. 우리가 성경의 이야기를 참조하는 목적은 다음과 같이 두 가지로 볼 수 있다. 하나는 성경이야기들이 현대 사회에서 우리가 치유에 대해서 이야기할 때 어떤 도움을 줄 수 있는지를 알고자 함이며, 둘째는 우리가 성경을 잘못 해석할 경우, 이 책의 주제인 성폭력에 대한 이슈들을 다룰 때 어떤 어려움을 주는가 하는 점을 알기 위해서이다.

테러에 대한 구절들(삼하 13:1-39; 창 34:1-2)

구약성경은 여성들에게 행해진 폭력에 대해서 많은 예화들을 제공해 주고 있다. 그러나 아는 사람에 의한 성폭행에 대한 예들을 알기 위해서 굳이 우리가 전문적인 성서학자가 될 필요는 없다. 사무엘하 13장 1절에서 39절을 보면 우리는 아픈 척하며 침대에 누워 있는 오빠인 암논을 찾아가 보라는 아버지 다윗 왕의 명령을 받은 다말의 이야기를 만나게 된다. 암논은 다말을 자기의 침대로 유혹해서 그녀의 반항에도 불구하고 강간하고 만다. 이와 같은 내용의 이야기는 강단이나 교육세미나 등에서 거의 듣기 어렵다. 혹 이따금씩 이러한 이야기를 들을 때조차도 남성들의 관점에서 나온 무비판적인 말일 뿐이지 이 사례의 피해자와 같은 여성들의 목소리는 거의 들을 수 없다. 이런 상황에 익숙해지면, 이 사례는 폭력의 이야기에서 아름답게 채색된 사랑과 헌신의 이야기로 둔갑하게 되는 것이다.

최근의 베스트셀러인 『빨간 텐트(The Red Tent)』에서 아니타 다이아맨트(Anita Diamant)는 창세기 34장 1절에서 2절에 나오는 디나 이야기의 현대판 미드라시(midrash)[15]를 보여 주고 있다.[16] 다이아맨트는 "세겜과 디나는 한눈에 반해 서로 사랑하는 관계였다."라고 말하고 있지만, 성경은 다르게 이야기하고 있다. "레아가 야곱에게 낳은 딸 디나가 그 땅의 딸들을 보러 나갔더니, 히위 족속 중 하몰의 아들 그 땅의 추장 세겜이 그를 보고 끌어들여 강간하여 욕되게 하고". 다이아맨트의 이 구절에 대한 오역 혹은 오해는 성경을 왜곡되게 이해하도록 부채질할뿐더러 디나에게 가해진 폭력을 무시하는 것이다. 폭력과 더불어서 여성을 비롯한 다른 억압받는 그룹들에 대한 학대를 멈추게 하기 위하여 여성 목회상담신학자인 파멜라 쿠퍼-화이트(Pamela Cooper-White)는 우리가 해야 할 것들에 대해서 두 가지 방안을 제안한다. 첫째, 우리는 폭력을 당하는 사람의 관점에서 이야기를 들어야만 한다. 이것은 3천 년 전의 성폭행을 당한 소녀의 경우나 오늘의 뉴스에 나온 옆집에 사는 이웃이나 똑같이 적용된다. 폭력을 사랑으로 바꾸는 것은 그 누구에게도 도움이 되지 않는다. 둘째는, 우리는 지위나 힘을 영속화하기 위해서 남용되고 있으며, 타인의 분노를 불러 일으키는 모든 유형의 권위나 힘에 대해 의문을 제기해야만 하는 소명을 하나님으로부터 받았다는 것이다.[17]

선한 사마리아인 이야기(눅 10:29-37)

메리 포튠(Marie Fortune)은 성적인 폭행에 대해서 우리가 어떻게 정의를 가지고 반응할 수 있을지에 대한 모델로 선한 사마리아인의 비유를 사용한다.[18] 선한 사마리아인의 비유에서 우리는 범죄가 발생한 사실과 피해를 당한 사람의 정체에 대해서 분명히 알 수 있다. 한 사람이 맞았으며, 도둑질을 당하였고, 길가에 거의 죽은 채로 내버려졌다. 도움이나 치료를 제공해 줄 만한 사람 두 사람이 그를 본체만체하며 지나쳐 갔다.(폭력의 다른 유형이라 할 수 있다.) 폭력의 행위와 피해자의 정체가 매우 뚜렷하게 나타나 있는 이 비유는 중반전으로 접어들면서 사마리아 사람이 피해자를 목격했을 뿐만 아니라 폭력의 본질을 이해했으며 폭력의 위험한 사태에 적절하게 반응했다는 것을 시사하면서 계속 진행된다.

우리는 사마리아인이 피해자의 신분, 범죄의 본질, 그리고 피해자의 절망에 관심을 가졌으며, 그가 보여 주었던 돌봄의 반응들이 바로 누가 우리의 이웃인지를 보여 주는 최고의 비유임을 잘 알고 있다. 이러한 사실들에 대한 명확한 이해가 없다면, 상처받은 이웃이 우리의 도움이 필요할 때 그 혹은 그녀에게 도움을 주어야 한다는 메시지를 전달하고 있는 이 비유가 그렇게 강렬하게 함축된 신학적인 의미를 지니지 못할 것이다.

그러나 너무도 아쉽게도 성폭행의 경우 선한 사마리아인의 비유처럼 모든 상황들에 대해서 명확하게 설명할 수 있는 경우가 드물다. 연민의 정이 있었던 사마리아인처럼 우리는 피해 입은 사람들에게 도움을 베풀라고 부름을 받았다. 그러나 우리는 오직 누가 피해자이고 피해 정도는 어떠한지, 그리고 어떻게 도와줄 수 있는지를 알아야만 도와주는 경향이 있음을 알 필요가 있다. 선한 사마리아인 비유가 주는 교훈을 마음에 새기면서 포튠은 성적 폭력의 유형의 개념을 정의하고, 피해자를 식별하며, 전문종교인들과 교회공동체가 공분(共憤)하여 적절한 대응을 선포하는 것 등의 중요성을 언급하고 있다.

상처 입은 치유자(Wounded Healer)

목회적인 돌봄제공자들 또한 기독교전통의 자료들 속에서 도움이 될 만한 모델들을 발견할 수 있다. 쿠퍼-화이트는 성폭행으로 인해 외상(外傷, trauma)을 입은 생존자들을 돕는 돌봄제공자의 역할에 대해서 논의하면서 헨리 나우웬(Henry Nouwen)의 '상처 입은 치유자 비유'를 언급하고 있다.[19] 사실 이 비유는 외상을 입은 사람들과 함께 일하는 과정에서 경험하게 되는 치유의 힘과 위험성이라는 서로 다르게 보이는 가치를 내포하고 있다. 이 비유가 치유사역을 하는 우리에게 주는 용기와 힘은 바로 외상이라는 아픔과 이로 인해 발생하는 절망감을 잘 아는 돌봄제공자들은 피해자를 깊은 애정을 가지고 대하는 한편, 상처 받고 아픈 그들의 감정을 마치 자신의 것으로 받아들일 수 있다는 것이다. 모든 형식의 성적인 폭력은 '터무니없고' 종종 말로 형용조차 할 수 없기에 외상에 대해 이미 잘 알고 있는 돌봄제공자는 치유의 모든 과정 속에서 피해자와 좀 더 잘 동행할 수 있게 된다.

목회자를 상처 입은 치유자로 바라봄으로써 얻어지는 또 다른 유익은 바로 우리로 하여금 성적인 외상을 입은 피해자를 돌보는 것이 얼마나 어려운 임무인지를 깊이 인식할 수 있도록 해 준다는 데 있다. 소름이 끼치도록 두려운 공포의 경험은 전염성을 가지기 때문이다. 즉 2차적이거나 대리(代理)적인 외상의 경험이 생존자를 돌보는 어떤 목회적인 돌봄제공자에게 발생할 수도 있는 것이다.[20] 다른 원조나 구조 전문가들처럼, 종교적인 돌봄전문가들도 자신이 아무런 도움을 주지 못한다고 느낀다거나, 정신적으로 압도당하거나, 무기력증에 빠지는 등의 증상들을 돌봄의 제공 현장에서 정규적으로 경험할 수 있다는 것을 인정하고 받아들여야만 한다. 이것은 상담이나 돌봄 분야에서 수십 년 동안 일한 경력이 있는 전문가들에게조차 흔히 나타난다. 성적인 외상을 입은 생존자들을 돌보는 종교적이거나 다른 분야의 전문가들은 대리적인 외상 외에 보통 탈진을 경험한다. 이 일은 매우 많은 것들을 상담가에게 요구하기 때문에 화이트는 이 분야에서 일하는 종교적인 전문가들은 타인의 아픔과 상처를 대하기 이전에, 그들 자신의 상처들을 효과적으로 다스리기 위하여 자기가 직접 경험한 외상에 대한 이야기들에 대면할 필요가 있다고 제안한다.[21]

자기 자신의 상처 받은 이야기에 대해 용기를 가지고 대면하는 것은 결코 쉬운 일이 아니지만 충분히 그럴 만한 가치가 있다. 자기 자신 안에 대면하거나 인식하지 못한 상처들은 상담이나 돌봄의 사역을 보다 어렵게 만들며, 종교적인 전문가들이 성폭력으로부터 생존한 사람들에게 정말 필요한 것들에 대해서 효과적으로 대처하는 데 어려움을 야기할 수 있다. 목회돌봄과 목회상담신학에서 상처 입은 치유자의 비유는 돌봄제공자들에게 도전을 주며 힘을 부여해 주는 유용한 원천이 된다. 그러나 여성주의 신학자들과 돌봄제공자들은 이 비유에 대해서 몇 가지 한계점들을 지적한다. 그들은 상처 입은 치유자 비유는 목회자의 출발점을 깨어짐과 심지어 약함에서부터 찾으려고 한다고 주장한다. 여성주의 목회신학자인 마샤 포스터-보이드(Marsha Foster-Boyd)는 가장 효과적인 목회돌봄은 상처 그 자체가 아니라 상처로부터 생존했다는 사실에서 이루어진다고 지적하고 있다. 그녀가 말한대로 저항과 생존의 중요성을 깊이 인식하는 데서부터 돌봄과 상담의 행위가 실천될 수 있다는 것을 강조하고 싶다.

4. 이 책을 읽기 전에

이 책은 종교적인 전문가들이 아는 사람으로부터 성폭행을 당한 생존자들을 보다 더 효과적으로 돌보고 상담할 수 있도록 도와주려는 데 목적이 있다. 성적인 폭력에 대한 대처가 갈수록 중요시되고 있는 이때, 본 저서는 미국의 성인여성들이 가까이 있는 아는 사람으로부터 당하는 성폭행으로 인해 발생하는 심리적이고 영적인 충격과 외상에 미치는 영향을 알아보는 데 중점을 두고 있다. 아는 사람에 의한 성폭행이 남성과 여성 모두에 의해서 저질러질 수 있고, 한 명 혹은 동시에 여러 명이 연관될 수 있지만, 나는 이 책에서 이미 알고 있는 한 명의 남성가해자에 의해서 한 명의 여성이 강간당한 경우를 주로 다루려고 한다. 나는 부부 간에 발생하는 강간은 아는 사람에 의한 성폭행의 범주에서 제외시켰다. 그 이유는 많은 책이나 법제도에서 이 문제를 주로 가정폭력이라는 이름 하에서 다루고 있기 때문이다.

주로 페미니스트적인 조사방법을 사용했으며, 이 연구에 참여한 여성들에게 각자의 경험이 이 책에서 정의를 내린 아는 사람에 의한 성폭행에 부합되는지의 여부를 물어보았다.[22] 이 연구에서 '아는 사람에 의한 성폭행'의 개념에 대한 부합여부를 알기 위해 물어보았던 질문들은 성폭행을 당할 당시에 생존자가 섹스에 대해서 동의할 수 있는 성인이었는가, 그녀가 성폭행을 당하기 전에 가해자를 알고 있었는가, 그리고 그녀는 이 사건을 원치 않는 성적인 행동 혹은 폭력으로 규정하는가 등이다. 참고로 이 연구에 참여했던 모든 여성들은 본인이 원하지 않고 합의가 안 된 상태에서 강압적으로 남성의 성기가 자신의 질 안으로 삽입된 경험을 하였다.

한편 이러한 피해자들을 돌보는 목회돌봄 제공자들은 주로 대학 교목이나 병원 원목, 군목과 교구 목사, 그리고 신부나 랍비 등이다. 그러나 반드시 성직자가 아니라 할지라도 훈련받은 평신도 전문가들도 돌봄의 제공자의 범위에 포함시킬 수 있을 것이다. 따라서 이 책은 생

존자들과 함께 일하는 평신도 목회돌봄 제공자나 전문종교인들을 위
한 지침들을 마련하는 데 큰 비중을 두려고 한다. 이 책을 쓴 저자로
서 나는 독자들이 이 책을 통해서 다음과 같은 구체적인 목적들을 나
눌 수 있게 되기를 바란다.

   (1) 생존자들로부터 직접 아는 사람에 의한 성폭행에 대해 듣기

   (2) 그들의 이야기들 속에서 제기된 심리적이고 영적인 주제들로부터 목회
      신학적인 틀을 세우기

   (3) 아는 사람에 의한 성폭행의 생존자들을 대상으로 신앙적인 초점을 맞
      추기 위한 목회적인 안내를 제공하기

    생존자들의 경험과 그들에게 필요한 것이 무엇인지를 이해하기 위
해서 아는 사람에 의한 성폭행을 둘러싼 몇 가지 중요한 사실들과 이
론들을 1장에서 먼저 살펴보도록 하겠다. 2장에서는 네 명의 성폭행
생존자들이 당한 경험과 치유의 이야기들이 다루어지며, 이러한 생생
한 이야기들은 적절한 목회상담신학적인 주제들과 지침들을 세우기 위
한 기본틀이 될 것이다.(4장에서 자세하게 다루어질 것이다.) 3장에서는 목회
상담신학적인 방법을 사용하여 피해자와의 인터뷰로부터 얻어진 심리
영적인 이슈들을 탐구하였으며, 목회돌봄과 상담의 실제적인 훈련을
위한 실천적인 적용이라는 측면에 주안점을 두었다. 4장은 새롭게 형
성된 목회상담신학과 생존자들에 의해서 제안된 지침들, 그리고 다양

한 목회상담신학 서적들로부터 얻어진 돌봄과 상담제안들을 통합적으로 사용하여 논의해 보았다. 이러한 통합적인 논의의 목적은 아는 사람에 의한 성폭행의 생존자들을 보다 효과적으로 돌보기 위한 구체적인 목회돌봄과 상담에 관한 지침들을 마련하는 데 있다. 또한 생존자들을 위해서 기타 다른 도움을 줄 만한 단체들에 대한 정보들을 소개할 것이다. 마지막으로 5장에서는 성폭행이 더 이상 낯선 것이 아니라 우리와 가장 가까운 곳에서 발생한다는 사실에 대비하기 위한 몇 가지 목회상담적인 실천적 방안을 제시하고 있다.

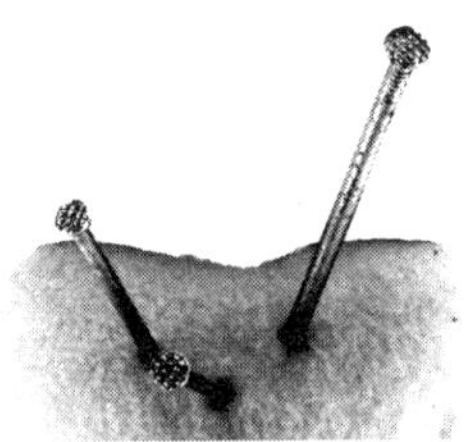

when Violence Is No stranger

1장 아는 사람에 의한 성폭행에 대한 사실들과 이론들

이 연구의 목적은 아는 사람에 의한 성폭행의 심리적이고 영적인 영향을 잘 이해해서 전문적인 종교인들로 하여금 그들의 목회와 상담 현장에서 이 문제를 보다 효과적으로 대처할 수 있도록 돕는 데 있다. 생존자의 경험을 이해하기 위해서 우리는 이러한 유형의 성폭행이 갖는 개인적인 상황들뿐만 아니라 보다 넓은 사회적, 역사적, 그리고 관계적인 상황들에 대해서 살펴볼 필요가 있다. 아는 사람에 의한 성폭행은 무엇을 말하는가? 아는 사람에 의한 성폭행의 생존자들은 어떻게 반응하는가? 그들이 특정한 반응을 취하도록 만드는 사회역사적인 배경들은 무엇인가? 아는 사람에 의한 성폭행에 대한 사실들과 이론들을 다루고자 할 때 이러한 질문들이 내 마음 속에 깊이 남아 있었다.

이 장은 두 개의 서로 연관된 부분들로 이루어져 있다. 먼저 아는 사람에 의한 성폭행에 대한 사실들과 왜곡된 부분들에 대해서 알아보고자 한다. 이 유형의 성폭행에 대한 심리학·사회학 등의 책들이나 목회상담학 서적들은 모두 통계적인 사실들과 오해들을 언급함으로써 우리들이 통념상 갖고 있는 왜곡된 정보들을 지적하고 있다. 무엇보다 먼저 아는 사람에 의한 성폭행에 관한 올바른 사실과 잘못된 선입관들을 보다 명확하게 알 필요가 있는데, 그 이유는 그러한 사실들과 왜곡된 정보들이 성폭행의 생존자들이 폭력에 대응하고 치유하고자 노력하는 과정에 적잖은 영향을 미치기 때문이다.

이 장에서는 또한 외상(trauma)에 대한 세 가지 이론들을 다룰 것이다. 첫 번째 이론은, 인종차별주의와 성폭행 사이의 관계를 다루는 사회역사적 이론이다. 다음으로는 두 개의 심리적인 외상이론들, 즉 성폭행 외상증후군(rape trauma syndrome)과 외상 후 스트레스 장애(post-traumatic stress disorder, PTSD)에 대해서 논의할 것이다. 이 장에서 아는 사람에 의한 성폭행에 대해서 개략적으로 이론적인 틀을 잡은 후에 3장에 들어가서 본격적으로 목회상담신학적인 이론에 대해서 알아볼 것이다.

1. 사실들과 왜곡된 정보들

아는 사람에 의해 성폭행당하는 도중이나 후에 많은 여성 생존자들이 무엇을 경험하는지를 제대로 인식하는 것은 그들의 치유를 돕는 과정에서 매우 중요하다. 이러한 사실들을 다루다 보면 성폭행의 생존자들이 나타내는 행동과 그들이 치유과정 속에서 주위 사람들에게 무엇을 바라고 있는지 등에 대해서 왜곡된 면들을 자주 발견하게 된다. 이러한 왜곡들은 여성들로 하여금 자기 자신을 이해하고 자신이 속한 공동체 안에서 건강한 역할을 하는 것을 저해하는 등 성폭행의 생존자들의 삶에 매우 해로운 영향을 끼친다. 따라서 성폭행에 대한 사실들과 왜곡들에 대한 지식을 갖는 것은 여성생존자들의 치유를 돕는 데 매우 중요하다고 할 수 있다.

종교적인 전문가들은 한편으로는 이 사회와 문화 속에 만연해 있는 왜곡과 그것이 기지는 막강한 힘을 그저 당연한 것인양 받아들이며 깊이 젖어들 수도 있고, 다른 한편으로는 왜곡이 갖는 파괴적인 힘을 비판적으로 인식하여 능동적으로 대처할 수도 있다. 여기서 우리가 잊지 말아야 할 것은 사실들과 왜곡들에 대한 올바른 지식은 무엇보다도 상담자가 아니라 생존자들을 위해서 필요하다는 것이다. 즉 성폭행에 대한 사실들과 왜곡된 정보들이 만들어지는 데 우리 사회가 어떤 영향을 미쳤으며, 또 서로가 어떤 연관성을 가지는지에 대한 질문들에 대해서 생존자들이 치유과정에서 이해하고 직접 말할 수 있도록 돕는 역할을 한다.

물론 사실과 왜곡된 편견들을 구분하는 것은 종교적인 전문가들에게도 매우 큰 도움이 된다. 즉 그들에게는 그러한 지식은 생존자의 경험과 성폭행에 대한 진실들을 이해하게끔 도와준다. 이를 종합해 보면, 성폭행에 대해서 정확한 사실들을 알고 편견에 차 있는 왜곡된 것들을 분명히 인식하는 것은 우리가 성폭행에 대한 해로운 왜곡된 사실들에 대해서 영원히 침묵하지 않도록 도와준다고 할 수 있다. 이제 하나하나 살펴보도록 하자.

사실: 강간은 우리가 알고 있는 사람에 의해서 안전하다고 생각되는
　　　장소에서 저질러진다.

대다수의 성폭행은,
* 잘 알고 있는 사람에 의해서(50-85퍼센트)
* 그리고 익숙한 장소에서(61퍼센트) 벌어진다.[1]

이러한 현실을 우리는 매우 주의깊게 볼 필요가 있다. 왜냐하면 많은 사람들은 실제로 강간은 담장을 뛰어넘거나 어두운 골목에서 나타나는 낯선 사람에 의해서 발생한다고 생각하기 때문이다. 한 연구조사에 따르면 그들이 인터뷰한 생존여성들 가운데 90퍼센트 정도가 늘 갖고 있는 일반적인 인간관계나 직장을 통해서 가해자를 만났다고

고백했다. 심지어 그 여성들 가운데(70퍼센트)는 가해자를 아주 잘 알고 있었다.[2] 대학교 캠퍼스의 경우, 아는 사람에 의한 성폭행의 반 이상(57퍼센트)이 첫 데이트를 하는 동안에 발생했다고 통계 자료는 밝히고 있다.

이러한 통계치들은 대부분의 경우 아는 사람에 의해 발생하는 성폭행을 현실적으로 막기가 어렵다는 것을 말해 주는데, 그 이유는 공격받기 전까지는 가해자와 피해자 사이에 그 어떤 경계신호의 역할을 하는 것을 발견할 수 없기 때문이다. 남자친구나 전에 사귀던 남자친구가 연루된 경우를 별개로 친다고 하더라도, 위에서 예로 든 어떤 일상적인 관계에서는 성적인 친밀감이 포함되어 있는 경우는 하나도 없었다. 참으로 안타깝게도 이러한 통계치들에 따르면 훤한 대낮이라 할지라도 집이나 사무실 밖에는 절대 나가지 않는 것은 물론, 우리가 익히 알고 신뢰하는 사람을 피하는 게 성폭행을 당하지 않는 상책이라는 것이다!

사실: 남성이나 어린 소년들도 아는 사람에 의해서 강간당한다.

오직 성인여성이나 어린 소녀들만 아는 사람에 의해서 성폭행을 당할 수 있다는 것은 사실이 아니다. FBI(미연방수사국)가 강압적인 강간에 대한 전통적 개념인 '강압적으로 혹은 여성의 의지에 반한 성적인 행위'를 따르기 때문에 남성이나 소년에게 발생하는 성적인 폭력에 대해서 정확하게 정의하는 것은 어려운 일이다.[3] 그러나 거의 5~6명의 소년 중 한 명 꼴로 18세 이전에 이미 성적으로 공격을 당한 적이 있으며, 남성 중의 9퍼센트는 살아오는 과정 속에서 한 번쯤 성폭행을 경험하는 것으로 나타났다.[4] 미국에서는 해마다 9만 2천 명의 성인남성들이 강압적으로 성폭행을 당하고 있다.[5] 소년의 경우, 전체 어린이 학대 피해자의 25~35퍼센트를 차지한다[6]

사실: 극소수의 생존자만이 고소한다.

비록 매스미디어나 다른 사회 정보기관들이 우리들로 하여금 생존한 대다수의 여성들이 자신을 강간하여 배신한 남성에 대한 앙갚음으로 고소한다고 믿게끔 유도하지만, 연구조사에 따르면 그와 같은 생각들은 잘못된 것이다. 사실은 단지 아는 사람에 의한 성폭행을 당한 생존자 중 2퍼센트도 안 되는 숫자가 사법당국에 신고한다. 반면에, 낯선 사람에 의해 저질러지는 성폭행의 신고는 21퍼센트를 차지한다.[7] 신고를 하지 않은 이유는 두려움, 죄책감, 부끄러움, 자책감, 섹스에 대한 합의여부의 불확실성 등이 있으며, 때로는 신고할 가치를 못 느끼거나 경찰관의 부적절한 반응에 대한 두려움도 신고를 하지 않는 이유에 포함된다. 피해자 중 많은 사람들은(66퍼센트) 만일 신문이나 방송이 자신들의 이름과 주소를 누설하는 것을 금지하는 법을 만든다면 경찰서에 강간당한 사실을 알릴 것이라고 말했다.[8]

사실: 옷차림, 알콜이나 사귀는 관계 등은 여성이 성폭행을 원한다는
의사표시가 아니다.

옷차림이나 사회적 도덕관념, 그리고 데이트 등은 성폭행당했을 때
여성들의 책임을 설명하기 위해서 너무나 자주 사용된다. 사회 속에서
여성들이 나타내는 행위들은 종종 그들에게 성폭행이 일어난 데 대한
책임을 전가하도록 만드는 좋은 구실로 작용한다. 즉 여성들이 공격당
했을 때 도덕성과 같은 사회문화적인 관습들은 여성들이 남자들에 비
해서 공격받기 쉬운 취약 상태에 놓여 있다는 사실을 무시하게끔 유도
하는 경향이 있다는 것이다. 그러나 성폭행에 대해서 여성들이 책임감
있는 행동을 하는 것과 여성들이 사회와 문화 안에서 공격받기 쉬운
상황에 놓여 있다는 것과의 사이에는 차이점이 분명히 존재한다.

어떤 여성이 위험한 상황에서 본의 아니게 보다 더 쉽게 타인으로
부터 공격을 받거나, 자신의 취약성을 더 증가시킬 수 있는 행동을 보
였을 수도 있다. 그러나 그것이 '자신은 공격당하기를 원한다는 것'을
의미하는 것은 아니다. 모든 사람들은 자신의 취약성을 증가시킨다
는 것을 알면서도 습관적으로 그렇게 행동하곤 한다. 예를 들면, 길거
리를 건널 때 나는 차들이 많이 빠르게 지나가는 쪽으로 걷는데 이는
차에 치일 가능성을 높아지게 만드는 것이다. 그럼에도 불구하고 차가
나를 치어달라고 요청하고 있는 것은 아니다. 다만 거리를 건넌다는
것을 보여 줄 뿐이다. 우리가 어떤 특정한 상황에서 어느 정도의 위험

을 기꺼이 감수할 수 있을지 결정할 수 있지만, 그러나 이것 역시 상처 받고자 하는 갈망을 나타내는 것은 아니다.

술을 마신 여성이 차를 태워 주겠다는 남성의 제의를 받아들이거나, 한 남성을 자기 방으로 초대한다거나 하는 행동들이 자신을 성폭행해 달라는 것을 요구하는 것은 아니다. 똑같은 식으로, 좀 야한 옷을 입고 다닌다고 해서 폭행을 초청하는 것이 아니라는 것이다. 그것은 문화적인 해석 혹은 개인적인 성격 문제이다. 도둑맞기 위하여 비싼 시계를 차고 다니는 것이 아니듯이, 성폭행당하기 원해서 매력적인 옷을 입고 다니는 것이 아니다.

사실: 육체적인 저항이 항상 성폭행을 막을 수 있는 것은 아니다.

여성들이 원하기만 하면 항상 성폭행을 막을 수 있다고 믿는 것은 사실을 왜곡하는 것이다. 만일 자기가 충분히 가해자와 싸우지 않거나, 가해자와 싸웠다는 사실을 보여 줄 만큼 몸에 충분한 상처가 나지 않았고, 피를 흘리지 않았고, 비명을 지르지 않았다면, 그 여성은 성폭행을 묵인한 것이라고 믿는 사람들이 있다. 생존자를 도와주어야 하는 사람들이 이 왜곡된 사실들을 믿는다면, 생존자는 피해자임에도 불구하고 자기 자신을 스스로가 보호해야 하는 처지에 놓이게 되는 셈이다.

어느 생존자가 성폭행을 당한 후 경찰관에게 질문을 받는 동안에 이러한 왜곡된 것들에 용감하게 저항했다. 그 경찰관은 그녀에게 자신의 경찰봉을 주고는 자기가 들고 있는 스티로폼 컵에다 그것을 삽입하라고 요구했다. 컵을 들고 있던 그는 컵을 재빨리 앞으로 뒤로 움직이면서 그녀에게 가해자가 삽입하지 못하도록 저항했는지를 물어보았다. 그녀가 경찰봉을 쥔 팔로 그를 가격하자 그는 컵을 아래로 떨어뜨렸다. 그 후 그녀는 경찰봉을 컵에다 끼워 넣었다.[9]

"도움을 구하라. 그리고 편안하게 쉬고 즐기어라."라는 잘 알려진 문화적 문구가 잘 적용되지 않는 시대에 우리는 살고 있다. 자기 자신을 방어하지 않는 여성들은 가만히 있지 말고 반드시 타인의 '도움을 구하여야 한다.' 그리고 자기 자신을 스스로 방어하기 위해 노력하는 여성은 충분히 여성적이지 않기에 가해자에 이해서 통제당해도 된다는 것이다. 그런데 아이러니컬한 것은 어느 쪽 행동을 취해도, 즉 스스로 자기를 방어하지 않거나 혹은 방어하는 그러한 행동들은 여성에게 불리하게 작용한다는 점이다. "자기를 보호하고자 하는 그녀의 노력은 결국 그녀를 죽음으로 내모는 결과를 낳을 것이다."라는 말은 여성들에 대한 이중적 억압을 기초로 만들어진 것이다. 한편 우리를 헷갈리게 만드는 이중적 규제 속에 들어 있는 논리적인 혼란은 몇몇 연구 조사들이 위에서 말한 양극단적인 행동들이 다 효과를 가지고 있다고

'증명'한 것처럼 보이는 결과들을 제시한 것에서부터 일어났다.

> 가해자에게 폭력을 행사하거나 할 수 있다고 위협했다는 사실들은(피해자의 저항의 증거로서) 일반적으로 불충분하다고 여겨진다. … 폭력을 당하는 순간에 피해자가 자신도 때릴 수 있다고 가해자에게 말했다고 치더라도 언어적인 대응이란 증명하기가 어렵기 때문에 어떤 상황하에서는 잠재적인 피해자들에게 가해자의 폭력에 적극적으로 대항하라고 충고하는 것은 바람직한 것으로 보일 수 있다. 그러나 그러한 충고는 피해자를 더 심각한 위해(危害)의 상태에 처하게 할 수도 있다. 따라서 대부분의 성폭행방지 전문가들은 감재적인 피해자들에게 저항 시에 육체적인 힘을 사용하지 말 것을 충고하고 있다.[10]

결국 자기방어나 다른 형태들의 성폭행 억제책들이 가장 좋은 방법이다. 그 어떤 방어전략도 100퍼센트 성공할 수는 없지만 만약 아무런 대비도 세우지 않는다면 성폭행을 당할 확률은 100퍼센트이다.

> 사실: 착하고 예의바른 불교도/기독교인/유대교신봉자/무슬람 등의 여성들도 성폭행당할 수 있다.

아는 사람에 대한 성폭행을 저지르는 사람들은 피해자를 선택할 때 상대방이 착하거나 악하거나, 나이가 많거나 적거나, 흑인이거나 백인이거나, 부자거나 가난하거나, 유대인이거나 비유대인이거나, 종교적이거나 아니거나…, 이 모든 조건들을 가리지 않는다. 성폭행자는 오직 자기들이 보기에 공격할 만하다고 믿는 여성들을 먹잇감으로 노릴 뿐이다. 윤리적으로 아주 고결한 여성도 성폭행당할 수 있다. 마찬가지로 비윤리적이거나 아무런 윤리적인 개념이 없는 사람 역시 당할 수 있다. 사실 윤리성은 피해자 정체성과는 아무런 관계가 없다. 그럼에도 불구하고 생존자나 그녀를 지지하는 공동체가 윤리성에 관해서 잘못된 생각들을 가지고 있으면 피해자 자신은 심한 자책감에 시달리게 되고 주위 사람들은 피해자를 윤리적으로 판단하게 된다.

> 사실: 가까이 있는 아는 사람들을 성폭행하는 대다수의 성폭행자들은 비정상적이거나 이상하다거나 성적으로 채워지지 않는 욕구를 갖고 있는 사람들이 아니다.

아는 사람에 대한 성폭행범들은 남들과 똑같은 성적 욕구를 가지고 있으며, 결혼을 했거나 혹은 성적인 파트너가 있는 등 지극히 정상적인 행동을 하는 사람들이다. 이 말을 뒤집어 말하면 병들었거나 정신이 나간 사람들이 주로 성폭행범이 되는 것이 아니라는 것이다. 사실은 성폭행범들은 남성적인 고정관념들로부터 벗어났다기보다 오히려 너무 강한 남성적인 경향이 있는 사람일 수 있다. 성관계는 성폭행을 위한 무기이지 이유가 아니다. 오드리 로드(Audre Lorde)에 따르면,

“성폭행은 공격적인 성적 경향(aggressive sexuality)이 아니라 성적 경향을 띤 공격”[11]이다. 즉 성폭행의 기본적인 동기는 성행위 자체가 아니라, 힘, 분노, 그리고 남을 지배하려는 마음인 것이다.

역설적으로 그러한 악한 행위를 한 사람일수록 알량한 자존감을 주장하는 경향이 있다. 윌리암 라이언(William Ryan)은 “착하고 도덕적인 사람으로 하여금 악한 일을 하라고 설득하기 위하여 먼저 그에게 악이 되라고 설득할 필요가 없다. 단지 그에게 자신은 좋은 일을 하고 있을 뿐이라고 가르치면 된다. 그 누구도 자기 자신을 망할 놈의 자식이라고 생각하지 않는다.”[12]라고 말하고 있다.

사실: 성폭행은 생리학적인 반응이 아니라 의식적인 선택이다.

남성에게 성에 대한 욕구가 일어난다고 해서 반드시 성관계를 가져야 한다는 생각을 가질 필요가 없다. 남성들이 성욕구를 느끼면 반드시 성관계를 가져야 한다는 잘못된 편견은 다음의 몇 가지 가정에 기초한다.

(1) 일단 남성이 생리학적으로 흥분되면 다시 돌아갈 출구는 없다.

(2) 사정(射精)에 대한 흥분 지점에 도달하면 남성은 반드시 성관계를 가져야 한다.

(3) 남성이 흥분되었을 때 성관계를 갖지 못하면 그는 어느 정도 상처를

받는다.

남성은 성적인 자극에 대해서 발생하는 생리적인 반응들을 조절하지 못할지도 모른다. 그러나 그들이 성적으로 자극받았을 때 다른 사람들과 어떻게 관계를 잘 형성할지에 대하여는 선택할 수 있다.

사실: 알코올 소비는 남성이 여성들을 성폭행하는 원인이 되지 못하며 더 나아가 성폭행에 대한 변명조차도 될 수 없다.

알콜이 남성에게 성적 욕구를 불러일으킬 수 있는 자극제로 작용할 수는 있겠지만, 그렇다고 해도 저질러진 성폭행에 대한 어떠한 변명의 도구가 될 수는 없다. 대학교 캠퍼스의 한 조사에 따르면 백인성폭행자와 백인피해자는 성폭행 전에 알콜이나 다른 약물을 마시는 경우가 미우 높게 나타난나고 보고하고 있다.(어떤 조사는 60퍼센트 이상이라고 하기도 함.)[13] 그러나 이러한 조사들이, 알콜이 남성들로 하여금 성폭행을 유도하고 있다는 것을 함축하는 것은 아니다. 그것은 다만 성폭행의 가해자와 피해자 모두 그들이 알콜과 다른 약물을 복용하게 되면 자신들을 통제할 수 있는 능력이 떨어진다는 점을 나타낸다. 특히 백인들이 압도적으로 많은 학교의 경우, 남성이든 여성이든 백인이 아닌 다른 유색인종 출신 학생들은 알콜이나 다른 약물을 덜 사용하기 때문에 성적공격과 알코올사용 간의 연관성이 훨씬 더 줄어드는 것으로

나타난다.[14]

사실: 대부분의 여성들은 같은 인종의 남성들로부터 성폭행을 당한
다.

FBI가 발표한 통계에 따르면, 성폭행의 대다수는(약 93퍼센트) 같은
인종 간에 발생한다. 즉 대부분의 백인여성들은 백인남성에 의해서 성
폭행을 당한다. 다만 아시안 여성의 경우, 아시안 남성보다 백인남성에
의해서 성폭행을 당하는 사례가 약간 더 많은 예외가 있기는 하다.[15]
매스미디어는 흑인과 백인 사이의 커다란 왜곡된 이미지를 낳는다. 다
른 인종에 비해서 흑인 남성이 주로 성폭행을 많이 할 것이라는 일반
적인 선입관과는 달리, 그들이 비록 성폭행의 용의자로서 고소는 많이
당하지만 실제로 흑인남성들은 자주 여성들을 성폭행하지 않는다. 반
면에, 흑인여성들은 백인여성에 비해서 성폭행의 피해자가 되고 있다.[16]
흑인여성을 비롯한 다른 유색인종 출신 여성들이 성폭행을 당할
가능성이 백인여성에 비해서 더 많은데, 그 이유로는 유색인종 공동체
의 관심부족, 과도한 업무시간, 대중교통의 빈번한 이용, 경찰관으로부
터의 부적절한 보호, 그리고 타인으로부터의 낮은 신뢰도 등을 들 수
있다.[17] 다른 말로 말하면, 이러한 여성들이 더 자주 성폭행의 피해자
가 되는 원인은 그들의 피부색깔이 아니라 낮은 경제적인 상황 때문이
다. 유색인종 출신 여성들은 자신이 성폭행당했다는 것을 사법기관에

신고할 때 어떤 딜레마에 부딪치게 된다. 왜냐하면 성폭행 피해자는 지지를 얻거나 혹은 보호를 받기 위해서 인종차별법 단속기관의 도움을 받아야 하는 경우가 생기기 때문이다. 어떤 여성들은 그들이 인종차별과 관련된 어떠한 입장에도 연루되기를 원하지 않는다.[18] 더 나아가, 성폭행에 대한 인종차별적인 선입견과 편견이 이 사회에 너무도 팽배해 있기 때문에 인종을 초월해서 많은 여성들은 흑인남성들을 조심하라고 배우기까지 한다.

흑인남성에 대한 이러한 인종차별적인 이미지는 흑인남성에 대한 아주 뿌리 깊은 악영향을 남겼는데 그것은 다름 아닌 흑인남성들은 태어날 때부터 성폭행자로서의 유전자를 가지고 있다고 우리 사회가 믿고 있다는 것이다. 워싱턴 D.C.에 있는 흑인들이 주로 다니는 대학교인 하워드대학교(Howard University)에 재학 중인 한 학생은, "우리 사회에는 흑인남성들은 그들이 보는 무엇이든지 강간할 것이라는 생각이 존재한다."[19]리고 말한다. 성폭행을 없애려는 우리의 노력은 아마도 인종차별주의를 종식시키려는 노력과 전혀 별개의 문제가 아닌 것이다.

사실: 성폭행은 그 어떤 경우에서도 늘 범죄에 해당하지만 반드시 기소하는 것은 아니다.

아는 사람에 의한 성폭행은 특히 그 죄를 기소하기가 어렵다. 그 이유는 발생한 성관계가 합의에 의한 것인지, 아니면 강압적으로 이루어진 것인지에 대한 문제로 왈가왈부하기 때문이다. 즉 단지 분명한 사실은 그 두 사람이 성관계를 가졌다는 것이며, 문제는 피해자인 여성이 합의를 했는지 안 했는지에 대해서는 가해자와 피해자 간의 서로 의견이 다르다는 것이다. 실제로는 우리가 생각하는 것보다 성폭행범들이 사법기관의 형벌을 받는 경우는 드문데, 심지어는 피해자의 신고를 받았음에도 그렇다. 예를 들면, 100명의 성폭행범 가운데;

* 8명이 체포되었으며,
* 7명이 기소되었고,
* 3명이 유죄판결을 받았으며,
* 그 중에 2명 만이 실제 구치소에 들어갔다.[20]

일반적으로 아는 사람에 의한 성폭행범들은 성폭행을 할 때 상대방에게 심각한 후유증을 남길 수 있는 엄청난 폭력을 행사했음에도 불구하고 최소한의 형량만 받는데 그친다. 이러한 이유로 인해, 아주 적은 숫자의 여성들만이 성폭행 피해 사실을 사법기관에 신고하는 실정이다. 그러므로 성폭행의 피해자들은 기소가 자신들의 상처를 치유해 줄 수 있을 것이라고 확신하거나 현실적으로 해결해 줄 수 있는 방법이 될 수 없다는 사실을 분명하게 알 필요가 있다.

사실: 강한 신앙이 성폭행으로 인한 외상(外傷) 자체를 막아 주는 것은

아니다.

성폭행으로부터 발생하는 고통과 회복은 강한 신앙을 가지고 있느냐 없느냐의 문제가 아니다. 여성이 자신이 알고 있는 누군가에 의해 성폭행을 당하면 그녀는 배신감을 느끼며 혼란스러움을 경험하게 되는데, 우리는 이러한 현상을 충분히 이해할 만하다. 물론 신앙은 피해를 당한 여성들이 배신감이라는 아픔에 직면하게 될 때 아주 중요한 치료 도구가 될 수 있다. 다만 여기서 우리가 기억할 필요가 있는 것은 신앙은 치료를 위한 중요한 요소가 될 수 있지만, 정신적 충격을 포함한 외상 그 자체를 회피하게 해 주는 수단은 아니라는 사실이다.

사실: 성경은 성폭행의 생존자들이 명확한 지도와 위로를 구할 때 오히려 혼란을 야기시킬 수도 있다

성경 속의 이야기들이 성폭행을 당한 많은 기독교와 유대교 여성들에게 위안을 주는 것은 부인할 수 없는 사실이지만, 한편으로는 성폭력으로부터 살아 남은 여성들이 실제로 받은 상처에서 회복하기 위해서 무엇을 해야 할지에 대해서는 명확하게 제시해 주지 않고 있기도 하다. 예를 들면, 사사기 19장에 나오는 강간과 첩을 살해한 이야기, 다말과 디나의 강간사건 등은 치유에 대해서 구체적으로 언급하고 있지 않다. 오히려 폭력으로부터 생존한 사람에 대해서 부정적인 이미지들

을 내포하고 있다. 만일 성폭행을 당한 여성들이 성경으로부터 위안을 구한다면 전문종교인들은 그들의 현실에 대해서 보다 민감해져야만 한다. 즉 상처와 고통당하고 있는 여성들이 성경에 나오는 성폭행 이야기들을 잘 이해할 수 있도록 목회자를 비롯한 전문종교인들의 도움이 필요할 수도 있다.

> 사실: 종교적 혹은 신앙적 원천들은 성폭행의 생존자들이 그러한 자료들이 자신들의 아픔과 고통을 치유하는 데 도움이 된다고 믿고 스스로 구하려고 할 때 보다 더 효과적인 치유의 도구가 될 수 있다.

성경 이야기, 기도, 예배 의식과 신학적인 성찰과 같은 종교적인 자료들은 성폭행의 생존자들에게는 그 자체로서 생명을 주는 것은 아니다. 심지어는 평소에 교회를 비롯한 신앙공동체와 밀접한 관계를 유지했던 성폭행의 생존자들조차도 그러한 종교적인 자료들에 대해서 기복이 심한 반응을 보이게 되는 것을 주의할 필요가 있다. 전문종교인들은 그러한 종교적인 자료들을 사용하는 데 있어서 생존자들의 요청이 있는지 없는지에 대해서 세심한 주의를 기울여야 한다.

> 사실: 전문종교인들이나 신앙공동체들이 성폭행의 생존자들에게 항상 최상의 도움을 줄 수 있는 것은 아니다.

아는 사람에 의한 성폭행은 종종 우발적인 혹은 거친 성관계라고 잘못 이해하고 있는 경향이 있으며, 종교적인 교리들은 성문제에 대해서 매우 애매모호할 수 있다. 더욱이 많은 경우에 있어서 아는 사람에 의한 성폭행에는 전문종교인들이 윤리적인 문제들이라고 여기는 알코올이나 다른 약물들이 연관되어 있다. 이러한 이유로 인해, 신앙공동체나 목회자를 비롯한 지도자들은 감정적으로 공감을 가지면서 성폭행의 생존자들을 대할 수 없는 경우도 있다. 참으로 아이러니컬한 것은 신앙공동체 가운데 한 명이 감기로 아프다거나 발생 원인을 확실히 알 수 있는 폭력을 당했을 때는 어떻게 도와주어야 할지 알고 있는 반면에, 아는 사람에 의한 성폭행과 같은 폭력의 원인이 애매모호한 경우 혹은 생존자의 행동에 대해서 의심을 갖게 되는 경우에는 돌봄이나 도움의 손길을 주기를 주저하게 된다는 사실이다.

아는 사람에 의한 성폭행을 이해한다는 것은 한편으로는 생존자가 당한 성폭행의 경험들과 아울러 성폭행을 둘러싼 이런저런 왜곡된 사실들을 이해한다는 것을 의미한다. 지금까지 살펴본 성폭행에 대한 왜곡된 사실들은 생존자들에게는 치명적인 결과를 낳게 된다. 비록 피해자인 생존자 당사자들은 그러한 왜곡들을 믿지 않는다 하더라도, 그들이 속한 가정, 직장, 교회나 그 밖의 공동체에서는 잘못된 왜곡들을 믿기 때문이다. 그러므로 아는 사람에 의한 성폭행에 대한 사실들과 해로운 왜곡들을 배우는 것은 생존자들이 외상으로부터 치유하는 데 도움이 된다. 전문종교인들이 보다 해박하고 신뢰할 만한 돌봄제공자가 되기 위해서는 위에서 말한 내용들을 꼭 숙지할 필요가 있다. 이제 다음으로 넘어가 흑인들에 대한 미국에서의 인종차별이 어떻게 아는 사람에 의한 성폭행과 밀접하게 관련이 있는지 알아보도록 하자.

2. 인종차별주의와 아는 사람에 의한 성폭행

미국사회에 뿌리 깊게 구조화된 인종차별주의는 한 세대에서 다음 세대까지에 걸쳐 깊은 외상(trauma)을 남긴다. 수세대에 걸쳐서 흑인들이 인종차별이라는 폭력에 억압당한 결과, 흑인들 영혼의 내면에는 폭력에 대한 그들의 저항의식이, 때로는 폭력 그 자체가 스며들어 있다. 오늘날 외상의 경험에 대한 그들의 반응들은 바로 이러한 세대를 통해 잠재적으로 내재해 있는 외상에 의해서 엄청나게 큰 영향을 받고 있다. 사실 아는 사람에 의해서 성폭행을 당하는 수는 백인여성이나 흑인여성이나 별다른 차이가 없다. 하지만 여러 가지 조사들에 따르면 신고율, 회복에 대한 이슈들, 그리고 자신들이 속한 공동체의 반응 등에 있어서 백인여성에 비해서 흑인여성들의 경우 좀 더 심각한 문제들을 보이고 있는 것으로 나타나고 있다.

이와 같은 사실을 보다 잘 이해하기 위해서 우리는 먼저 아는 사람에 의한 성폭행이 미국 흑인들의 역사에서 어떻게 작용해 왔는지를 알아볼 필요가 있다. 이를 위해서 인종차별주의가 미국사회에 구조적으로 자리를 잡는 데 지대한 영향을 미친 노예제도(slavery)에 대해서 먼저 살펴보자.

노예제도와 아는 사람에 의한 성폭행과의 상관관계

이미 알고 있는 공격자에 의한 외상과 폭력은 노예제도 하에서 알게 모르게 행해져 온 매우 일상적인 현상이라 할 수 있다. 아는 사람에 의한 성폭행은 자신들의 의지와는 전혀 관계없이 미 대륙으로 팔려 온 아프리카 사람들을 '식민지화'하고 아프리카 여성들을 '노예화'시키기 위해서 백인에 의해서 사용된 한 방법이었다.[21] 노예가 된 아프리카 여성들과 아이들에게 미 전국에서 광범위하게 가해진 성적 폭행은 일상적으로 보통 있는 일이기에 아프리카 여성들에게는 아는 사람에 의한 성폭행은 노예제도와 동의어에 속할 정도였다. 실제로 노예제도가 채찍질에 의존했던 것 이상으로 성적인 학대에도 크게 의존했었다.[22] (잘 알려진 19세기 여성노예들의 이야기에는 주인이나 감독관에 의한 성폭행에 대해서 거의 빠짐없이 등장하고 있다.[23])

흑인여성노예들에 대한 성폭행은 노예들이 인간이 아니라 주인의 소유물 정도로 여겨졌기 때문에 그다지 이상할 것이 없는 일상적인 것이었다. 노예들에 대한 착취와 그들의 죽음은 따라서 그저 물건 하나가 상하거나 물건 하나를 잃어버린 것처럼 대수롭지 않은 일이었다. 노예인 여성을 주인이 성폭행했을 때 힘을 가진 자들은 그것을 정상이라고 볼 뿐이다. 자기의 소유물을 마음대로 한다는 데 누가 어떻게 뭐라고 대꾸할 수 있단 말인가? 그러나 만일 주인이 아닌 다른 사람이 그 여성을 성폭행하면 그것은 오늘날 남의 거주지 침범죄와 마찬가지로 여겨진다. 노예인 흑인여성을 성폭행하는 것이 범죄행위로 여겨지는 경우는 다름이 아닌, 강압적인 성관계를 성적 폭력으로 이해하거나 금지해서가 아니라, 백인과 흑인 간에 이루어지는 인종의 혼합을 우려할 때이다.[24] 즉 흑인 여성이나 아이들의 자주권이나 자결권을 상실하게 한 것이 아니라 백인이라는 인종의 순수성을 상실했기에 범죄로 간주했던 것이다.

한편 노예가 된 흑인여성을 성폭행하는 것은 노예주인 입장에서는 경제적인 이익을 가져다준다. 백인 소유주의 입장에서는 아이 생산력이 매우 높은 흑인여성노예들은 아이들을 가진 엄마가 아니라, 노예인력시장의 규모의 확장을 담보해 주는 도구들일 뿐이었다. 그들의 경제적인 가치는 오직 주인의 소득을 증가시켜 줄 수 있는 능력에 의해서 매겨졌다.[25] 또한 노예로 태어난 아이들은 그들의 아버지가 흑인노예이든 아니면 백인 소유주이든 관계없이 엄마를 소유한 주인의 재산이 되었다.

노예들 사이에서 아프리카인과 유럽인 사이의 결혼은 금지되었으며, 노예주인에게 노예는 단지 재산에 불과했기에 백인 소유주들은 비록 자기의 성폭행으로 인해 아이가 태어났을지라도 '아버지'로서의 그 어떤 책임도 갖지 않았다. 그 결과, 백인사회에서 흑인노예여성들의 아이들은 가족의 한 구성원이 아니라 추가적인 재산으로 보았다. 이와 같은 방법으로, 당시에 만연되고 사회 구조화된 성적 학대는 전통적인 친족 구조를 파괴하는 데 일조했었다. 더 나아가 전통적인 가족 구조는 흑인노예가족들을 백인 소유주가 마음대로 팔 수 있도록 되어 있었기에 더욱 무너지고 말았다.

노예해방, 고문, 그리고 아는 사람에 의한 성폭행

위에서 언급한 흑인여성들에 대한 사회구조화된 성폭행과 성적 학대의 유형들은 너무도 오랫동안 뿌리 깊게 행해졌기 때문에 노예제도의 철폐에도 불구하고 그리 쉽게 수그러들지 않았다. 성폭행은 백인 우월주의자들이 자신들의 힘을 과시할 수 있는 좋은 수단이었기에 심지어 독립전쟁이 끝난 뒤에도 흑인가족들과 공동체들을 황폐화시켰다. 그러나 불행하게도 흑인여성에 대한 성폭행의 위협은 새로운 다른 모습으로 변모해서 흑인공동체를 공격했다. 미국남부의 재건 시기인 1865년부터 1877년 사이에 공공연하게 백인들은 흑인남성들을 성폭행죄라는 명목으로 기소하기 시작했다. 이것은 백인이 흑인을 린치(lynch)하는 것을 정당화하고 합리화시키는 가장 강력한 수단이 되었다.

노예제도가 합법화된 시대에서 흑인에 대한 린치는, 광범위하게 이루어지지 않았다. 그 이유는 노예소유주들이 자기들의 소중한 재산인 흑인들의 육체를 망가뜨리는 것을 싫어했기 때문이다. 비록 채찍질은 있었지만 노예들을 린치하는 일은 없었다.[26] 안젤라 데이비스(Angela Davis)에 따르면, 흑인에 대한 린치가 독립전쟁 때에도 있기는 있었지만 그것은 노예를 소유하고 있던 백인들이 자신들과는 달리 노예제도의 철폐를 주장했던 다른 백인들을 겨냥한 정치적인 목적이었다. 육체적인 고문은 반노예제도 캠페인이 힘을 얻으면 얻을수록 더 심해져만 갔다.

노예의 신분에서 해방된 흑인들은 더 이상 전에 주인이었던 백인들을 위한 시장 가치로 값을 매겨지지 않아도 되었지만, 불행히도 노예라는 신분에서의 해방이 폭력으로부터의 해방까지 이어지지는 못했다. 노예제도 대신, 린치가 흑인들을 통제하기 위한 수단으로 자리바꿈했던 것이다. '흑인남성들은 모두 성폭행범'이라는 강력한 사회문화적인 선입견이 깊이 박히게 된 것이 바로 이 시기부터이다.[27]

'비인간적인 흑인떼거리'들이 저지르는 성폭행은 특히 남부에서 거주하는 백인남성들에게는 악몽과도 같은 일이었다. 따라서 백인여성의 순결과 부권의 수호는 흑인남성들에 대한 백인남성들의 린치를 정당화하는 훌륭한 명목이 되었다. 백인남성들은 흑인남성들이 전에 노예대우를 받았던 것에 대한 보복으로서 백인여성들을 성폭행한다고 믿었다.[28] 19세기 말경 아이다 웰즈-바넷(Ida B. Wells-Barnett)는 흑인들의 성폭행에 대한 보복으로서 린치가 사용되고 있다는 사실을 받아들이기를 거부했다. 그녀가 직접 연구조사한 결과, 자신의 마을에서 린치를 당한 사람 중에서 오직 1/3만이 성폭행과 직접 관련이 있음을 발견하게 되었다.[29]

그럼에도 불구하고, 흑인남성에 대한 성폭행의 기소는 계속적으로

꾸준하게 이루어졌기 때문에 대부분의 백인들은 흑인들이 린치당한 이유는 그들이 저지른 성폭행 때문이라고 믿게 되었다. 흑인여성들에 대한 성폭력이 갈수록 증가하고 있었음에도 불구하고, 흑인남성들에게 가해진 린치(성폭행이 아니라)는 흑인들을 억압하는 가장 위압적인 상징이 되었다. 반면에 흑인여성들에 대한 성폭행은 간과되고 있었다. 심지어는 성폭행과 인종차별의 상관관계를 재조명해야 한다는 수잔 브라운밀러(Susan Brownmiller)의 획기적인 연구조차도 여전히 흑인여성들에 대한 성폭행을 무시하고 말았다.[30]

현대 흑인여성들의 상황과 아는 사람에 의한 성폭행

노예제도 하에서 흑인여성들이 당해야만 했던 성폭행의 유물과 그 후에 흑인남성들에 대한 성폭행자라는 편견은 오늘날 성폭행과 성폭행 방지에 대해서 논의할 때, 특히 흑인사회에서는 관념적으로 강력한 중요성을 지닌다. 오늘날 흑인사회 안에서 성폭행이라는 주제는 적어도 겉으로 보기에는 흑인이 아닌 다른 인종 출신의 사람들에게는 전혀 알 수도 들을 수도 없는 비밀스런 이야기이다. 여성과 아이들에 대한 폭력의 이슈에 대한 흑인들의 전통적인 반응은 그저 침묵을 지키는 것이었다. 이러한 침묵은 폭력을 받아들인다는 표시가 아니라, 부끄러움, 두려움과 토이넷 유진(Toinette Eugene)이 말한 '해로운 인종적 충성심'[31]의 발로였다.

흑인사회가 이미 백인의 수중 안에 잡혀 있는 상태에서 흑인여성들이 자신들이 백인에게 성폭행당했다는 것을 말하는 것은 위험한 일이다. 또한 흑인사회가 아닌 외부의 권위기관에게 호소하는 것은 위험할 뿐더러 별 효과가 없다는 것을 흑인여성들은 역사를 통하여 이미 잘 알고 있다. 그리고 자신들이 속한 흑인사회에 호소하면, 흑인여성들은 문화적인 선입견(예를 들면, 흑인여성들은 과도하게 성적이며 성관계가 문란하다는 등)과 역사를 통하여 내재화된 자기경멸과 유진이 이름 붙인 '무기력하고 불의에 관대한 정의감' 등과 대면해야만 한다.

개일 왓트(Gail Wyatt)는 성폭행에 관해서 역사적으로 내려오는 자신들에 대한 편견으로 인해 흑인여성들은 성폭행에 대해서 자신들을 보호하기 위한 권리를 내세울 수 있는 분위기가 바뀌어 가고 있다는 시대적 변화를 쉽게 받아들이지 못하고 있다고 주장하였다. 성폭행을 당한 흑인여성들이 항상 자신들을 성폭행의 피해자로 여기는 것도 아니고 더군다나 자신들의 피해상황이 '실제적인 성폭행'의 기준에 맞는지에 대해서도 큰 확신을 가지지 못하고 있는 현실이기 때문에 그들은 자신들이 당한 성적 폭력을 다른 사람들에게 굳이 알려야 한다고 생각하지 않는다. 이러한 흑인여성들의 사고방식은 성폭행 후 가장 초기 단계와 그 후 계속 이어지는 심리적이고 육체적인 영향과 그리고 성폭행 사실을 외부에 알릴 것인지 결정하는 데 깊은 관계가 있다.[32] 흑인여성들은 가해자의 공격을 성폭행이라고 생각하면서도 여전히 그 사실을 관계기관에 신고하기를 꺼린다. 불행히도 흑인여성들은 자신들의 공동체인 흑인사회로부터 그다지 많은 도움을 기대하지 못할 것이라

고 믿고 있다.[33)]

혹인 여성들이 위에서 언급했던 경향을 가지는 이유로는 다음과 같은 것들을 들 수 있다. 먼저 백인여성들보다 혹인여성들의 경우 성폭행을 당했다고 신고한다 할지라도, 신고를 듣는 사람들은 혹인여성들의 말을 잘 믿지 않는 경향이 있다. 대부분의 성폭행은 혹인남성이 백인여성들을 상대로 일어나는 것이라고 일반적으로 믿고 있기 때문에 혹인여성들이 성폭행당하는 것을 믿지 않는다는 것이다. 둘째는, 왓트의 연구에 참여한 대부분의 혹인여성들은 성폭행 사실을 신고했을 때 부정적인 경험들을 했다고 털어 놓았다. 그 결과, 그들은 백인여성들과는 차별적으로 대우받을 것이고 오히려 성폭행을 당한 자신들에게 책임을 전가할 것이라고 믿고 있었다. 이러한 경향은 특히 성폭행범이 평소에 알고 지내던 사이였다면 더 심하게 나타나고 있었다. 우리의 현실은 어느 범죄의 피해자가 혹인이었을 경우 그다지 심각하게 다루어지지 않는다는 데 있다. 특히 혹인과 혹인 사이에 발생한 사건은 더욱 그러하다.(우리는 백인이 백인을 대상으로 발생한 범죄일 경우 아직 어떠한 자료도 가지고 있지 않음을 알게 되었다.)

혹인 간에 벌어진 범죄에 대한 무관심과 혹인여성들은 문란한 성생활을 즐길 것이라는 근거없는 편견은 혹인여성에 대한 성폭행을 범죄행위로 인정해서 가해자를 처벌하는 합법적인 행동을 막고 있는 꼴이다. 검찰들도 문제가 있기는 마찬가지다. 여러 가지 기관에서 조사한 증거에 따르면, 검찰들은 혹인여성이 연루된 성폭행 사건을 맡기를 주저한다는데, 그 이유는 '착한 소녀'는 성폭행당하지 않을 것이라는 사회적 통념과 함께 대부분의 흑인여성들은 '착한소녀'가 아니라는 얼토당토하지도 않는 편견 때문이라는 것이다.[34] 흑인여성들이 성폭행당한 사실을 신고하지 않는 세 번째 이유는 대중들의 반응이다. 즉 흑인피해자의 경우 백인피해자보다 너무 심하게 조사를 받는다는 사실이다. 이런 과정에서 흑인여성들은 성폭행과 인종차별이라는 해묵은 연관성까지 접하게 된다. 바로 이와 같은 이유로 그들은 신고를 꺼리게 되고, 그것은 성폭행으로 받은 상처와 충격으로부터 치유하는 과정을 훨씬 더 힘들게 만드는 악순환으로까지 연결되고 만다.

다른 연구조사자들도 같은 결론을 내놓고 있다. 즉 흑인여성들이 성폭행당한 사실을 알리는 것은 그들에게 매우 비싼 대가를 지불하게 만든다는 것이다. 아니타 잭슨(Anita Jackson)과 수잔 시어즈(Susan Sears)는 많은 흑인여성들에게 있어서 개인적인 관계가 매우 중요하기 때문에 성폭행당한 사실을 신고하는 것은 흑인사회에 피해를 주는 행위로 받아들인다.[35] 특히 자신들의 공동체를 보호하는 것은 백인들이 다수를 차지하고 있는 대학캠퍼스에서는 더욱 더 중요하다. 대학캠퍼스에 흑인학생들의 수가 그리 많지 않다는 점을 고려할 때, 비록 그가 죄가 있더라도 신고하는 것은 전체 흑인공동체에 나쁜 영향을 주는 것과 같다. 이미 흑인사회가 '다른 그룹'으로 규정받고 소외당하고 있는 실정에서 (어차피 그 자체가 인종차별적인 사회체계이다) 자신의 그룹 한 명을 희생물로 내어놓는 것은 어쩌면 전체 흑인들에게는 일종의 자기패배와 같다고 할 수 있다. 아는 사람에 의한 성폭행 가운데 90퍼센트 이상이 같은 인종 간에 발생한다는 점을 고려해 볼 때 위에서 말한 것들을 쉽게 이해할 수 있을 것이다.[36]

이상 우리가 살펴본 노예제도 하에서의 역사적인 토대와 흑인사회가 여전히 지금 겪고 있는 갈등을 종합해 보면, 성폭행은 흑인여성과 흑인사회의 심리적이고 영적인 상태에 좋지 않은 영향을 미친다는 것을 알 수 있다. 이 점을 염두에 두면 다른 질문들이 우리 마음에 떠오른다. 즉 계속적인 성폭행이라는 위협 하에 살고 있는, '세대를 막론한 전체 여성들에게 미치는 심리적인 영향은 무엇인가?'라는 질문이다. 구조적으로 굳어진 성폭력과 인종차별주의가 그러한 여러 세대 간에 걸친(intergenerational) 외상을 만들어 낼 때, 그 외상은 마치 성폭행이 흑인사회에 '정상'적인 일부분으로 자리잡게 된다.

아는 사람에 의한 성폭행이 세대 간의 규범이 되거나 규범화되면 최소한 두 가지 일이 발생하게 된다: 첫째로 외상에 대한 전통적인 개념들이 더 이상 쓸모없어진다. 둘째로 아는 사람에 의한 성폭행의 심리영적인 외상이 흑인문화에 깊이 동화되어 노예제도 이래로 가장 커다란 역사적인 관습이 되고 만다. 이것은 아는 사람에 의한 성폭행의 생존자가 흑인일 경우 더욱 커다란 영향을 미친다. 던컨 신클레어(N. Duncan Sinclair)는 소름이 끼칠 정도로 무서운 외상이 발생하면, 그것에 익숙한 사연들을 가진 사람들은 외상으로부터 치유하는 데 너무나 힘든 시간을 보내야 한다고 주장한다.

일상적인 삶을 초월하여 발생하는, 세대 간에 걸쳐 지속된 외상을 낳는 구조적인 인종차별주의를 깨닫지 않고는 소름끼치는 외상에 대한 그 어떤 논의도 마무리될 수 없다. 소수인종에 속한 어느 한 사람이나 여성에게 가해진 두려운 외상은 이미 외상을 낳은 사건 전에 이미 존재하여 그 사건 후에도 여전히 남아 있는 성별에 따른 편견과 인종차별주의라는 고유한 외상으로 인해 훨씬 더 심각한 영향을 받게 될 것이다.[37]

강제적으로 미 대륙에 끌려 온 이래로 흑인여성들은 아는 사람에 의한 성폭행에 대해서 익히 알고 있었다. 노예제도 아래에서 진절머리 나게 행해졌던 성폭행의 역사를 살펴보면 흑인여성들이 아는 사람에 의한 성폭력에 어떻게 반응하는지, 그리고 어떻게 회복해야 하는지를 우리에게 이미 알려 주고 있는 셈이다.

3. 성폭행 외상증후군(Rape Trauma Syndrome)

북미에서 벌어지고 있는 여성운동의 두 번째 물결은 성적 폭력에 대한 관심이 증가하고 있는 현상이다. 그러나 아쉽게도 성폭행을 당한 피해자의 입장에서 성폭행을 이해하려고 하는 수준에는 아직 이르지 못한 것 같다. 이러한 나의 생각은 그저 단순한 나의 추측이 아니라 여

러 가지 정황들을 잘 살펴보면 알 수 있다. 성폭행을 당한 피해자가 겪
는 심리적이고 육체적인 고통이 무엇인지, 피해자에게 어떤 치료가 적
당한지, 사건 후에 일어날 수 있는 더 심각한 심리적인 어려움에 대해
서 어떤 보호를 해야 하는지 등에 대한 정보가 너무 부족하다. 성폭력
에 대한 책들은 '왜 남성들이 성폭행을 시도하는가, 이러한 남성들의
성폭행에 있어서 여성들의 역할과 사법당국의 역할은 무엇인가' 등에
관해서 다루고 있다. 그럼에도 불구하고, 이러한 서적들은 의료적이고
심리적인 도움이 필요한 여성생존자들에 대한 심각할 정도의 선입관
을 보이고 있다.[38]

　　이 분야의 정보가 너무 빈약하다는 사실을 깨달은 보스톤 컬리지
의 간호학과 교수인 앤 버그스(Ann Burgess)와 사회학과 교수인 린다 홈
스트롬(Lynda Holmstrom)은 성폭행의 생존자들의 경험을 직접 생생하
게 다룬 첫 번째 연구조사를 하였다. 그들은 성폭행의 피해자들이 성
폭행을 당하는 도중이나 바로 직후에 극심한 정도의 육체적인, 감정적
인 외상으로 고통당하며, 이 고통은 꽤 오랜 시간이 흘러도 계속 지속
된다는 사실을 알게 되었다. 그 결과, 그들은 연구의 목적을 피해자의
증언을 토대로 성폭행의 단기적이고 장기적인 영향에 대해서 알아보는
한편, 그들의 필요에 맞는 위기상담 모델을 개발하는 것으로 설정하였
다.[39] 개인 인터뷰를 하는 동시에, 1972년 7월부터 1973년 7월까지 보
스턴시립병원에 가료 중인 92명의 성폭행 성인생존자들이 제공한 추가
정보들을 기초로 해서 버거스와 홈스트롬은 자신들이 명명한 '성폭행

외상증후군(Rape Trauma Syndrome, RTS)'이 존재한다는 것을 문서화하였다. 성폭행 외상증후군은 성폭행의 피해자의 입장에서 성폭행을 이해하기 위하여 개발된 최초의 종합적인 이론을 담은 모델이었다.

자신들의 연구를 통하여 그들은 성폭행 외상증후군의 구체적인 현상과 치료에 대한 윤곽을 그릴 수 있게 되었다. 그들은 또한 성폭행 외상증후군이 복합반응(compound reactions)과 침묵반응(silent reactions)이라는 두 가지 서로 다른 형태로 나타난다는 것을 발견하였다. 복합반응은 성폭행 외상증후군이 과거 혹은 현재 겪고 있는 육체적, 심리적, 그리고 사회적 어려움과 결합해서 나타나는 반응을 말한다. 복합반응을 경험하고 있는 여성들은 우울증, 정신병적인 행동이나 자살행동과 같은 추가적인 반응까지 이어질 가능성이 있다. 버거스와 홈스트롬은 이러한 반응들은 장기간에 걸친 도움이 필요하기 때문에 위기치료 모델의 범주에서 제외할 필요가 있음을 발견하였다.

한편 침묵반응은 피해자 자신 스스로가 성폭행당한 본인의 감정이 아직 안정되지 않았기에 그 누구에게도 성폭행 피해 사실을 말하지 않고 혼자 힘겹게 심리적인 압박을 견디는 상태를 일컫는다. 이러한 경우들에 있어서, 피해자의 건강을 측정하는 것은 단순한 육체적인 점검뿐만이 아니라, 피해자들이 자신이 입은 외상을 성폭행으로서 솔직하게 말할 수 있도록 도와주는 모든 과정을 포함한다.

성폭행 외상증후군을 간단하게 정의하면, "강압적인 성폭행 또는 성폭행미수의 결과 피해자에게 발생하는 성폭행 후 급성 단계(acute

Phase)와 장기적인 재조직의 단계이다. 행동적이고 육체적이며 심리적인 이러한 증후군은 안전한 삶을 위협하는 상황에 대한 급성 스트레스성 반응이라 할 수 있다."[40] 다른 말로 표현하자면, 이 증후군은 죽음을 야기시키는 위협적인 순간(들)에 대한 반응들이다. 버거스와 홈스트롬은 성폭행 외상증후군이라는 증상들은 성폭행의 피해자가 역기능적이라거나 혹은 병들었다는 신호를 나타내는 것이 아니라, 한 사람을 파괴하는 외상에 대해 정상적으로 대응하는 것이라고 강하게 주장한다. 그러한 증상들은, 우리 몸과 영혼이 반갑지 않고 치를 떨게 만드는 두려움과 성폭행으로부터 발생한 외상을 다루는 방법이다. 성폭행 외상증후군은 앞에서 말한 성폭행 후 급성 단계(acute Phase)와 장기적인 재조직의 단계 등 두 개의 단계로 나누어진다.[41]

성폭행 후 급성 단계(acute Phase): 혼란스러움

급성 단계(혹은 즉각적인)는 피해자가 성폭행당한 후 바로 며칠에서 몇 주에 걸쳐서 경험하는 시기를 말한다. 이 단계의 중요한 특징은 보통 사람들이 스트레스를 받으면 나타나는 증세들, 즉 육체적인 이상증상들이 한 눈에 쉽게 알아볼 정도로 나타난다거나, 감정적으로 심한 두려움을 느끼는 것과 같은 현상들을 꼽을 수 있다. 이 급성 단계는 다양한 범주들로 나눌 수 있다. 예를 들면 충격적인 반응들, 신체적인 반응들, 감정적인 반응들, 마지막으로 시도 때도 없이 돌발적으로 침입해 오는 생각들 등이다.[42] 이러한 범주에 대해서 하나하나 살펴보도록 하자.

　충격적인 반응들(Impact Reactions): 성폭행을 당했거나 미수에 그친 성폭행이 일어난 직후 몇 시간 동안, 피해자는 매우 다양한 충격적인 반응들을 경험하게 된다. 이러한 반응 역시 두 개의 유형으로 구분해서 설명할 수 있다. 먼저 자신이 느끼고 있는 감정들을 말이나 행동을 통하여 외부로 표현하는 유형이다. 이 유형일 경우에는 두려움, 분노, 공포와 절망과 같은 강한 감정들이 울부짖거나, 흐느끼거나 때로는 웃는다거나, 안절부절 못하거나, 긴장감에 사로잡혀 있는 등의 행동을 통해서 나타난다.

　이에 반하여, 자신의 감정을 통제하려는 유형이 있다. 이 경우에는 앞의 유형과는 정반대로 피해자가 자신의 강한 감정들을 침착하고 평온함 혹은 억누름과 같은 방법을 사용하여 위장하거나 감추는 행위를 말한다.[43] 위의 두 유형 중 어느 것을 취하든지간에, 즉각적인 위기 상황을 다루어야 하는 급성 단계는 성폭행의 피해자가 먼저 요청하게 된다. 의료처치, 경찰관의 개입과 심리처치 등의 즉각적인 조치가 이 단계에서 행해진다.[44]

　신체적인 반응들(Somatic Reactions): 성폭행을 당했거나 미수에 그친 성폭행이 일어난 직후 처음 몇 주 안에 주로 다음과 같은 신체적인 반응들이 발생한다.

⑴ 육체적인 외상에는 성폭행 당시 상대방에게 저항하는 과정에서 발생
   하는 폭행으로 인해 생긴 몸의 통증과 여기저기 입은 타박상 등이 있
   다. 이러한 상처는 위, 목 주변, 가슴, 허벅지, 다리와 팔 등에 나타난
   다. 피해 여성이 구강섹스를 강요받았을 경우 구토와 함께 목구멍에도
   외상을 입을 수도 있다.

⑵ 뼈와 근육에도 손상이 갈 수 있다. 이 경우에 두통과 피로를 자주 호
   소하게 된다. 또한 잠과 관련된 증상이 나타날 수도 있다. 예를 들면,
   숙면을 못하거나 자주 잠에서 깬다거나, 성폭행을 당했던 시간이 되면
   몽유병 환자처럼 거리를 걷는다거나, 혹은 잠자는 동안에 훌쩍훌쩍 울
   거나 밤이나 낮에 깜짝깜짝 놀란다거나 등의 현상들을 보인다. 수면
   을 방해하는 현상은 치유하는 과정에 커다란 장애가 될 수 있다. 왜냐
   하면 성폭행으로부터 회복하기 위해서는 건강을 유지해야 하는데 수
   면장애는 생존자의 신체 능력을 저하시키기 때문이다. 한편 비교적 작
   은 일에도 자주 흠칫한다거나 과도하게 주위를 경계하는 것도 일반적
   으로 나타나는 현상들이라고 할 수 있다.[45)

⑶ 위통(胃痛), 식욕이나 음식에 대한 흥미상실, 성폭행을 떠올리면서 생
   기는 욕지거리 등과 같은 위장과 관련된 통증들은 보편적으로 성폭력
   생존자들이 호소하는 증상들이다. 이 가운데 욕지거리는 성폭행과 연
   관된 처방약을 복용하면서 생길 수도 있다.

⑷ 질분비물, 가려움, 소변 시 후끈거림과 같은 비뇨생식기 장애 등도 보

편적인 증세다. 일부 여성들의 경우 성폭행 후에 만성적인 질 감염에 걸리기도 한다. 직장(直腸) 출혈과 아픔은 항문섹스를 강요당한 여성들의 경우에 발생한다.

감정적인 반응들(Emotional Reactions): 감정적인 반응들은 수치스러움(종종 피해여성에게 수치를 줄 목적으로 행하는 강제적인 오럴섹스 전에 발생하는 강압적인 항문섹스로 인해 수치감을 경험하게 된다)에서부터 당혹감, 분노에 대한 너무 지나친 염려, 복수심과 감정의 부적절한 표현(지나치게 감정적이거나, 아무 것도 아닌 일에 운다거나, 감정의 기복이 심하게 됨) 등에 이르기까지 매우 다양한 형태로 나타난다.[46] 버거스와 홈스트롬이 1974년에 실시한 연구에 따르면, 성폭행의 생존자들에게 가장 먼저 발생하는 감정으로 육체적인 폭력과 죽음에 대한 두려움을 들고 있다.[47] 두려움이 엄습해 온 후, 가장 일반적으로 경험하는 감정은 무감각과 불신이다. 자책감은 매우 흔한 감정인데, 특히 성폭행자가 전부터 알고 지내던 사람일 경우에 자책감은 꽤 오랫동안 부정적인 영향을 미친다.

한편, 주변 사람들부터 받는 부정적인 반응들과 사회로부터 소외당하고 있다는 두려움도 존재한다. 특히 자신들의 동료나 가족으로부터의 비난을 두려워하는 성인피해자일수록 그러한 두려움의 감정을 더 많이 경험하게 된다.[48] 마지막으로 성폭행의 피해자들은 성폭행 후 초기단계에서 위에서 말한 매우 다양한 유형의 감정들을 경험하기 때문에 감정의 기복이 매우 불규칙하고 정서적으로 불안정하다. 그러나

의외로 아는 사람과의 사별(死別)을 경험할 때 주로 발생하는 우울증은 성폭행 피해자들에게서는 그다지 발견되지 않고 있다.[49] 만일 급성 단계에서 우울증세가 발견된다면, 아마도 피해자가 성폭행을 당하기 전에 해결되지 않은 어려운 문제가 있었음을 시사해 주는 것이라 볼 수 있다.

돌발적으로 침입해 오는 생각들(Invasive Thoughts): 급성 단계에서는 성폭행과 관련된 여러 가지 생각들이 왔다가 사라지곤 하는데, 이러한 증세는 피해자들을 매우 힘들고 괴롭게 만드는 현상이다. 이런 현상에는 가해자로부터 행해졌던 공격에 대한 생각을 아예 차단시키거나 혹은 일시적으로 성폭행을 당한 외상의 일부분을 아예 잊어버리려고 하는 행동들이 포함된다. 이 증세는 생존자가 성폭행 사실을 용기를 갖고 대면하고자 할 때 커다란 장애가 된다. 이러한 사고의 차단은 피해자가 인지적이고 감정적으로 자기 사신을 방어하는 기제(mechanism)로서의 역할을 할 수 있기 때문이다.

이러한 현상은 생존자에게 실제로 성폭행이 발생했음에도 불구하고 마치 아무 일도 없었던 것처럼 행동하려는 모순된 영향을 끼친다. 성폭행 전의 안전한 상태로 무작정 돌아가려는 이러한 시도는 오히려 생존자에게 자책감만을 더욱 불러일으킬 뿐이다. 그녀에게 "내가 만일 그때 이랬더라면, 성폭행당하지 않았을 것이다."라고 하는 비현실적인 생각을 자꾸 하도록 유도한다.

　　성폭행이 발생한 것에 대해서 자기의 책임감을 찾다 보면 오히려 자기상실에 빠질 가능성이 있기는 하지만, 긍정적으로 보면 자신을 단지 무기력한 피해자로 만들 수 있는 편견에 저항하는 방법이 될 수도 있다. 현실적으로 생존자들은 잘못된 선택을 하거나 심지어는 현명하지 못한 결정을 내리는 경우가 많다. 예를 들면, 그 어떤 생각도 하지 않기 위해서 술을 마시는 것은 건강을 크게 상하게 한다. 그러나 그렇다고 해서 피해자가 성폭행에 대해서 책임이 전혀 없다는 것을 말하려는 것은 아니다. 앞에서도 살펴보았듯이 우리는 모두 이 세상에서 위험을 안고 살아가며 매일매일 잘못된 선택들을 한다. 그러나 잘못에 대해서 지나치게 공격하거나 비난하려는 자세를 피해야 한다.

　　자기 판단(Self-Judgement): 이미 발생한 결과를 보고 당사자의 행동을 판단하거나, 미래를 성급하게 예측하는 것은 급성 단계에서 일어나는 또 다른 형태의 사고(思考) 유형이다. 성폭행 시에 자신이 보다 현명하게 판단하지 못한 것에 대한 자기불신과 자기판단은 성폭행을 당할 당시에 자신이 선택할 수 있는 폭이 거의 남아 있지 않은 상황이었다는 사실을 잊고 있는 것이다. 이 단계에서 발생하는 그러한 강한 감정과 더불어 생존자에게 닥칠 수 있는 어려움은 자기 안에서 시도 때도 없이 치밀어 오르는 감정과 그러한 감정을 머리로는 도저히 이해 못하는 것 사이에서 겪는 갈등이다. 이 현상은 특히 성숙하고 자기가 교육을 잘 받았다고 생각하는 여성일수록 더 심하다. 이런 여성은 머리로는 현 상황을 이겨내야 한다고 믿으며 이겨 나가려고 하지만, 자신의 감정은 실타래처럼 이리저리 얽히고 설켜 있으며, 격해져서 자신의 의지로서도 조절할 수 없는 상태이다. 생존자에게 이러한 상황은 매우 견디기 어려운 좌절감을 안겨 줄 수 있다.

마지막으로 피해자가 급성 단계에 머무는 기간은 짧게는 며칠에서부터 길게는 수주일까지 다양하다. 만일 위에서 말한 증상들이 매우 긴 기간 동안 지속되면 다른 요인들이 발생하여 성폭행의 고통을 극복하려는 그녀의 능력을 훼방할 수 있게 된다. 이러한 경우가 발생하면, 성폭행 외상증후군에서 보다 복합적인 반응으로 진단의 방향이 전환되어야 하며, 더 나아가 위기대처모델은 더 이상 사용될 수 없다. 어떤 경우에는 언제까지나 급성 단계에 머문 채 한 발자국도 진전을 보지 못하는 여성들도 있다.[50] 그다지 자주 있는 경우는 아니지만, 급성 단계에서 나타나는 증후군들이 다음에 다룰 장기간에 걸친 재조직의 단계에서 보이는 증후군들과 중복되어 나타나기도 한다.

장기적인 과정: 재조직

성폭행이 발생한 지 수주가 지나 꽤 오랜 시간이 경과되면, 성폭행의 피해자는 자신이 이 세계에서 어떻게 다시 살아가야 하는지에 대해서 생각하기 시작한다. 이 시기에서, 성폭행으로부터의 회복은 그동안 살아왔던 삶의 방식을 되찾고 다시 이 세상에서 예전처럼 스스로 설 수 있다는 자신감을 재정립하는 것이라고 말할 수 있다. 이와 같은 재정립 혹은 대처 시기는 평소에 피해자 각 개인이 어려움에 대처하는 방법에 따라서 영향을 받는다. 예를 들면, 자아의 강약 여부, 자신을 도와주는 사회 네트워크의 존재, 그리고 사람들이 피해자인 그녀를 바라보는 시선이나 대하는 방법 등에 따라서 생존자가 위에서 말한 재조직의 시기가 달라질 수 있다. 피해 여성의 자아가 강하면 강할수록, 성폭행을 당했음에도 불구하고 주위 사람들이 그녀를 자발적인 힘을 가진 한 사람으로 대우하면 할수록, 이 단계는 빨리 시작될 수 있다.

한편, 수개월 혹은 수년이 걸리든지, 이 단계를 보내는 기간도 역시 대개 피해자에게 도움을 주는 사회적 연대기관의 존재 유무와 생존자 자신의 내적인 힘, 그리고 성폭력을 당했을 때 효과적인 위기대처의 가능 여부 등에 따라서 달라진다.[51] 이 단계에는 피해자가 위기를 헤쳐가기 위해 요청하는 것들이 육체적이고 심리적인 치료에서 감정적이고 실질적인 후원서비스로 전환된다.[52] 이 기간 동안에 생존자는 전문적인 기관의 도움을 구한다고 볼 수 있을 것이다. 이를 다른 말로 바꿔 말하면, 생존자들을 도와주고 있는 전문종교인들이 생존자들을 만나는 시점이 바로 이 단계라는 것이다.

행동적인 변화들(Motor Activities): 재정립 단계에서 생존자들에게 나타나는 행동적인 변화에 있어서 정형화된 패턴은 없다. 이때 생활방식이나 행동에서의 변화가 의미하는 것들로 예를 들면, 거주지나 전화번호를 바꾼다거나 가족들과의 만남에 변화를 준다거나 하는 것들을 들 수 있다.[53] 또한 안전성을 확보하거나 일상적인 활동을 할 수 있도록 직장을 옮긴다거나 집을 옮기는 것도 흔히 있는 일이다. 특히 이러한 현상은 피해 여성이 집이나 직장에서 성폭행을 당했을 경우에는 더욱 빈번하게 발생한다. 성폭행을 당한 여성들은 안전성을 가장 원하기 때문에 일반 전화번호부에 등록되어 있지 않은 전화번호를 원하는 경우도 있을 수 있다. 그러나 이러한 변화들이 늘 긍정적인 면만 있는 것은 아니다. 때로는 생존자에게 불이익을 줄 수도 있다. 즉 이사한다거나 전화번호를 바꿈으로 인해 다른 사람들과 연락이 되지 않아 사회적인 후원을 상실할 수 있는 위험도 있다.

이러한 여러 가지 혼란스러운 변동의 단계에서 많은 성폭행의 생존자들은 자신들이 속해 있었던 가족이나 직장, 그리고 학교에서 충분한 역할을 할 수 없을뿐더러, 한다고 하더라도 제한된 기능만을 할 수밖에 없다는 것을 알게 된다. 이럴 때 그들은 비록 제한된 시간 동안이라도 최소한도 내에서의 할 수 있는 책임만을 하고, 나머지 일상적인 일로부터 쉴 수 있도록 자신들을 도와줄 누군가가 필요할지도 모른다. 그들의 마음을 이해하면서도 '정상적인 활동'을 상실하는 것은 매우 슬픈 일이라는 것을 말하고 싶다. 즉 일상적인 삶의 모습을 유지하는 것이 고통을 치유하고 회복하는 데 중요하다는 말이다. 정상적인 활동은 생존자가 만일 그렇지 않았다면 매우 혼란스러웠을 자신의 삶이 정돈된 느낌, 혹은 안정감을 찾았다는 감정을 찾는 데 도움을 준다.

짐승과도 같은 가해자가 힘과 폭력을 사용할 때 피해 여성은 거의 그 상황을 통제할 수 있는 힘이 없었을 것이다. 따라서 성폭행 후에 피해자가 그 전에 일상적으로 행하던 일들을 하도록 격려하는 것은 그녀로 하여금 무언가 통제할 수 있다는 능력을 재확립하는 데 도움이 될 수 있다. 앞에서도 말했지만, 일을 하러 가거나, 수업에 참여한다거나, 또는 운동을 하는 것들을 예로 들 수 있다. 정리해 보면, 비록 성폭행을 당했다 하더라도 주눅들지 않고 자신의 삶을 힘차게 살아가기 원하는 생존자들로 하여금 평소에 익숙했던 일들을 계속할 수 있도록 격려하는 것은 이 세상에서 그녀가 자신의 자리를 되찾아 가는 데 큰 도움이 된다. 피해 여성이 만일 학생이라면, 그녀가 계속해서 강의를 듣는 것이 도움이 될 수 있다. 그럼으로써 그녀는 다시 한 번 삶의 의미를 찾아갈 수 있게 된다.

많은 생존자들은 그 전에 사이가 어떻든지 간에 주로 가족들에게 도움을 구하는 경우가 많다. 멀리 떨어져 있는 부모나 형제들을 방문하곤 하는데 성폭행당한 사실을 털어놓는 경우도 있고 그렇지 않을 수도 있다. 다만 그들은 어느 정도 편안하고 잘 알고 있는, 자신의 삶의 한 부분을 차지했었던 것들과 재연결이 필요하다. 10대 청소년들이 성폭행을 당했을 경우에는 학교에 무단결석하는 것으로 반응할 수 있다. 그들은 무단결석만이 학교에서 부여하는 여러 가지 해야 할 것들과 다른 친구들에게 비난을 받을 수 있다는 두려움에 대처할 수 있는 유일한 해법이라고 생각한다. 질책과 처벌보다는 부모, 교사, 목회자들로부터 받는 지지적인 반응은 청소년들이 일상적인 학교와 교회생활로 다시 돌아올 수 있도록 돕는 촉진제 역할을 할 것이다.

악몽과 싸우는 꿈(Nightmares and Frightening Dreams): 꿈에서 실제로 고통받고 있는 외상이 재현된다. 한 여성이 두 가지 유형의 꿈을 꾸었다고 말한 바 있다. 하나는 어떤 위험스러운 사람을 만나서 뭔가 대응하려고 하는 순간에 잠에서 깨어난 경우이며, 다른 꿈은 피해자가 가해자와 싸우거나 그를 죽이면서 구체적인 행동을 취한 내용이었다.[54]

외상공포증(Traumatophobias): 두려움에 휩싸인 반응들이나 혹은 외상공포증은 삶을 재조직화하는 회복단계에서 종종 발생한다.[55] 가장 흔하게 나타나는 현상으로는 어느 공간 내부나 외부에 대한 공포(성폭행당한 장소에 따라 다르게 나타난다), 혼자 있거나 반대로 많은 사람들 속에서 느끼는 두려움, 줄을 설 때 자기 뒤에 서 있는 사람들에 대한 공포, 그리고 정상적인 성관계에 대한 공포 등이다. 이러한 과잉경계 반응이 생기는 근본 이유는 성폭행범이 자신에게 보복할 것이라는 실제로 느끼는 두려움에서 기인한다. 폭력이 발생할지도 모르는 상황에 대한 자기보호의 한 수단으로 발달하는 이러한 반응들은 성폭행이 어디에서 발생했고, 그 당시 그곳에 누가 있었으며, 그리고 가해자가 어떻게 피해자에게 접근하였는가 등의 사항들과 매우 밀접한 관련이 있다.

성적 두려움에 빠져 있을 때, 정상적인 성행위조차도 거부하는 것은 보편적인 현상이다. 성폭행 전에 성관계 경험이 없는 여성들의 경우에 성폭행은 특히 심한 혼란을 가져다준다. 즉 피해 여성이 성폭행 전에 상대와 합의 하에 성경험을 해 보지 못했다면, 성적인 친밀감은 지배, 통제력의 부족, 고통과 무력함과 동일시하게 된다. 또한 성폭행 전에 활발한 성관계를 가졌던 여성일지라도 남편이나 남자친구가 그들에게 성관계를 요구하게 되면 성행위에 대한 두려움이 증가되는 경향이 있다.

한편 일부 생존자들은 초기의 급성 단계를 거쳐 재조직 단계로 접어들 때 오히려 뒤로 후퇴하는 사례도 발생한다.[56] 여기서 후퇴한다는 말은 성폭행 후에 나타났었던 육체적이고 정신적인 손상의 상태를 다시 겪게 된다는 것을 뜻한다. 즉 성폭행 사건 후 4주에서 6주 사이에 생존자는 사고 직후에 경험했던 증후들 속으로 다시 들어가는 것이다.

측정과 반응

성폭행 외상증후군은 성폭행을 당한 직후나 몇 달 혹은 몇 년 뒤에 발생하는 파괴적인 삶의 위기로 나타나는 증세들을 총칭해서 일컫는 말이다. 성폭행의 생존자들을 돌보는 사람들은 생존자의 증세가 성폭행 외상증후군(RTS)인지, 아니면 복합된 반응인지, 혹은 침묵반응인지에 대해서 고려해야 한다. 성폭행 외상증후군으로 보이는 증세를 나타내는 사람들에게는 단기위기개입상담 모델이 가장 효과적이다. 한편 성폭행으로 말미암은 외상으로부터 회복한다는 것은 생존자가 성폭행

전의 상태로 만족할 만한 수준까지 돌아왔음을 일컫는다는 것을 염두에 둘 필요가 있다. 단기위기개입 모델이 효과를 발휘하기 위해서 다음과 같은 점들이 고려되어야만 한다.

(1) 성폭행을 피해자의 삶을 파괴하는 '상황적인 위기'로 이해할 필요가 있다. 위기상담이론 모델에 따르면, 생존자를 위한 치료계획은 성폭행으로 인해 나타나는 외부적인 위기와 피해자의 내적인 삶의 사이클에 영향을 주는 내부적인 위기 사이의 상호작용을 토대로 이루어진다.[57]

(2) 피해자는 성폭행을 당하기 전에 행하던 적절한 기능을 할 수 있는 건강한 여성으로 간주되어야 한다.

(3) 돌봄제공자의 역할은 생존자가 문제지향적인 치료를 통하여 성폭행 전의 기능을 회복하도록 돕는 것이다. 이 치료방법이 제대로 효과를 보기 위해서 성폭행의 생존자들이 우선 어느 정도의 마음의 평정을 유지할 수 있어야만 한다. 자아(ego)의 분열, 이상한 행동 또는 자기 파괴적인 행동들에 대한 징후가 나타나지 말아야 한다. 또한 한 가지 유의해야 할 것은 이 치유방법이 흔히들 말하는 심리치료가 아니라는 점이다. 즉 위에서 언급한 생존자들의 반응들은 그들의 자아정체성 가운데 가장 중요한 핵심 요소들의 재확립이 필요한 장기적이고 뿌리 깊은 깨어짐과는 별로 관계가 없다. 위기개입 모델은 회복을 위한 모델이지, 자아의 재확립을 위한 모델이 아니다. 생존자들이 문제지향적인 위기개입보다는 심리치료 모델이 더 필요한 문제들을 가지고 있

는 경우에는 그것에 맞는 도움을 줄 수 있는 적절한 기관을 찾아서 그 곳으로 해당사례를 보내야 한다.[58] 어떤 경우에는 성폭행에 대한 관심이 목회돌봄제공자들에게는 그리 중요하지 않은 2차적인 기능이라고 여겨질 수 있는데 특히 성폭행 전에 이미 생존자와 목회돌봄 제공자와의 사이에 치료관계가 이루어졌을 경우에는 더욱 그런 선입관이 생기기 쉽다.[59]

(4) 내담자가 상담가와의 치료관계를 먼저 시작해야 한다는 전통적인 방법과는 달리, 돌봄제공자들이 먼저 생존자와의 치료관계에서 적극적인 역할을 해야 할 경우에 이 모델은 효과를 발휘할 수 있다. 우리가 나중에 보겠지만, 이러한 단기위기개입 모델은 전문종교인들이 행하는 돌봄의 모델들에 잘 맞는다고 볼 수 있다.

최근의 추세들

버거스와 홀스트롬이 처음 연구를 시작한 이래 40여 년 동안 많은 변화들이 일어났다. 그들은 1974년에 행했던 연구에서 당시 미연방수사국(FBI)이 사용한 다음과 같은 성폭행의 개념을 그대로 사용했었다.

"여성의 의지와 반해서 가해자가 힘을 사용하여 여성과 성관계를 갖는 것."

그러나 이 분야가 계속 발달함에 따라서 많은 연구가들은 위에서 FBI가 정의한 성폭행의 개념을 다시 살핀 후, 남성도 피해자에 포함시켰으며, 성적인 접촉을 단지 여성의 질에 남성의 성기를 삽입하는 것에 제한을 두지 않았고, 힘이란 의미도 직접 행사한 것은 물론 단지 힘을 사용할 의도까지 확대했으며, 그리고 '능력이나 주권의 부족으로 인해서 성관계에 동의할 수 없는'이라는 개념을 '그 어떤 동의도 주어질 수 없는 것'으로 이해하게 되었다.

의료기술의 발전 역시 성폭행에 대한 몇 가지 이해들을 바꾸는 데 기여했다. 1974년만 해도 성폭행의 생존자에 대한 의료처치는 여성병에 대한 검사, 5일 주기로 임신방지약 복용 그리고 질에 대한 질병을 막기 위한 페니실린 등을 중심으로 이루어졌었다. 그러나 그 후, 임신에 대한 치료는 단지 한 알의 약만 먹으면 되었고, 그 외에 위에서 말한 여러 가지 사항들에 대한 예방은 하이테크 장비를 사용해서 해결할 수 있게 되었다. 그 외에도 선천성면역결핍증후군(AIDS)에 대하여도 알게 되었다. 이와 같은 노력의 결과, 성폭행의 생존자가 느끼는 죽음에 대한 두려움은 단지 성폭행자의 육체적이고 물리적인 살해위협에 국한되지 않고 에이즈 감염과 성행위로 전염될 수 있는 다른 질병과도 관련을 맺게 되었다.

고려해야 할 한계점들

버거스와 홀스트롬의 연구는 성폭행으로 인해 발생하는 외상의 영향에 대처하는 생존자의 능력을 묘사하기 위하여 단계이론(stage theory)을 제안하고 있다. 그러나 그들의 치유모델은 몇 가지 문제들을 가지고 있다. 하나의 장르(genre)로서 단계이론은 보통 수평적 혹은 수직적으로 위를 향하여 움직이는 성격을 띤다. 그러한 움직임은 과거에서 현재로 역사적이고, 발달적으로 구분이 확연한 일종의 직선의 모양이 되어야 한다고 전제한다. 이렇게 볼 때, 단계이론들은 지속적으로 미래를 향하여 움직일뿐더러 반드시 발전해야 하는 속성을 가진다.

이러한 진보적인 특성 때문에 이 이론들은 항상성(恒常性)보다는 변화에 더 큰 관심을 가진다. 뒤로 움직이는 것은 퇴보하는 것이고 발달적으로 볼 때 문제가 있다고 생각한다. 이런 이유로 단계이론에 따르면 가치 있는 지향점은 오직 앞에만 있을 뿐이며 그러기에 늘 변화가 필요하다. 이에 반해, 항상성은 정체와 실패를 나타내는 것이다.[60] 휴식은 퇴보로 가기 위한 첫 번째 단계일 뿐이다.

한편, 위에서 밝힌 단계모델들은 사람들이 자신들이 당한 위기를 받아들이고 회복할 것이라는 가정을 함축적으로 내포하고 있다. 그런데 이와는 반대로, 다양한 연구조사들에 따르면, 성폭행 피해자들의 26퍼센트는 비록 4년이나 6년이 지나도 자신들이 회복할 것이라고 느끼지 못하고 있다는 사실이 밝혀졌다.[61] 앞에서 이미 말했지만, 단계모델에서는 성폭행에 대한 현재 반응 단계에서 더 이상 진전하지 못하는 여성들은 퇴보하고 있다고 여겨진다. 한마디로 말해서 재조직단계를 향하여 나아가는 것만이 정상이고 건강하다는 것이다. 그러나 회복을 기대할 수 있다는 믿음으로 다음 단계로 나아가는 것은 너무 성급하게 피해여성들을 밀어붙일 가능성이 있다.[62] 이러한 현상은 특히 전문 종교인들에게서 발견되는 문제들인데 그들은 생존자들에게 너무나 제한된 적은 시간만을 투자하고 있다.

구조적인 특성으로 인해 위기대처에 대한 단계모델은 서술적 혹은 묘사적이라기보다는, 생존자를 미리 정해 놓은 방향으로 밀어붙이는 것이다. 생존자에게 다음 단계로 나아가라고 너무 성급하게 몰아붙이는 것은 그들로 하여금 불쾌감을 느끼게 하며 결국 좌절과 실망으로까지 이르게 되고 만다. 우리가 회복을 정의할 때 적응이나 혹은 성폭행 외상증후군에서 다루었던 재조직에 초점을 맞춘다면 생존자들이 회복할 가능성은 매우 낮을 것이다. 성공적인 치유는 직면한 문제나 혹은 그로 인해 발생한 고통이 줄어들거나 완화될 수 있는 효과적인 대응기술에 의해서 측정되어야만 한다.[63] 성폭행 외상증후군에 대한 논의를 마치기 전에 전문종교인들을 위해서 이 이론이 가지는 몇 가지 중요한 사항들에 대해서 나눈 후 다음 주제로 넘어가도록 하자.

성폭행 이상증후군은 병이나 징애가 아니다: 성폭행 외상증후군은 병이나 개인적인 장애가 아니다. 그것은 다만 성폭행이라는 외상을 낳는 비정상적인 사건에 대한 정상적인 반응이라 할 수 있다. 성폭행의 생존자들은 자신들이 성폭행당하기 이전의 기능을 다시 할 수 있도록 도와줄 수 있는 누군가의 도움이 필요한 정상적인 사람들이다. 한편, 성폭행과 생존자들에 대한 전혀 근거없는 선입관이나 고정관념을 없애는 것은 정신건강 전문가나 전문종교인들이 성폭행의 생존자들을 보다 효과적으로 도와주는 데 반드시 필요하다.

사회적 지지의 중요성: 버거스와 홀스트롬는 자신들의 연구에서 생존자가 고통에서 비교적 빨리 회복하기 위한 가장 중요한 요소는 그녀가 자기의 이야기를 함께 나눌 수 있는 사람을 비롯한 사회적인 지지라고 지적하고 있다. 만일 피해자가 그들의 가족, 친구들, 그리고 다른 아는 사람들로부터 신뢰할 만한 지지를 받는다면 그들은 다른 전문적인 기관의 개입을 필요로 하지 않을 수 있다. 생존자들을 위해서 전문종교인들이 할 수 있는 가장 중요한 일 중의 하나는 그녀의 삶 속에서 그녀를 가장 잘 도와주고 지지할 수 있는 사람을 찾을 수 있도록 하는 것이다.

성폭행 생존자를 위한 병원원목의 역할: 생존자들을 위한 지역사회 프로그램들에 대해서 이야기하면서 버거스와 홀스트롬은 간단하게 병원원목 프로그램을 언급했다. 1972년 시카고대학병원과 임상센터에서 원목 프로그램이 처음 시작되었는데, 피해자가 응급실에 오게 되면 즉시 원목과 연결되었다. 원목은 피해자를 도와주며 의료정보를 제공했는데 마치 환자와 병원 사이의 방패 역할을 하였다. 원목 프로그램은 여성들이 참기 어려운 감정들을 바로잡기 위해서는 비위협적이고 지지해 주는 사람과 함께 자기들의 이야기를 털어 놓는 것이 필요하다는 인식에 바탕을 두었다.[64] 또한 원목 제도는 병원을 그저 반창고만 붙이는 곳이 아니라 사람과 그들의 문제들을 다루는 곳이라는 인상을 사람들에게 심어 주었다. 30여 년 동안 병원원목들은 성폭행의 생존자들에게 많은 도움을 제공해 왔다.

　　방법론과 임상치료의 중요성: 성폭행의 생존자들을 돌보았던 목회자로서 나는 버거스와 홀스트롬의 연구에 많은 영향을 받았다. 임상치료적인 면에서 그들의 연구가 권고하고 있는 것은 생존자가 전문종교인에게 도움을 요청했을 때 목회적인 관점에서 특히 중요한 것은 그녀가 회복의 어느 단계에 있는지를 아는 것이다. 우리가 주목하다시피 아는 사람에 의한 성폭행의 생존자들이 치료의 단계 중 재조직단계에 있을 때 전문종교인과 의료인들에게 가장 많이 도움을 청한다. 자신의 삶을 다시 정리해서 성폭행의 의미를 찾는 것은 눈에 보이는 안전에 관한 문제들보다 더 중요하다.

　　연구가들마다 자기들 나름대로 자료를 모으는 방법에 관한 세부적인 사항들이 있으며 그것에 따라서 연구를 향상시키거나 망가뜨릴 수 있는데, 나의 연구방법들은 버거스와 홀스트롬의 연구에 직접적으로 영향을 받았다. 사실, 그들은 아무런 사심도 없이 병원에서 사람들을 위해서 서비스한 것은 아니었다. 실제로 그들은 자기들의 목적을 위한 타산적인 연구가들이자 생존자들이었으며, 병원에서 일하는 사람들이었기 때문에 병원에 제공한 서비스들은 결국 그들 자신들에게 유익을 가져다 주는 셈이었다.

　　그들은 생존자들의 위기상황과 법적인 도움이 필요하면 도와주면서 그 대가로 생존자들로부터 중요한 정보를 모았다. 병원과 협력해서 그들은 병원관계자나 스태프들이 필요한 정보를 주거나 때로는 그들에 대한 교육을 담당하고, 그 대신에 응급실에서 일을 할 수 있는 허가를 받았다. 버거스와 홀스트롬은 보고서에서 이러한 연구활동과 병원 양측의 상호협력을 통한 상호이익을 강조한다. 또한 연구작업 자체는 반드시 중립적일 필요가 없고, 예민한 사례에 대해서는 중립적일 수도 없다는 것을 지적하고 있다.

심리영적인 반응들: 버거스와 홀스트롬은 급성 단계에서 생존자들에게 가장 지배적으로 나타나는 반응들은 두려움과 자책감이라고 말한다. 이 두 가지 반응은 두말할 필요도 없이 신체적이고 감정적인 것들이다. 나는 여기에 심리영적인 반응을 추가해야 한다고 제안한다. 다른 반응들과 마찬가지로 심리적이고 영적인 반응에서 중심을 차지하는 반응도 두려움과 자책감이다. 심리영적인 두려움과 자책감은 자포자기, 의심, 믿음의 상실, 자주권의 상실, 익숙했던 자신이 속한 세계에 더 이상 아무런 의미를 주지 못할 것 같다는 해체감 등으로 나타난다. 성폭행에 대한 심리영적인 반응으로 나타나는 이 해체 현상은 '존재가 되는 방식'(목적론적)과 '알아가는 방식'(인식론적)에 대한 해체라는 두 가지 측면을 가지고 있다.

목적론적인 관점으로 보면, 생존자는 외상을 그녀의 육화(肉化)된 영혼(embodied soul)[65]과 육체 자신[66]에서 경험하고 있다. 육체, 근육, 위장과 여성생식기 등에 입은 외상과 더불어 외상은 육화된 영혼의 중심에도 발생한다. 우리의 영혼이 입은 외상의 고통과 하나님에 대한 개념을 연결시키고자 할 때 도움이 될 수 있는 적절한 방법이 없다면 우리의 영혼은 파괴되고 만다. 성폭행이 가져다주는 파괴적인 외상은 생존자가 속해 있는 공동체와 그녀 자신, 그리고 하나님과의 관계 안에서 이루어지는 그녀의 정체성에 직접적으로 영향을 미치는 것이다.

또한 인식론적으로 보면 생존자는 실제로 어떤 일이 왜 있어났는지, 그리고 대체 어느 곳이 안전한지, 지금 이 시점에서 믿을 만하거나 안전한 사람이 누구인지 등에 대해서 도무지 알 수 없다는 혼란스러움에 직면하기 마련이다. 한때는 상식적이었거나 적어도 아무 염려없이 가정했었던 것들이 지금은 머리를 잔뜩 혼란스럽게 만드는 것에 불과한 것이다. 어떤 생존자는 심지어 자기 자신조차도 누구인지 전혀 알 수 없게 되는 경험을 하게 된다. 자신을 성폭행으로부터 안전하게 보호해 주지 못했던 자기 자신의 판단을 어떻게 지금 신뢰할 수 있다는 말인가?

목적론적이고 인식론적인 외상은 다른 형태의 외상을 가져오는 실제로 발생할 수 있는 현상이며 동시에 매우 복잡한 양상을 띤다. 성폭행으로 인한 외상증후군에 대해서는 여기에서 마치고, 다음으로 두 번째 이론인 외상 후 스트레스 장애(Post-Traumatic Stress Disorder, PTSD)에 대해서 알아보도록 하자.

4. 외상 후 스트레스 장애(Post-Traumatic Stress Disorder, PTSD)

외상 후 스트레스 장애(PTSD)는 원래 군인들에게서 발견되는 급성 반응신경증을 묘사하기 위해서 고안된 진단의 범주인데, 급성 혹은 장기적인 정신적 스트레스에 노출된 후 개인이 어떻게 적응하는지를 중점적으로 다룬다. PTSD의 주요 치료 대상은 전쟁 후유증에 시달리는 사람들이었다. 그 후 남성보다 여성이 외상 후 스트레스 장애에 더 많이 시달리고 있다는 사실이 밝혀졌다. 성폭행의 생존 여성들이 주로 이 경우에 해당된다고 볼 수 있다.[67]

외상과 관련된 증상이 맨 처음 알려지게 된 것은 미국 남북전쟁이 끝난 직후인 1871년이었다. 소위 말하는 '병사심장(Soldier's heart, 자율심장증세 때문에 이름이 붙여졌다)'이라고 불리는 증상은 전쟁에 나가 있는 군인들에게는 매우 흔하게 발생하는 장애이다.[68] 이 단어는 어떤 문헌에는 '보상신경증(compensation neurosis)', '신경충격(nervous shock)', 혹은 '히스테리(hysteria)'라는 이름으로 나와 있기도 하다. 제 1차 세계대전에서 생겨난 포탄 쇼크(shell shock, 전쟁 신경증)는 포탄의 폭발로 인해 생기는 뇌외상의 결과로 발생하는 것이라고 생각했었다. 제 2차 세계대전 참전군인들, 나치포로수용소의 생존자들, 그리고 태평양 전쟁 당시 일본에 투하했던 핵폭탄의 생존자들도 '전투신경증(combat neurosis)' 혹은 '전투피로증(operational fatigue)'으로 불리는 유사한 증세를 경험했다.

그 후 20세기에 발달했던 정신분석학의 영향으로 '외상신경증

(traumatic neurosis)'에는 외상을 일으킨 사건 후 해결되지 않은 갈등이 재발되는 것도 포함할 수 있다는 것을 알게 되었다.[69] 1941년에 발발했었던 보스턴의 코코넛 그로브 나이트 클럽 화재에서 살아남은 사람들은 신경증, 피로감이나 악몽 등의 현상이 증가하고 있음을 보여 주었다. 이 사건은 군인이 아닌 일반 시민 사이에서 나타난 외상 관련 증상을 처음으로 세상에 알린 계기가 되었다.

군인들과 주로 연관되어 여러 이름으로 불리어오다가 마침내 베트남 전쟁 참전 군인들과 관련된 정신의학적인 질병들을 통하여 외상관련 증상에 대해 보다 폭넓은 세간의 주목을 끌게 되었다. 즉 초기 연구를 기초로 전문가들은 심리적인 외상과 전쟁은 피할 수 없는 관계라는 것을 알기 시작한 것이다.[70]

1952년에 미국심리치료협회는 정신질환에 대한 협회의 공식적인 매뉴얼인 〈정신질환편람(Diagnostic and Statistical Manual of Mental Disorder, DSM)〉에 위에서 말한 질환을 묘사한 '외상적 신경승(traumatic neurosis)'이라는 하나의 유형을 포함시켰다. 이것이 지금의 외상 후 스트레스 증후군에 대한 토대를 쌓게 되었다.[71] 한편 1968년 개정판인 DSM-II에서는 '일시적 상황장애(transient situational disturbance)'와 '적응반응(adjustment reactions)'과 같은 유형들을 만듦으로써 심리적인 외상의 유형을 보다 총칭적으로 다루었다.[72] 이윽고 1980년에 이르러 DSM-III에서는 '외상 후 스트레스 장애(Post-Traumatic Stress Disorder)'라고 불리는 새로운 유형의 범주를 포함시켰다.[73] 외상의 여러 가지 증상들에 대한 유사성들이 마침내 인정을 받은 것이다. '외상 후 스트레스 장애'의 증상들은 아래와 같은 증세들이 나타날 때 발생한다.

> 실제적인 사망이나 사망에 대한 위협 혹은 치명적인 부상이나 다른 신체에 가해지는 위협들에 대한 직접적이고 개인적인 경험; 다른 사람들의 죽음, 부상 혹은 신체적으로 커다란 위협을 받는 모습을 목격한 경우; 가족 구성원이나 가까운 친지가 당한 기대하지 않은 폭력에 의한 죽음, 심각한 부상, 죽음에 대한 위협 혹은 부상 등의 소식을 들었을 경우 등. 이러한 극한 외상적인 스트레스에 노출되었을 경우에 발생하는 증후.[74]

한편, 외상 후 스트레스 장애로 고통받는 사람들은 감정적으로 강한 수준의 스트레스를 경험하는데, 그러한 심각한 스트레스는 성폭행, 전쟁의 경험, 자연재해들, 공격 그리고 심각한 사고 등을 당한 사람들 누구에게나 외상으로 확대될 수 있다. 일반적으로 성인들이 이러한 증세에 대해서 보이는 반응들로서는 두려움, 무력감, 무서움 등이 있다.[75] 여기에서 우리가 주의해야 할 것은 외상 후 스트레스 장애는 비정상적이고 전혀 기대하지 않았던 상황들에 대한 정상적인 감정적인 반응(아마 매우 격렬한 반응일 것이다)에도 나타난다는 사실이다.[76] 성폭행이나 성폭행 미수의 피해자들은 심리영적인 고결함에 대한 위험, 상처나 죽음에 대한 위험 등을 경험하게 된다.

아는 사람에 의한 성폭행의 경우, 외상과 관련되어 나타나는 독특한 증상으로 다음과 같이 세 가지 부류로 설명할 수 있다. '자주 반복해서 밀고 들어오는 기억들(recurrent and intrusive memories)', '가능한 모든 것들을 회피하려고 하는 고회피증상들(high avoidance symptoms)', '고회피증상과는 반대로 작은 일에도 과도한 반응을 일으키는 고자극증상(high arousal symptoms)' 등이다.

자주 반복해서 밀고 들어오는 기억들

레노르 워커(Lenore Walker)는 비록 아는 사람에 의한 성폭행이 외상 후 스트레스 장애로 분류되기 위해서는 다음에 나오는 네 가지 밀고 들어오는 기억들의 유형 중 한 가지에만 해당되도 되지만, 성폭행에서 살아남은 성인들의 경우에는 전형적으로 네 가지 유형 모두를 경험하는 것으로 드러난다고 주장한다.

밀고 들어오는 기억들: 성폭행과 관련된 급성증상들을 경험하는 위기단계에 처해 있는 생존자들은 종종 자꾸만 반복되서 피할 수 없을 정도로 떠오르는 공격 당시의 상황과 그에 따른 두려움과 분노의 감정들에 의해서 거의 공황상태에 빠지곤 한다. 성폭행 장면이 생생하게 떠오르며, 심지어는 생존자가 휴식을 취하거나 다른 활동을 할 때조차도 그녀의 마음에 자꾸 기억나는 현상은 성폭행을 마치 늘 지금 일어난 사건인 것처럼 느끼게 한다. 위에서 말한 계속 따라붙는 성폭행에 대한 생각이라는 전혀 반갑지 않은 손님 때문에 성폭행이라는 그 림자로부터 멀리 달아나려고 애쓰는 생존자들은 실제적으로는 성폭행 이 불러일으키는 심리적인 영향을 계속 받고 있다고 할 수 있다. 이러 한 역겨울 정도로 울렁거리는 기억들은 어떤 구체적인 자극이 없어도 발생할 수 있다.

반복되는 고통스러운 꿈들: 아는 사람에 의한 성폭행의 생존자들 은 성폭행당하는 모습을 직접 보여 주는 꿈이나 성폭행과 관련된 간접 적인 심볼이나 상징들에 대한 꿈들을 꿀 수 있다. 이러한 꿈들은 당연 히 생존자들을 매우 어려운 혼란에 빠뜨린다. 반면에 회복을 위한 급 성단계에서 생존자들이 꿈을 전혀 꾸지 않을 수도 있는데, 그 이유는 이 단계에 있는 생존자들은 잠을 깊이 들기 전에 자주 깨어나는, 즉 꿈 을 꾸는 데 필요한 충분한 수면상태까지 가지 못하기 때문이다. 그런 데 생존자들이 이 단계를 거치고 장기간 회복단계로 가면 예전과 같은 패턴으로 잠을 자게 되는데, 이때 꿈을 다시 꾸게 된다.[77] 이렇게 볼 때, 생존자가 꾼 폭력에 관한 꿈을 해석하는 것은 치유과정에 도움이 될 수 있다.

성폭행이 마치 재발된 것과 같은 외상의 경험: 성폭행의 생존자들 에게 흔히 일어나는 이 현상은 생존자들이 이미 입은 외상을 치유하 기 전에 또 다른 외상을 경험하게 할 정도로 치명적이고 매우 위험한 것이다. 여러 번의 성폭행에 의해 외상을 입은 사람들에게, 이러한 반복된 외상의 경험은 생존자들로 하여금 대인관계를 기피하게 만드는 원인이 될 수도 있다.

외상 후 스트레스 장애를 이야기할 때 외상을 낳은 사건이 끊임없이 환자에게 재경험된다고 본다. 이것은 우리가 가장 이해하기 힘든 증상이다. "분명히 존재하지 않는 것을 보는 것은 정신이상의 전형적인 증상이다."[78] 성폭행의 생존자들이 정신이 돌 것 같은 두려움을 느끼는 이유는 단지 성폭행을 당하던 모습들을 본다는 것뿐만이 아니라 그것들이 다시 살아나 체험한다는 데 있다. 즉 단지 그들의 머리가 아닌 몸이 상처받은 육체가 반복해서 기억한다는 것이다. 반복되는 고통스러운 꿈에서 과거를 안다는 것은 이해 혹은 지각의 영역이지만, 외상을 일으킨 사건을 느끼는 것과는 다른 것이다. 생존자들을 돌보거나 목회하는 사람들은 '성폭행의 피해자들은 그들의 모든 감각을 통하여 가해자가 행사한 폭력을 반복해서 경험한다는 사실'을 이해할 필요가 있다. 폭력을 10년 동안 단지 기억하고 있는 것과 10년 동안 피해여성이 몸의 일부분인 질(膣)의 아픔을 반복해서 겪는 것은 전혀 다른 경험의 차원이다.

분리를 일으키는 플래쉬백(flashback) 현상은 생존자가 잠에서 깨어 있거나 알콜 등에 취해 있을 때 발생하며 인식할 수 있거나 식별할 수 없는 어떤 자극에 의해서도 일어날 수 있다. 성폭행을 당한 후에 다른 사람과 정상적으로 합의된 성관계를 할 때 이러한 과거 사건이 다시 떠오르게 만드는 요인이 될 수 있다. 이러한 증상을 막기 위해서는 전에 즐기던 성적 행위들과 같이 성폭행의 사건을 다시 떠오르게 하는 활동 혹은 행위들을 바꾸는 것이 필요하다. 성폭행의 생존자들은 성폭행의 재현 혹은 재발을 마치 영화를 본 후에 어떤 장면이 떠오르는 것과 같은 인지적인 재생의 차원이 아니라, 그녀의 온몸으로 경험하게 된다. 여성의 육체는 마음이 경험할 수 없는 방식으로 두려움과 고통을 기억한다. 성폭행에 대한 기억이 이러한 육체적인 차원을 가질 때, 성폭행을 당했다는 고통스러운 사실을 잊어버리는 일은 절대로 일어나지 않는다. 만일 피해 여성들이 잊을 수 있는 순간은 바로 그들의 몸이 완전한 기억상실증에 걸릴 때이다.

성폭행을 기억나게 하는 조건(자극)들에 대한 반응: 성폭행과 관련된 특별한 내적이고 외적인 자극들은 심리적 고통과 육체적인 반응을 야기할 수 있다. 성폭행범과 비슷한 체격을 가진 남성을 보았다거나 아니면 성폭행당한 장소를 지나가는 것과 같은 일들은 심리적이고 영적인 고통과, 급박하게 뛰는 심장고동과 위장이 꼬이는 것과 같은 신체적 반응들을 일으킬 수 있다. 이러한 증상은 성폭행과 직접적인 관계가 없어도 발생할 수 있다. 성폭행 시에 여성생존자가 임신해서 아이를 키우는 생각을 하고 있었다고 가정해 보자. 생존자는 성폭행에 대한 기억들과 성폭행 당시에 그녀가 했던 일을 분리시킬 수 있는 방법들을(이 경우, 아이를 사랑하는 것) 찾아야만 한다.[79]

고회피 증상들(High Avoidance Symptoms)

아는 사람에 의한 성폭행 후, PTSD(외상 후 스트레스 장애)를 겪는 생존자들은 다음의 7가지 증상 가운데 적어도 세 개 혹은 그 이상을 경험하게 된다.

성폭행 사실을 잊어버리려는 시도들: 많은 성폭행 피해자들은 상당량의 에너지를 성폭행에 대한 생각, 느낌, 혹은 대화를 피하려는 데 쏟아붓는다. 이 같은 '망각'하고자 하는 행동은 거부, 극소화 혹은 억누름과 같은 무의식의 차원에서 벌어지는 대응수단이라고 할 수 있다. 극히 일부이긴 해도 어떤 생존자들은 성폭행당한 기억을 떠오르게 하는 '무언가'를 만나기 전까지는 자신들에게 일어났었던 성폭행을 효과적으로 잊어버린다. 예를 들면, 나이든 여성들의 경우 낯선 이로부터 공격을 당한 딸을 도와주려다 자신도 모르는 사이 예전에 당했던 성폭행이 떠오르기 전까지는 자신이 성폭행당했다는 것을 잊어버린다.

성폭행으로부터 받은 외상을 기억나게 해 주는 상황들을 회피함: 많은 성폭행 생존자들은 그들로 하여금 성폭행의 외상을 기억나게 하는 활동, 장소, 그리고 사람들을 피하기 마련이다. 특히 사람을 기피하려는 경향은 학교나 군대 등과 같은 공동체 활동을 했던 여성들이나 성폭행 전에 사고 많은 이 세상에서 그래도 공동체가 안전한 장소라고 믿어 왔었던 여성들에게 더 많은 문제를 야기시킬 수 있다. 또한 성폭행 생존자가 회복을 위해 노력하는 시기에 도움을 줄 수 있는 사람들이 성폭행을 기억나게 할 수도 있다. 기피증세로 파생할 수 있는 여러 가지 행동들은 생존자들에게 경제적으로 악영향을 미칠 수 있는데, 예를 들면 성폭행범을 다시 만날 우려가 있는 직장을 그만 둘 경우 등이다.

기억상실: 특히 성폭행 시 여러 가지 폭행에 시달린 생존자일수록 기억상실을 경험하곤 한다.[80] 성폭행당한 직후인 급성단계에서 생존자가 나타내는 과잉경계 증상은 그녀가 성폭행에 대한 매우 자세한 사항들을 기억하는 데 도움을 줄 수 있다. 일단 그녀가 성폭행 사건에 심리적, 영적으로 지나치게 억눌리지만 않는다면, 그녀는 성폭행에 관한 중요한 부분들을 잊어버릴 수 있다. 사실 생존자들이 성폭행의 발발 상황의 시간적인 순서를 잊어버리는 것은 흔한 일인 것이다. 그러므로 이러한 '혼란'이나 '망각현상'들을 법관들이 마치 생존자들이 충분히 방어를 하지 않았다거나 아니면 거짓말을 하고 있는 것으로 받아들일 때 간혹 문제가 되곤 한다.

냉담함과 흥미의 상실: 생존자들은 성폭행을 당하기 전에 즐겼던 활동들이나 친한 사이였던 사람들과의 만남 등에 대한 흥미를 상실하기도 하는데, 특히 그러한 활동이나 사람들이 의식적이든, 무의식적이든 성폭행을 연상시킬 경우에 더욱 빈번히 발생한다. 이러한 현상은 생존자들이 자책감과 부끄러움에 시달리고 있을 경우 발생할 가능성이 매우 크다. 생존자들은 자신에게 성폭행이 발생했다는 분명한 인식을 가지고 분노를 다루기보다 자책감과 수치감의 형태로 분노를 내면화시키는 경향이 훨씬 더 많다.

타인들로부터 받는 소외감: 생존자들은 자신들이 마치 '손상당한 상품'과 같다는 인상을 받게 된다. 이 때문에 생존자들은 다른 사람들로부터 멀어지고 있다는 느낌을 갖게 된다. 따라서 생존자들은 단지 '자신들을 이해하지 못하는' 친구들을 향하여 가벼운 욕설을 한다거나 적개심을 나타내는 것이다. 이를 역설적으로 말하면 생존자들은 자신이 속했던 그룹에 다시 속하기를 원하지만 그들이 자기를 이해해 주지 못한다는 이유로 분노를 가지게 되는 아이러니컬한 상황에 빠지게 되는 셈이다.

제한된 범위의 사랑: 아는 사람에 의한 성폭행의 피해자들은 성폭행 전보다 제한된 범위만의 애정을 보인다. 예를 들면, 사랑하는 감정을 갖기가 매우 힘들거나 아니면 전혀 가질 수 없는 경우이다. 성폭행은 한시적으로 통제력을 완전히 상실하게 하는데, 이를 감추기 위하여 생존자들은 극단적으로 '위장(僞裝)'하여 자신들은 아무 염려 없다는 것을 보여 주려고 애를 쓴다. 그러나 겉에서 아무 일도 없는 것처럼 보이는 평온함 뒤에 자신의 진짜 감정을 숨기는 데는 엄청난 양의 에너

지가 소요된다. 사실 그 에너지를 정직하게 자신의 감정을 받아들이는 데 사용하는 편이 더 낫다. 불의의 사고에 잘 대응하고 있는 것 같은 모습 속에는 그 이상의 스트레스가 도사리고 있음을 알아야 한다. 문제는 지금 받고 있는 스트레스가 시간이 지남에 따라 보다 더 심각한 어려움들을 낳을 수 있다는 것이다.

미래에 대한 불행을 예감: "그 누구한테도 말하지 마라. 만일 이 일을 발설하면 나는 다시 돌아와 너를 괴롭힐 것이다!" "그들은 네가 사실을 말할지라도 절대로 너를 믿지 않을 것이다!" 이러한 말들은 진짜로 말한 것이든 추측한 말이든 생존자가 미래에 대해서 두려움이나 혹은 자포자기의 심정을 갖도록 만든다. 이것은 직장, 결혼, 혹은 출산 등에 관한 어떠한 기대도 할 수 없는 결과를 낳으며, 깊은 슬픔, 의기소침, 우울증, 무기력 등은 위에서 말했듯이 미래에 대한 불안감을 증폭시킨다. 또한 성폭행에 의해서 촉발된 죽음과 불신에 대한 두려움은 치유에 있어서 중요한 두 가지 요소인 꿈과 희망을 갖고자 하는 생존자의 능력을 저해한다. 성폭행으로 말미암아 에이즈를 포함한 성관계로 전염되는 병에 걸릴 수 있다는 위험성은 생존자로 하여금 두려움을 더 갖도록 부추긴다.

고자극성 증후들(High Arousal Symptoms)
극심한 불안감, 특히 공황엄습과 불안장애는 외상 후 스트레스 장애를 겪고 있는 여성들에게 나타나는 일반적인 증후이다. 이러한 증상들은 아무 때나 찾아오는 불안과 공포반응(phobic reaction)의 형태로 나타날 때 더 악화될 여지가 많다. 장을 보러 가는 것, 아이들을 공원으로 데리고 나가는 것, 심지어는 밖으로 나가는 것 등의 일상적인 행위들이 불가능하다고 느낀다. 이러한 증상들은 낯선 사람이나 아는 사람에 의해 저질러지는 성폭행, 두 경우의 생존자 모두에게서 발견된다.

성폭행을 당한 첫 몇 주 안에 여러 증상들이 나타나는데 실제적으로 매우 통렬한 아픔과 고통을 수반하는 '불안에 대한 두려움'을 야기한다. 이러한 불안에 대한 두려움은 외상 후 스트레스 장애로 고통받는 다른 환자들에 비해서 성폭행의 생존자들에게 보다 더 전형적으로 나타난다. 외상 후 스트레스 장애로 고통받는 사람들은 다음에 나오는 고자극성 증상 가운데 적어도 두 가지 이상을 경험할 것이다.

잠이 들거나 숙면을 취하기 어려움: 생존자들에게 일반적으로 일어나는 이 두 가지 반응들은 특히 피해 여성이 자신의 침대에서 성폭행을 당했거나 아니면 성폭행 후 즉시 잠에 취했을 경우에 나타난다. 심지어는 아주 적은 정도의 잠을 자지 못했을지라도 피해자를 매우 쇠약하게 만들 수 있으며 다른 증상들에 대처할 수 있는 피해 여성의 능력을 방해한다.

분노에 예민하고 잘 터트림: 많은 생존자들은 일단 화가 나기 시작하면 화를 잘 내는 자기 자신을 이해할 수 없다. 특히 그 화를 사랑하는 사람들에게 직접적으로 낼 때 생존자 자신은 물론이고 그를 지지하는 친구나 가족들을 혼란에 빠뜨리게 한다. 이런 의미에서 목회적 돌봄은 여성의 분노를 성폭행 그 자체와 성폭행범을 대상으로 향하게 하고, 친구들이나 다른 소중한 관계에 있는 사람들에게 향하지 않도록 인도하는 데 도움을 줄 수 있다.

이와 동시에 생존자의 가족과 친구들의 측면에서는 비록 생존자가 때로 화를 잘못된 대상에게 분출한다 하더라도, 화를 내는 그 자체가 치유의 한 과정이 된다는 것을 이해하는 것이 매우 중요하다. 어느 대학생은 성폭행을 당한 후 계속해서 부모님에게 화를 내기 때문에 방학 중이라도 집으로 돌아가지 않았다고 말했다. 집으로 돌아가고 싶지 않다는 감정은 그녀가 항상 부모님들과 매우 가깝게 지내는 사이였다는 것을 감안할 때 그녀를 매우 혼란스럽게 했으며 심한 고통을 안겨 주었다.

집중하는 데 어려움을 느낌: 집중할 수 있는 시간이 짧다거나 어떤 일에 집중하기 힘든 현상은 성폭행을 당한 후에도 용기를 갖고 자신의 삶을 계속 살아가고자 노력하는 생존자에게는 매우 큰 불안과 염려를 가져다 줄 수 있다. 또한 집중의 어려움으로 인해 발생하는 인지적인 혼란은 지적인 능력을 요구하는 일을 행하려는 생존자가 적절한 능력을 발휘할 수 없도록 방해할 수 있다. 이러한 현상은 특히 대학생이나 대학원생 등 어려운 공부들을 잘 통과하기 위해서 자신들의 지력에 의존해야 하는 여성들에게는 커다란 좌절감을 안겨다 줄 수 있다.

　　과잉경계: 급성단계 동안에 성폭행범을 생각나도록 만드는 이미지들은 생존자들이 계속해서 주위 사람들을 경계할 수밖에 없도록 만든다. 이러한 과잉경계 반응들은 생존자들을 너무 지치게 만들며 결국 다른 그녀의 능력까지도 위태롭게 할 수 있다. 이 단계에서 생존자는 그 어떠한 낯선 사람과도 사귈 수 없을 수도 있다. 이 단계에서는 심지어 그녀가 아주 잘 알고 있는 사람조차도 신뢰하지 못할 수도 있다. 물론 어느 시점이 되면 과잉경계 반응이 완화된다. 그러나 그렇다고 하더라도 그들의 남자형제나 친구들, 그리고 목회돌봄 제공자들은 피해여성이 겪는 과잉반응에 대한 상황과 과정을 잘 이해할 필요가 있다. 말하자면 남성들의 신뢰도가 다시 처음부터 쌓아져야만 하는 것이다.

　　사실, 이러한 상황 자체만으로도 피해여성을 돕고 있는 남성친구들이나 목회자들에게 고통이나 때로는 분노를 가져다 줄 수 있다. 이러한 일이 발생할 경우, 그들 또한 자신들의 감정을 보호하는 데 도움을 줄 수 있는 누군가와 이야기를 나누는 것이 매우 중요하다. 여기서 우리가 반드시 조심해야 할 사항은 생존자의 과잉경계 반응에 강한 거부감을 느낀다고 해서 자기들이 느끼는 감정들을 해결하기 위해 생존자에게 부담을 주면 절대로 안 된다는 것이다. 생존자들은 그러한 부가적인 짐 외에도 이미 처리해야 하고 감당해야 할 것들이 너무도 많기 때문이다.

과잉놀람 반응: 이 증상은 꽤 오랫동안 지속되며 보통 과잉경계 증상과 함께 발생하는데, 성폭행 전에 자유롭게 했었던 행동과 농담들을 할 수 없도록 만든다. 농담이라고 하는 것은 내가 지금 안전한 상태에 있다는 것을 전제로 하기 때문이다. 성폭행을 당한 후 8년 동안 어떤 생존자는 무슨 일에도 쉽게 놀라는 '과도한 편집증'을 보이기도 했다. 이런 경우에 깜짝깜짝 놀라는 현상은 매우 정상적인 반응이라고 볼 수 있다. 따라서 그녀에게 과잉경계는 비정상적인 행동이 아니라 성폭행을 당한 후 자신이 제한된 환경에서 살고 있다는 것을 그녀의 몸이 표시하는 일종의 방법이라는 것을 알도록 도와주는 것은 매우 중요하다.

측정과 반응(Assessment and Response)

외상 후 스트레스 장애(PTSD)로 진단받기 위한 DSM-IV 기준을 충족시키기 위해서 생존자는 최소한 한 달 이상 사회적, 직업적 또는 친밀한 관계나 영성과 같은 다른 중요한 기능을 하는 데 있어서 매우 심각한 고통이나 장애를 경험해야만 한다. 한편 이러한 증상들이 언제 시작되었는가는 지속되는 기간이나 격렬한 정도보다는 덜 중요하다. 3개월 미만 동안 지속되는 외상 후 스트레스 장애는 '급성'이라고 분류

되며, 3개월 이상 지속될 시 '만성 혹은 고질'이라고 부른다. 만일 장애의 시작이 외상 후 3개월이나 그 이상의 경우 '지연된 발병'이라고 부른다. 또한 성폭행일 경우 외상 후스트레스 장애가 규정하는 증세를 반드시 나타낼 필요는 없다. 일반적으로 적절한 사회적 후원 그룹을 갖고 있는 피해여성들의 경우, 외상 후 스트레스 장애라고 규정된 증상들을 덜 경험하는 경향을 보인다.[81]

DSM-IV는 또한 격렬한 스트레스에 대한 반응들을 다루기 위해서 새로운 진단범주를 추가했다.[82] 급성 스트레스 장애(Acute Stress Disorder, 308.3)가 그것인데, DSM-IV는 이 증상을, 외상을 일으키는 사건이 일어난 후 4주 안에 발생하지만 한 달 이상은 지속되지 않는 극심한 스트레스에 대한 급성반응으로 정의하고 있다. 이런 점에서 외상 후 스트레스 장애(PTSD)와 급성 스트레스 장애(ASD)를 구별짓는 가장 큰 기준은 증상이 어느 정도 지속하느냐의 차이이다. 4주 이상 지속되지 않는 증상의 경우에는 급성 스트레스 장애(ASD)를 사용하며, 그 이상 지속되는 경우에는 외상 후 스트레스 장애(PTSD)로 분류된다. 이러한 차이에도 불구하고 급성 스트레스 장애가 나중에 외상 후 스트레스 장애로 발전될 수 있는 가능성 역시 충분히 있다.

외상 후 스트레스 장애의 확산(Prevalence)

1970년대의 여권신장주의자들(feminists)의 정치적 활동이 있기 전까지 많은 학자들은 단지 전쟁에 참가한 남성들뿐만 아니라 일반 시민으로 살아가고 있는 여성들도 외상 후 스트레스 장애에 시달릴 수 있다는 사실을 인식하지 못하고 있었다. 실제로 위기센터나 응급실에서 진단받았던 대부분의 성폭행 피해자들(94퍼센트)은 공격을 당한 지 처음 몇 주만에 외상 후 스트레스 장애의 기준에 도달했으며, 그중의 거의 반에 해당하는 피해자들(46퍼센트)은 3개월 후에도 여전히 같은 증세에 시달리고 있었다.[83] 성폭행당한 후 17년이 지난 후에도 위의 조사에 참여했던 생존자의 17퍼센트는 여전히 외상 후 스트레스 장애 기준에 해당되는 증세에 시달리는 것으로 나타났다.[84] 성폭행이나 육체적인 공격들은 강도나 가까운 친구 또는 가족의 죽음이나 자연재해와 같은 외상을 입히는 사건들보다도 외상 후 스트레스 장애로 발전하기가 더 쉽다.[85] 외상 후 스트레스 장애는 안전하다고 믿었던 환경에서 외상을 야기시키는 사건이 발생했을 경우에 더 나타날 가능성이 높다.[86]

한편 아는 사람에 의한 성폭행의 생존자들이 논리상 외상 후 스트레스 장애의 증세를 보이는 것은 이해할 만하다. 물론 외상 후 스트레스 장애가 극도의 스트레스와 외상 (약물남용, 불안장애, 급성 스트레스 장애와 우울증)을 발달시키는 유일한 장애는 아니라 할지라도, 성폭행 생존자들이 겪는 가장 일반적인 증상임은 부인할 수는 없다. 외상 후 스트레스 장애 증상을 보이는 사람들 중 성폭행의 피해자들이 단일 그룹으로는 가장 큰 범주를 차지하고 있는 실정이다.[87] 개인정신치료 병원들이 많은 수의 성폭행 피해자들(이들 중 많은 사람들은 다중 공격을 당했다)을 치료하기 위해서 독립된 외상 후 스트레스 장애 병동을 마련하고 있는 것은 그리 이상한 일이 아니다. 이것은 마치 외상 후 스트레스 장애 중세를 앓고 있는 참전군인들을 치료하기 위해서 미국 참전용사 전용병원이 세워진 것과 같은 이치라고 할 수 있다.

외상 후 스트레스 장애 이론의 한계들

외상 후 스트레스 장애가 아는 사람에 의한 성폭행으로부터 생존한 여성들에게서 나타나는 반응들을 이해하는 데 도움을 주는 한 방법임에도 불구하고, 이 이론 자체만으로는 생존여성의 고통을 적절하게 설명해 주지 못한다는 한계를 가지고 있다. 이 이론이 갖는 한계들로는 다음과 같은 것들이 있다.

외상 후 스트레스 장애는 일차원적이다(Unidimensional). 외상 후 스트레스 장애는 생존자가 겪는 외상적인 경험들에 대한 사회심리적인 영향들을 이해하기 위한 하나의 방법이다. 그러나 이것이 우리에게 피해생존자에 대한 모든 현상들을 다 설명해 주는 것은 아니다. 외상 후 스트레스 장애에 대한 그의 연구에서 던컨 신클레어(N. Duncan Sinclair) 박사는 '기술적인 백서(DSM-IV를 가리킨다)의 비감정적인 어조'는 이것이 단지 어떤 극심한 외상의 심리적인 영향만을 요약하고 있을 뿐이라고 주장한다. 목회자, 가족, 목회상담가들은 외상 후 스트레스 장애가 인간의 삶의 모든 면면에 걸쳐서 생각보다 훨씬 더 광범위하게 영향을 미치고 있음을 알고 있다.[88] 사실 아는 사람에 의한 성폭행은 단지 심리적인 외상 그 이상의 문제들을 내포하고 있다. 전문종교인들은 아는

사람에 의한 성폭행의 생존자들이 당한 경험에 대해서 더 잘 이해하기
위해서 다양한 다른 이론들, 예를 들면, 심리적, 영적, 통계적, 역사적,
심리적인 분야에 대해서 잘 알고 있어야 한다.

확인되지 않은 증상들: 아는 사람에 의한 성폭행과 보통 가장 많
이 연관된 요소들이 외상 후 스트레스 장애 기준에 포함되어 있지 않
다. 이렇게 볼 때 생존자들이 경험하는 모든 증상들이 외상 후 스트레
스 장애로 분류되는 것은 아니다. 아는 사람에 의한 성폭행으로 외상
에 시달리고 있는 사람들 사이에서 그러한 증상들이 반복해서 발생한
다면, 그런 증상들은 외상 후 스트레스 장애의 요소로 반드시 고려해
야만 할 것이다. 이러한 증상으로 다음과 같은 것들을 들 수 있다.

(1) 감각기관의 곡해(曲解) - 중요한 사건이 발생할 때는 시간이 매우 느리
게 가는 것처럼 느껴지듯이 생존자들은 마치 일들이 천천히 진행되고
있는 것처럼 느낀다. 이와 같은 곡해 혹은 왜곡 현상이 가장 일반적
으로 발생하는 기관은 시각과 후각이지만 인간의 오감 어디에서도 발
생할 수 있다.
(2) 정신이상에 대한 두려움 - 성폭행을 당한 후 어느 생존자는 마치 정신
을 모두 잃어버린 것 같은 느낌을 가졌으며 다시는 정상적인 상태로
돌아올 수 없을 것이라고 말했다. 만일 이런 감정이 오랫동안 지속된
다면 생존자는 자살을 꿈꾸기 시작할 수 있다.

(3) 슬픔, 죄책감, 성폭행을 피한 여성들의 죄의식 - 성폭행을 모면할 수 있
    었던 한 여성은 다른 여성들이 성폭행을 피할 수 없었다는 말을 들을
    때 슬픔과 죄의식을 느낄 수 있다. 이러한 느낌은 자책감으로 곧 이어
    지게 된다.

(4) 당면한 삶의 문제들을 악화시킴 - 자주 히스테릭한 성격장애로 잘못
    분석되곤 하는데, 생존자들은 성폭행 전에 부딪쳤던 삶의 문제들의 무
    게가 더 늘어난 것처럼 생각할 수 있다. 부분적으로 이것은 생존자의
    정상적인 대응장치가 약해졌기 때문이다. 만약에 한 여성이 별거나 병
    든 부모 등과 같은 다른 중요한 스트레스를 주는 일들을 처리하고 있
    었다면, 성폭행은 상황을 더 악화시키며 그녀가 처음에 당면하고 있었
    던 문제들을 비성숙한 방법으로 다룰 수 있는 가능성을 더 높인다.

(5) 성적인 역기능 - 보건의료 전문가들은 생존자들에게 성적인 기능에 대
    해서 일정한 간격을 두고 물어보지 않기 때문에 성적 욕구나 성생활
    유지의 상실에 대한 사항들이 그리 많이 알려시지 않고 있는 실정이
    다. 그러나 성적인 역기능은 그저 부작용에 그치는 것이 아니라 장애
    의 요소로서 피해여성에게 외상을 입힐 수 있다.

(6) 자살에 대한 충동이나 시도 - 약물 과다 사용, 알콜과 마약 남용, 식사
    장애, 폭력에 대한 취약성과 우울증 등도 재조직단계에서 아는 사람
    에 의한 성폭행 생존자들이 흔히 경험하는 증세들이다.[89]

위에서 말한 증상들은 외상 후 스트레스 장애의 기준 리스트에 포

함되어 있지 않지만, 여전히 아는 사람에 의한 성폭행의 생존자들이 일반적으로 경험하는 증상들이다. 외상 후스트레스 장애와 성폭행 외상 스트레스와 연관된 모든 경우들을 고려해 볼 때, 성폭행의 생존자들에게 일반적으로 나타나는 증상들의 범위를 아는 것은 매우 중요하다. 왜냐하면 생존자들이 이러한 증상들을 경험하지만 그러한 증상들이 '정상적'인 반응이라고 여길 수 있도록 격려를 받지 못하면, 그들은 외상적 증상 외에 추가적으로 부끄러움과 혼란을 경험하기 때문이다. 즉 부끄러움이나 혼란 등의 증상을 그것들을 촉진하는 이전의 증상들과 별개로 다루는 것은 문제를 잘못 인식하고 있는 것이다.

문화 간, 세대 간에 걸쳐서 나타나는 외상 후 스트레스 장애: 신클레어 박사는 외상을 입은 사람들의 공동체를 연구한 결과, 외상에 대한 그들의 반응들은 문화적이고 세대 간에 걸친 특색을 지닌다고 언급했다.[90] 이러한 분석은 DSM-IV가 설정한 기준과는 매우 다른 것이다. 성폭행당한 사실을 신고하기를 꺼려하는 것, 성폭행 생존자가 자기가 속한 공동체를 과도하게 보호하는 것, 도움을 줄 수 있는 사람들에 대해 계속 불신하는 것, 또한 자신의 외상을 알려야만 하는 것으로써 말하기를 꺼려하는 것 등 이 모든 것들은 퇴행이나 저항의 표시가 아니라 세대 간에 걸쳐 발생하는 외상에 대한 정상적인 반응들이라고 볼 필요가 있다.

인지에 미치는 영향: 외상 후 스트레스 장애는 아는 사람에 의한 성폭행이 생존자에게 주는 인지적인 영향을 잘 인식하지 못하고 있다. 폭력을 당해 보지 못한 사람들은 안전함, 신뢰, 친밀감에 대한 믿음을 계속 지속할 수 있다. 반면에 친밀한 사람으로부터 폭력을 경험한 피해자들은 그렇지 못하다. 많은 치료사들은 피해의식이 야기하는 인지체계의 변화는 성폭행을 당한 피해자가 입는 가장 심각한 장애라고 믿는다.[91]

대응체계의 가치: 외상 후 스트레스 장애는 초기에 발생하는 생존자에 의한 거부와 같은 대응체계의 긍정적인 가치를 고려하지 않는다. 거부는 성폭행 외상의 급성단계를 지나갈 수 있는 중요한 방법이 될 수 있다. 이것은 정상적인 사고체계가 붕괴되는 분리현상을 경험할 경우 더욱 그렇다. 우리가 너무 자주 오해하는 부분들은 거부와 같은 얼핏 보기에는 부정직으로 보이지만, 사실은 긍정적인 역할을 하는 대응체계들을 치료와는 반대되는 것으로 여기는 것이다.

꾀병으로 인식되는 외상 후 스트레스 장애: DSM-IV에서 외상 후 스트레스 장애에 대한 많은 다양한 진단 가운데 하나는 바로 '꾀병'인데, '의도적으로 거짓된 증상을 만들어 내는 행위 혹은 외적인 충동에 의해 동기가 된 완전히 과장된 육체적이고 심리적인 증상들'[92]이라고 설명하고 있다. 이에 대해, DSM-IV는 "재정적인 보상, 각종 혜택에 대한 자격, 법의학적 결정 등에 영향을 미칠 수 있는 상황에서 꾀병은 완전히 배제시켜야 한다."[93]고 말한다. 나는 이 경고가 오히려 상황을 더 혼란스럽게 할 여지가 다분히 있음을 발견했다. DSM-IV 리스트에 포함된 14가지 불안장애 중 두 가지 경우인 외상 후 스트레스 장애와 급성 스트레스 장애는 꾀병에 대한 위의 경고에 해당할 수도 있는 장애들이다. 성폭행 후에 가장 빈번하게 발생하는 이 두 가지 진단들이 꾀병이라는 경고에 해당할 수 있다는 사실은 성폭행의 생존자들이 증상을 조작해서 거짓되게 다른 사람들을 성폭행의 죄로 고발할 수도 있음을 암시하는 것과 같다.

외상 후 스트레스 장애와 유대교주의: 제프리 재이(Jeffrey Jay)는 외상에 대한 전통적인 정신치료적 방법들이 유대인들의 치료방법과는 다르다고 말한다.[94] 외상 후 스트레스 장애와 같은 치료 모델에 대한 심각한 비판은 바로 이러한 차이점에서 대두되었다. 재이는 정신치료 이론들에서 '해결을 위해서 외상을 낳은 기억이 발생한 과거로 회귀하거나 사건 자체를 과거에 위치시키는 것은 생존자와 함께 치료과정을 할 때 사용하는 방법'이라 말한다. 이때 기억의 목적은 이런저런 일들을 시간상 정확한 순서로 배치하기 위한 것이다. 즉 성폭행은 과거의 사건이고 이미 발생한 것이다. 이러한 과정들은 전형적으로 개인적 고립 상태에서 이루어진다. 반면에 유대주의는 기억이라는 행위를 종교적인 계명으로 성스럽게 여기면서 기억을 향하여 간다. 생존자와 생존자의 가까운 혹은 보다 넓은 공동체에 의해서 공유되는 성폭행당한 기억은 부끄러움과 외로움을 생존자만의 개인적인 것이 아니라는 것을 보여준다. 따라서 유대인들의 역사와 하나님의 선택받은 민족으로서의 역사적인 이야기에 개인이 겪는 외상의 고통이 추가되는 것이다.

치료와 진단: 심지어 생존자가 더 이상 외상 후 스트레스 장애의 기준을 충족시키지 못할지라도 그들의 아픔은 지속된다. 즉 외상 후 스트레스 장애라는 진단에서 벗어난 것이 성폭행의 생존자가 치료받았다는 것을 의미하는 것은 아니다. 그것은 다만 그녀가 더 이상 진단 기준에 부합되지 않는다는 것을 의미할 뿐이다. 비록 생존자들이 느끼는 감정들이 이제는 '정상적'이라고 진단받은 후에도 그들은 성폭행이 가져온 고통과 외상에 다시 시달릴 수 있다.

문화적인 한계를 가지는 외상 후 스트레스 상애: 성폭행으로부터 살아 남은 한국여성들을 대상으로 한 연구에서 이명숙은 "성폭력에 대한 사회적인 인식 없이 비록 이런 여성들에게서 외상 후 스트레스 장애의 증상들을 발견했다 하더라도, 이 여성들은 외상 후 스트레스 장애 증상들을 자신들의 가장 기본적인 관심으로 여기지 않을뿐더러 여길 수도 없다."고 말한다.[95] 그녀는 한국여성들은 성폭행을 당할 때 자신들의 처녀성의 상실과 친구나 가족 등에서 발생할 수 있는 삶에서의 큰 변화(고독에서부터 폭력적인 관계들)를 가장 염려한다고 밝히고 있다.

그녀는 또한 "과잉자극, 마비와 강압적으로 밀고 오는 생각 등은 위에서 말한 처녀성과 관계변화와 같은 한국 문화와 관련된 중요한 문제들에 비해 그리 중요하지 않다."고 말한다.

외상 후 스트레스 장애와 성폭행 외상 증후군: 성폭력 외상 증후군은 현재 외상 후 스트레스 장애의 하부범주로 여기고 있다.[96] 외상 후 스트레스 장애의 하부범주에 속하는 다른 증상으로는 구타당하는 여성들의 증후군, 어린이 성적학대조정 증후군, 구타당하는 어린이 증후군, 성적 학대와 희롱 증후군, 근친상간 생존자 증후군, 그리고 치료사-환자 성관계 증후군 등이 있다.[97] 워커(Walker)는 외상 후 스트레스 장애는 시간이 경과함에 따라서 발생할 수 있는 여러 가지 반응들의 변수들을 인식하지 않기 때문에 성폭행의 생존자들이 경험하는 온갖 종류의 증상들을 설명하기에는 적절하지 않는 진단방법이라고 주장한다. 그러므로 외상 후 스트레스 장애 외에 성폭행외상 증후군을 잘 반영하는 추가적인 진단방법들을 사용하는 것이 바람직하다고 말할 수 있다.[98]

문화적, 역사적이고 심리적인 영역들은 아는 사람에 의한 성폭력 생존자들이 어떻게 자신들이 경험하는 외상에 반응하는가에 영향을 미친다. 이러한 목적을 가지고 우리는 지금까지 아는 사람에 의한 성폭력에 대한 사실과 오해들, 성폭행과 인종차별주의와의 연관성에 대한 사회역사학적 이론들, 그리고 마지막으로 두 개의 심리학적 외상이론들에 대해서 살펴보았다. 이러한 모든 정보와 이론들은 전문종교인들이 목회상담가로서 효과적인 역할을 수행하는 데 필요한 중요한 이론적인 틀을 제공해 주었다.

단 한 가지 빠진 것이 있다면 신학적인 분석이다. 다음 장에서 이 부분에 대해서 집중적으로 다룰 것이다. 아직까지도 아는 사람에 의한 성폭행에 대한 목회상담신학적인 틀이 잡혀져 있지 않기 때문에 이 책의 나머지 부분들은 목회상담학적인 모델을 이끌어 내는 데 집중할 것이다. 이러한 창조적이고 건설적인 작업을 하는 데 있어서 가장 기본적인 자료는 어떠한 이론이나 방법론이 아닌 바로 성폭행의 생존자 바로 그들의 이야기들이 될 것이다.

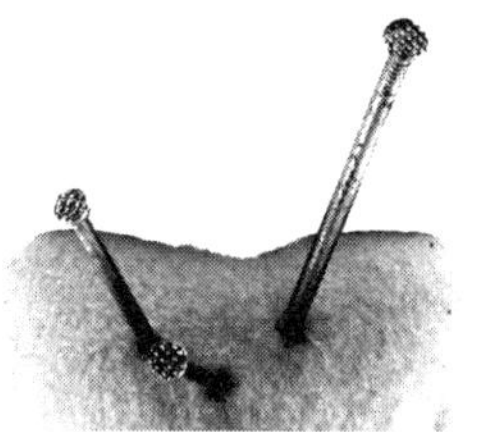

when Violence Is No stranger

2장 생존자들의 이야기

그것은 단지 학문적인 훈련이 아니다.
심지어 당신이 그러기를 원한다 해도.
학술모임에서, 성폭력 분야의 전문가와 이야기를 나눌 때
나는 아는 사람에 의한 성폭행에 대한
몇 가지 신학적인 성찰을 이야기했다.
이야기를 나누면서
그녀는 그녀 자신이 최근에 당했던 성폭행과 외상을 털어놓았다.
그것은 결코 학문적인 사안만은 아니다.
그것은 항상 사적인 일이다.
나는 어느 일요일 오후에,
저술 중인 책의 방법론 부분에 대해 쓰면서 컴퓨터 앞에 앉아 있었다.
리서치 방법을 이리저리 고안하며
그 복잡함과 싸우고 있을 때 전화가 왔다.
한 여성이 성폭행을 당했는데 병원에 있다고 한다.
경찰관들이 그곳에 와 있었다.
그들은 외상을 다룰 간호사를 기다리고 있었다.
제가 가도 됩니까? 제가 선택해도 되나요?
나는 책상을 정리하고,
내 스케줄을 취소했으며,
내 머리를 비우고 쓰기 시작했다.
그러나 성폭행은 자기만의 스케줄을 가지고 있었다.
그것은 절대로 단지 학문적인 사안만은 아닌 것이다.

이 책의 처음 두 장에서 우리는 아는 사람에 의한 성폭행과 관련된

몇 가지 기본적인 사안들에 대해서 알아보았다. 이제부터 그러한 기초적인 지식을 가지고 창조적이고 건설적인 목회상담학에 대한 틀을 잡아가고자 한다. 이 장의 두 가지 목적은 아는 사람에 의한 성폭행에 대한 목회상담신학을 이루어 가는 것과 그러한 성폭행의 생존자들을 돌보는 데 필요한 목회상담 지침목록을 개발하는 것이다. 이 두 가지 목적을 달성하기 위하여 아는 사람에 의한 성폭행에 대해서 가장 익숙한 사람들에게 관심의 초점을 돌리고자 한다. 그들은 바로 다름 아닌 성폭행의 생존자들이다.

이 장에서는 네 명의 아는 사람에 의한 성폭행 생존자들을 만나게 될 것이다.[1] 생존자 각각의 이야기는 독립된 이야기로 소개되었으며 필요한 배경정보, 성폭행의 재진술, 그리고 그에 대한 생존자의 반응 등이 실려 있다. 각 인터뷰 말미에는 그녀들이 경험한 일에 대해서 내가 반드시 알 필요가 있는 추가적인 것들이 있는지 생존자들에게 물어보았다. 각 사례들은 전문종교인들이나 목회상담가들이 반드시 알고 실천해야 할 내용들에 대한 생존자들의 생각을 나누면서 끝나게 된다. 이 장에서 네 명의 생존자들의 이야기들을 생생하게 묘사하기 위하여 서술적인 방법을 사용하였는데, 이후의 장에서는 그들이 여기서 언급한 사실적인 이야기들에 대한 해석을 곁들여 분석하고자 한다.

1. 한나(Hannah)

"그는 하나님까지 폭행한 거예요."

26살 된 가톨릭 신자이자 백인여성인 한나는 남서부에 있는 한 대학교 4학년에 접어들고 있는 학생이다. 그녀는 외향적이며 건강해 보인다. 그녀는 늘 쾌활한 편이다. 극심한 압박을 받지 않는 한, 그녀는 자신이 처한 상황을 아주 잘 이해해서 최선의 방책을 마련하곤 한다. 중서부의 조그마한 마을에서 태어난 그녀와 그녀의 두 형제들은 가정적인 분위기의 대가족에서 자라났다. 한나는 그녀의 어린 시절을 '사랑이 넘치는 보수적인 환경'과 '종교적으로 보수적인 부모님' 아래에서 양육받았다고 말한다. 고등학교를 졸업한 후에는 주로 일을 하거나 노는 데 시간을 보냈다. 그 후 몇 년 동안 한나는 가족들과 함께 살았으며 오락업종에서 일을 했다. 이 시기에 그녀는 한 전문학교의 야간수업을 들었으며 성당에서 드리는 미사에 참석했었다.

한나가 2학년으로 접어들었을 때, 한나는 화학실험실 급우인 로우즈 그리고 로우즈의 남자 친구인 스티브와 한 아파트에서 살게 되었다. 세 사람은 공부하고 미래를 준비하며 파티도 갖는 등 보통 젊은 청년들과 별다를 것이 없는 생활을 하며 살았다. 어느 날 로우즈가 주위에 없을 때, 스티브는 자기의 성적인 능력을 한나에게 과시했으며 로우즈는 그리 섹스를 잘 할 줄 모르는 아이라고 불평을 늘어 놓았다. 한나는 이러한 대화는 부적절한 것임을 느끼고 화제를 다른 것으로 바꾸든지 아니면 스티브가 그런 대화를 계속하면 방을 떠나려고 했다. 그러나 한나는 자신의 불편한 기분에 대해서 그에게 직접적으로 말하지는 않았다.

성폭행과 최초의 반응들

어느 날 저녁, 한나는 학교에서 커다란 좌절감을 느끼고 집으로 돌아왔는데, 그때 로우즈와 스티브는 저녁을 먹기 위해 밖으로 나가려던 참이었다. 그들은 한나에게 함께 저녁을 먹으러 가자고 요구했고, 한나는 그렇게 하기로 하였다. 저녁 식사가 거의 끝나갈 때쯤, 로우즈는 남은 일을 끝내기 위해서 학교로 가야만 했다. 그래서 한나에게 스티브를 집으로 좀 데려다 달라고 부탁했다. 당시 스티브는 상당히 취했었고, 담배도 꽤 피운 상태였다. 집으로 돌아가는 길에 스티브는 다시 로우즈와 했었던 섹스에 대해서 말하기 시작했다. 그들이 집에 도착했을 때까지도 스티브는 계속 그 이야기를 하는 것이었다. 화제를 바꾸기 위해 한나는 텔레비전을 켰고 그를 무시하려고 했다.

그러자 스티브는 한나에게 오더니 아무도 모르니까 같이 섹스를 할 것을 제의했다. 한나는, "절대로 그런 일은 없을 거야. 나는 이미 신의를 지켜야 할 남자친구가 있다구!"라고 말했다. 그때 스티브는 한나의 화장실로 가더니 자위행위를 했고, 그녀를 욕 보이기 위해 밖으로 나왔다. 그 후 두 시간 동안, 스티브는 한나의 화장실에서 그녀를 성폭행했다. 나중에 재판에서 한나는 자신은 하의와 팬티를 내리기를 거부

했기 때문에 이것은 합의된 성관계가 아니었음을 증명했다. 한나는 성
폭행이 발생한 그 다음의 순서는 기억하지 못했다. 그녀는,

나는 타주에 살고 있는 남자친구에게 전화했다. 비록 나는 그에게 모
든 것을 다 말하지는 않았지만, 그는 나에게 다음 날 오전에 학교에
가서 상담자를 반드시 만나 보라고 말했으며 나는 그렇게 했다. …
처음에 나는 경찰서에 보고하기를 원했다. … 스티브는 아마도 다른
여성들도 성폭행했을 것이라고 나는 생각한다. … 그는 아마 계속적
으로 그런 행동을 할 것이다. … 실제로 나에게 아무런 의미도 없을
거라고 생각되어서 고소장을 제출하고 싶지 않았다. … 그러나 마침
내 경찰에 전화했다.

경찰관이 한나를 응급실로 옮겼으며, 그곳에서 성폭행 환자용 구
급처치를 포함한 신체검사를 받았다. 그 다음 날 한나는 상담가를 만
나기 위해서 학교로 갔다. 그녀는 원하지 않았지만 경찰관은 한나가
아파트로 가서 그녀가 자기의 물건들을 모을 수 있도록 함께 동행하였
다. 자기의 물건을 재빨리 정리하느라 그녀는 몇 개의 CD와 사진들 그
리고 다른 잡다한 것들을 잊어버렸는데, 가장 아쉬웠던 것은 십자가였
다.

나는 일 년 전에 크리스마스 선물로 엄마가 주셨던 십자가를 가지고

있었다. 나는 그것을 벽 위에다 걸어 놓았는데 방안을 한 바퀴 돌아 보고 있을 때 나는 미처 그것을 발견하지 못했다. 내 시선에서 벗어났었던 것이다. 그것은 천장으로부터 비스듬히 매달려 있었다. … 그는 하나님까지 폭행한 셈이다.

그 후 몇 주 동안 한나는 육체적, 감정적, 사회적, 그리고 영적으로 고통을 당했다. 여러 주 동안 그녀는 끊임없이 성폭행당한 육체의 아픔을 계속 떠올려야 했으며, 몇 주 동안은 온몸에 남은 타박상과 자살 충동으로 인해 너무도 견딜 수 없었다. 나와 인터뷰를 하던 시점까지도(성폭행을 당한 지 18개월이 경과했었다) 그녀의 얼굴에는 성폭행을 당했을 때 받았던 상처가 조금씩 남아 있었다. 그녀는 교회에 더 이상 다니지 않았다. 가족에게 다시 돌아와야만 했지만 가족으로부터 거의 보호를 받지 못하고 있다고 느끼고 있었다.

학교는 이러지도 저러지도 못하는 애매모호한 상태에 빠지고 말았다. 한때 아주 가까운 친구였던 로우즈를 더 이상 만나기는 힘들었다. 로우즈는 자신의 친구인 한나에게 무슨 일이 벌어졌는지 뻔히 알고 있었으면서도 스티브와 여전히 데이트를 하며 같이 살고 있었다. 성폭행 사건이 있기 전만 해도 한나는 아주 우수한 학생이었다. 그러나 지금은 학교에 가면 정신이 분산되고 때로는 훌쩍거려 도저히 강의에 집중할 수가 없었다. 그저 단지 수업시간에 빠지지 않는 데 의미를 둘 정도가 되고 말았다.

성폭행을 당한 지 수 개월 후가 지나자 한나는 자살충동으로 온통 가득 찼으며, 수업이나 상담시간을 빼먹기 일쑤였다. 그녀는 마침내 정식으로 법적절차를 밟기로 결심했다. 법적인 절차를 결심하자, 한나는 스티브가 여전히 위험한 인물이라고 믿었기 때문에 집에서부터 거리가 떨어진 안전한 장소로 이사해야겠다고 결심했다. 주검사 사무실의 담당자와 의논한 후, 그녀는 다른 주로 이사했으며 그 주의 4년제 대학에 3학년으로 편입을 했다. 그녀가 정식으로 기소한 후 스티브가 체포될 때까지 한나는 스티브가 자신을 찾아내서 다시 상처를 줄 수 있다는 공포감 속에서 살았다. 한나는 새로운 곳에서 맞이한 첫 학기 동안 외상과 연관된 다양한 증상들에 시달렸으며 자신을 도와줄 만한 친구들을 만날 수가 없었다. 그녀는 심지어 자신의 전화번호조차도 기억할 수 없었고, 자신의 비밀번호도 기억할 수 없었기에 은행에서 현금을 빼지도 못했다. 더군다나 그녀 엄마의 전화번호를 잊어버려 전화를 걸 수도 없었다.

"나는 엄마의 전화번호를 적을 수가 없었어요! 그러기 위해서는 엄마 전화번호를 먼저 알아야만 하기 때문이에요!"[2]

그뿐만이 아니라, 자꾸 성폭행 당시의 광경이 순간순간 떠오르는 경험을 했으며 자살에 대한 생각을 심각할 정도로 한 적도 있었다. 그녀는 좌절했고, 혼자였고, 상처받고 있었다. 그녀는 회복에 대해서 묻자, 성폭행에 '대처'한다기보다 그저 '다루고' 있을 뿐이라고 말했다. 그녀는 대응하기 위해서는 자신이 어떤 것을 통제할 수 있다는 강한 확신이 필요하다고 말했다. 불행히도 한나에게는 통제나 대응이라는 말들이 영적으로나 실제 생활적인 면에서나 그녀를 치료해 주는 데 별다른 도움이 되지 못했다. 12월이 되어 학기가 끝나 방학이 되어도 그녀에게는 별다른 진전이 없었다.

그녀의 친구들은 전부 크리스마스와 연말을 즐기기 위해서 각자의 집으로 돌아갔다. 한나는 집으로 돌아가면 다시 자신을 가해했었던 스티브가 있는 근처에 있게 되고 그렇다면 안전하지 못할 것 같아 가족을 방문하러 돌아가지도 못하고 있었다. 그녀는 혼자 집에서 멀리 떨어진 채 크리스마스를 보냈으며 외로웠고 슬펐다.

한편 기소한 지 거의 8개월이 지난 후(성폭행을 당한 지 일 년이 된 시점), 한나는 이제 곧 재판에 들어갈 것이라는 편지를 변호사에게서 받았다. 그러는 가운데, 스티브의 변호사와 친구들은 한나의 전화번호와 집주소를 알기 위해서 온갖 수단을 다 취했으며 재판에서 증언하지 않도록 한나를 설득시키고자 했다. 그들은 한나의 엄마에게 전화를 걸기 시작해서 그녀를 괴롭히며 자기들이 누구며 무엇을 원하는지 거짓말까지 하기 시작했다.

스티브의 변호사들은 한나가 증언하기 위해 돌아오면 스티브가 재판에서 질 것은 뻔하다고 확신했기 때문에 플리바겐(plea bargain, 양형거래)을 제의했다. 즉 스티브가 상담을 받을 것, 한나의 상담비를 지불할 것, 그리고 공동체 봉사활동을 할 것 등이었다. 한나의 친구들은 그것이 최선책이 아니겠냐고, 더 이상 무엇을 더 바라느냐고 말하며 한나를 설득하고자 했다. 이러한 그들의 태도는 한나를 더 화나게 했기 때문에 증언하기 위해 갈 것인지에 대한 일말의 망설임도 사라져 버렸다.

다 집어치우라고! 그걸로 충분하다고? 절대 그렇지 않다구. 공공봉사와 상담? 그런 것들은 이미 내가 일 년 동안 해 온 것이야. 절대 여기서 그만 둘 순 없지. 내가 피해자란 말이야.

결국 이 사건은 배심원 없이 판사 앞에서 심리되었다. 배심원 선정이 시작되었지만 스티브와 그의 변호사들은 이 건에서 이길 가능성이 매우 희박하다는 것을 알았으며 당연히 유죄가 선고되었다. 8개월 동안 수감생활을 한 스티브는 더 이상의 수감생활은 하지 않았지만, 그동안 한나가 받은 상담비용을 포함한 손해배상을 해야 했으며, 한나의 엄마에게 사과 편지를 써야 했다. 청문회 말미에 판사는 한나에게 마지막으로 스티브에게 할 말이 없느냐고 물었다. 처음에 그녀는 "없다."고 말했다. 성폭행 사건이 벌어진 후에 처음 그를 만나는 자리였는데. 판사가 다시 물어보자 한나는 마음을 바꿔 그에게 이렇게 말했다.

스티브, 너는 내가 생각했던 것보다 훨씬 더 형편없는 사람이야. 내가 어떻게 너같은 사람이 나에게 힘을 과시하도록 내버려 둘 수 있었을까? 너는 참 불쌍하기 그지 없다. 너는 절대로 지금 너의 모습 이상 그 어떤 것도 될 수 없을 거야. 너는 패배자에 불과하니까.

스티브는 오히려 한나에게 큰소리쳤지만 판사에게 제지당했다.

청문회는 한나가 상처받은 몸과 마음을 치유하는 데 매우 중요한 과정이 되었다. 그녀는 육체적으로, 영적으로 그리고 감정적으로 자기를 공격한 한 남성 앞에 설 수 있었고 그를 불쌍한 남자로 볼 수 있었다. 나중에 한나는 변호사들이 자기에게 해 준 말들과 법정에서 사람들 앞에서 말하는 순간 자신의 고결함을 스스로 유지할 수 있다는 사실로 인해 다시 힘을 낼 수 있었다고 고백했다.

나는 그에게 다시 돌려 주기까지 스티브가 얼마나 많은 것들을 나에게서 빼앗아 갔는지 알지 못했다. 나는 나 자신에 대해서 그러한 나쁜 생각들을 가지고 있었다. 나는 정말 그랬다. 내가 나 자신에게 이젠 괜찮다고 느꼈던 순간은 바로 법정에서 나의 변호사들과 판사가 나보고 용감하다고 말하던 바로 그때였다.

"숙명과도 같은 성폭행의 어두운 그림자 제거하기"

법정에서의 경험은 성공적이었다. 더할 나위 없는 용기와 생기를 강하게 다시 불어넣어 주었기 때문에 한나는 다시 일상생활로 '되돌아가기'로 결심했다. 먼저 그 지긋지긋한 어두운 그림자를 완전히 제거하기 위해 그녀는 자원봉사를 하기로 마음먹었다. 처음에는 성폭행 위기 센터에서 일을 했다. 그러나 성폭행 생존자들의 이야기를 들으면서 자신의 경험들이 순식간에 살아나곤 하자, 한나는 자신이 아직 다른 성폭행을 당한 여성들의 이야기를 들어 줄 준비가 안 되었음을 깨달았다.

그 후 그녀는 천주교에서 후원하는 기관으로 집 없는 아이들과 엄마들을 위해 헌신하고 있는 곳에서 일하게 되었다. 비록 아직도 성폭행당하던 장면이 순식간에 떠올랐다 사라지는 등 치유를 위해 오랜 기간 시달려야 했지만, 그녀는 이 일만은 계속 유지했다. 그녀는 자신의 일들을 통하여 고통에 빠진 사람들에게 생명을 줄 수 있음을 발견했다. 자신이 직접 겪었던 경험을 가지고 한나는 다른 사람의 아픔을 깊이 이해할 수 있게 되었으며, 이러한 일들을 통하여 그녀는 이전보다 더 남을 잘 돌볼 수 있는 사람이 될 수 있었다.

"최악의 경우가 발생해도 나는 여전히 괜찮아요"

한나는 내가 성폭행이라는 고통스러운 경험과 그로 인한 치유의 과정들에 대해서 보다 효과적으로 이해할 수 있도록 도와주었다. 그녀는 성폭행을 당하기 전만 해도 자기가 가족들에게 얼마나 많은 사랑을 받은 이른바 '골든 걸(golden girl)'이었나를 알 필요가 있었다라고 말했다. 그녀는 대학교육을 받은 가족에서 자라난 아이였고, 자기 일을 좋아했으며, 가족들은 마치 그녀를 우상처럼 대했었다고 한다. 한나는 자기는 정말이지 하나님께 많은 축복을 받았던 삶이라고 느끼며 살았다. 이러한 축복된 그녀의 삶 속에 성폭행이라는 공포가 들어온 것이었다. 공포를 극복하기 위한 치유과정을 통과하면서 한나는 성폭행과 똑똑히 정면에서 대면할 수 있었다.

그녀는 말하기를, "비록 최악의 일들이 벌어진다고 해도 나는 여전히 괜찮아요." 성폭행을 당한 후에 치유라는 고통스러운 시간 속에서 한나는 무언가 의미 있는 것을 찾을 수 있었다. 그녀는 "악은 존재하지만 지배할 수는 없다."라고 말한다. 이와 같은 확신은 그녀의 종교적인 믿음에서부터 나왔다. 크리스천인 그녀의 믿음은 오늘도 살아 계시고 영원히 계실 하나님에 대한 그녀의 강한 개인적인 헌신에 기초한 것이었다. 이렇게 볼 때, 그녀가 왜 자신에 대한 성폭행을 하나님에 대한 폭력으로 비유해서 말했는지 이해가 된다. 성폭행 사건이 발생한 후 시간이 좀 흘러, 한나는 여러 명의 신부들이 나누어 준 말들에 큰 위로가 되고 있음을 알았다. 그들은 모두 한나에게 "당신은 반드시 완벽해질 필요는 없다."라고 말했던 것이다. 한나가 그들의 말을 실천하기 위해서는 "너무나 많은 것들을 심각하게만 생각하지 말고 일단 하나하나 조절해 갈 수 있는" 능력을 필요로 했던 것이다.

장래에 있을 친밀한 관계성에 미치는 부정적인 영향들

한나는 예전에 그랬듯이 지금도 신앙을 굳세게 붙들고 있다고 느끼는 한편, 여전히 성폭행으로 인한 해로운 일들을 경험했다. 성폭행을 당하기 전에 한나는 상대방과 동의 하에 성관계를 가졌었다. 그녀는 이러한 관계들을 즐겼다. 그러나 그러한 성적인 즐거움에 대한 그녀의 태도가 성폭행 후에 변하기 시작한 것이다.

성폭행을 당한 후에, 나는 특히 섹스에 대해서 커다란 전환점을 갖게 되었다. 성폭행을 당하기 전에는 나는 성적으로 적극적이었지만, 지금은 남자친구를 사귈 때 이 사람이 내가 당했던 성폭행에 대해서 말을 해도 괜찮은 사람인지 아닌지를 먼저 판단하게 되었다. 이 이슈는 많은 사람에게 쉽게 말할 수 있는 성질의 것이 아니다. 만일에 성폭행이 서로의 관계에 문제의 소지가 될 수 있을 것 같다고 판단되면, 나는 그들에게 성폭행을 받아들일 수 없는 사람들은 뿌리째 뽑아버려야 한다고 주저없이 말한다.

사실 한나가 성폭행을 당한 이야기는 그녀와 다른 사람들과의 관계가 적합한지 아닌지를 시험해 주는 시금석인 셈이다. 한나가 나와 인터뷰 한 시점까지 그 시험을 통과한 사람은 단 한 명도 없었다.

"그것은 그다지 큰 일이 아니야!" 와 "우연한 사고(incident)가 아니다!" 사이에서

인터뷰를 하는 동안에 한나는 그녀의 경험을 극소화시키려는 것처럼 보이는 말을 종종 했다. 그녀는 다음과 같이 말했다.

그것은 단지 일어난 하나의 사건일 뿐이다. 나는 내 삶을 통해서 많은 일들을 만났었다. 이것도 단지 다른 일과 같이 발생한 것뿐이다. … 괜찮아질 것이다.

    그녀의 말을 들으면서 내가 처음에 내린 평가는 그녀가 이 상황의 커다란 심각성을 너무 극소화시키고 있다는 것이었다. 이러한 한나의 태도는 급성이나 재조직단계에서 성폭행의 생존자들이 보이는 일반적인 현상이다. 한나의 이야기를 들으면 들을수록, 나는 소위 말하는 이러한 극소화 현상이 폭력에 대처하고 그 안에서 뭔가 의미를 찾으려는 그녀의 독특한 방법인 것인지 매우 의아스러웠다. 일반적으로 말해서, 극소화는 자기에게 발생한 것에 대한 거부장치(denial mechanism)가 될 수 있다. 즉 "뭐 그렇게 염려할 것까지는 없어!"라고 말하는 것이다. 한나는 자기의 상황을 극소화시키려고 하는 것인가, 아니면 성폭행을 이해하려고 노력하는 것일까?

    비록 내가 그녀의 치유과정 속에 나타난 극소화 현상에 대해서 염려하고 있기는 하지만, 다행스러운 것은 한나는 성폭행 그 자체의 파괴성에 대해서만큼은 아주 분명하게 인식하고 있었다. 적어도 이것만큼은 극소화시키지 않고 있음을 나는 알고 있었다. 자기가 경험한 성폭행을 언급하기 위해서 내가 어떤 단어를 사용하기를 원하느냐고 물었을 때, 그녀는 이렇게 말했다.

성폭행을 단지 '우연한 사고(incident)'라고 부르지 마세요. 그 외 다른 것들은 뭐 괜찮아요. 우리 학교에 성폭행을 사고라고 부르던 간호사가 있었어요. 사고는 누군가가 과속에 걸려서 차를 길가에 세워야 할 때 사용하는 말일 수는 있어요. 그러나 성폭행은 사고가 아니에요.

한나가 전문종교인들에게 주는 제안들

한나는 전문종교인들이 성폭행의 생존자들을 위해서 해야만 할 일
과 해서는 안 될 일들에 대해서 말하고 싶어 했다. 비록 그녀가 목회자
들이 반드시 해야만 하는 것으로 생각하고 있는 사항들에 대해서 분
명하게 언급하고 있지만, 이러한 제안들이 그녀가 자신의 목회자에게
원했던 것과 반드시 일치되는 것은 아니다.

(1) 한나는 껴안는다거나 만지는 것에 대해서 분명한 의견을 가지고 있었
   다. 한나에게 성폭행의 생존자들에게 성직자가 어떻게 반응해야 하는
   지에 대해서 직접적으로 물어보았을 때, 한나는 언젠가 한 신부님이
   "만일 당신이 어떻게 해야 할지 모를 때는 어려움에 빠진 사람을 그냥
   안아 주이라."라고 말했넌 것을 인용했다. 내가 "안아 주라는 그 신부
   님의 말이 당신에게 도움이 되었느냐?"고 물어보자 그녀는 강한 어조
   로 "아니요!"라고 답했다. 분명히 그녀는 대부분의 사람과의 피부접촉
   을 원하지 않았으며 심지어 성폭행당한 후 일 년이 지나도록 이러한
   느낌은 계속되었다.

(2) 단순하게 생각하는 것이 최상일 수 있다. 생존자를 믿으라.

(3) 성폭행을 너무 과소평가 하지 말라.

(4) 하나님이나 하나님의 사랑에 대하여 말하지 말라. 어떤 사람이 자기

자신조차 믿을 수 없을 때, 누군가가 자기를 사랑한다는 말을 믿어야 한다는 것은 매우 어려운 일이다. 한나는 전문종교인들은 종종 자신들의 필요로 인해서 "예수님은 당신을 사랑합니다."라는 말을 그냥 툭 던지곤 하는 것을 느꼈다.

(5) 한나는 꽤 오랫동안 성폭행이 발생한 것에 대해서 자기 자신을 탓했는데 그녀가 잘못이 없다는 것을 알 필요가 있었다.

(6) 한나는 재판과정에서 그녀가 느꼈던 외로움에 대해서 곤혹스럽다는 생각이 들었다. 그녀는 사람들이 자신에게 무슨 일이 벌어지고 있는지에 대해서 사람들이 알기를 원하지 않았기 때문에 재판이 생각보다도 훨씬 더 힘들었다. 그녀는 혼자 비행기를 타고 이곳까지 왔으며 재판 내내 부모님이나 친구들조차 없이 혼자 앉아 있었고, 그 모든 과정 내내 혼자 무서움 속에서 지내야 했다. 그녀가 그날의 '승리'를 회고할 때마다 한나는 자신의 외로운 생존을 자기가 소유한 강함의 증표로 간주했다. 그녀는 외로움에 대해서 슬픔을 느꼈지만 동시에 그녀 혼자의 힘으로 재판에서 살아 남았으며 또한 이겼다는 긍지와 새로운 힘을 가질 수 있었다.

(7) 한나는 완벽해질 필요가 없다는 신부님들의 말에 큰 위로를 받았다.

(8) 한나는 그녀가 만났던 일반 상담가들에 대해서 매우 긍정적으로 말했다. 중요한 시점에서 상담가는 그녀에게는 유일한 지지자였다. 한나는 그녀의 상담사와 성직자와의 사이에 큰 구분을 두지 않았다.

한나는 같은 아파트에 사는 친구에 의해서 성폭행을 당했다. 그녀가 잃어버린 것들은 매우 깊은 의미를 지닌 것들이었다. 스티브를 고소할 수 있었던 그녀의 용기와 법정에서의 승리는 그녀의 목소리에 힘을 실어 주었으며 그녀의 공동체를 위하여 뭔가 기여할 수 있도록 해 주었다. 한나는 자신은 아는 사람에 의한 성폭행으로부터 생존했을뿐더러 치유과정을 통하여 자기 자신에 대해서 더 잘 알 수 있게 되었다.

2. 데브라(Debra)

"디나와 다말 사건 이제 더 이상 그만!"

데브라는 남서부에 거주하며 일하고 있는 46살의 흑인여성이다. 데브라는 중서부의 도시에서 태어나 어머니와 삼촌과 숙모의 사랑을 받았으며, 흑인선교친례교회를 중심으로 서로가 매우 친밀한 사이를 유지했던 마을에서 자라났다. 그녀는 교회를 중심으로 한 여러 가지 과외활동에 거의 모든 시간을 보냈는데, 한때는 인근 지역에 있는 각 흑인 교회의 성가대원들 중에서 뽑힌 사람들로 구성된 성가대의 대원으로 참여하기도 했었다. 데브라는 이러한 활동을 통해서 소속감을 느끼기도 하면서도 동시에 이런저런 행사가 많은 교회공동체에 둘러싸여 있다는 느낌을 받기도 했다고 말했다. 아무튼 인종차별이 매우 심했던 1960년대 말에 성인기로 접어들었던 데브라는 흑인공동체 속에서 이웃 간의 유대감을 통해 안전함을 느낄 수 있었다.

내가 자랄 때 우리는 서로를 지켜보았다. 나는 친구들 중에서 가장 어렸기 때문에 모든 사람들의 관심의 대상이었다.

그녀가 속해 있었던 조그마한 흑인공동체에서는 거의 어떠한 비밀도 없었다. 위에서 말한 대로 그녀는 자신의 공동체 안에서 안전함을 느꼈다. 그녀가 다닌 학교는 학생들이 백인 일색이었지만 그녀는 흑인공동체와의 강한 유대감으로 인해 위험하다고는 느끼지 않으며 성장했던 것이다.

성폭행과 즉각적인 반응들

데브라는 17살과 18살 때 각각 그녀의 첫 번째 남성친구에게 성폭행을 당했다. 그녀는 그를 믿었다. "그는 매우 살결이 검었는데 웃는 모습이 너무 귀여웠었다." 마을은 매우 작았기 때문에 그가 나 말고 다른 아이와 데이트하고 있다는 사실을 모든 사람들이 알고 있었다. 데브라와 그는 자주 만나곤 했지만 그녀의 엄마는 그와의 데이트를 좋아하지 않았기 때문에 데브라와 그녀의 남자친구는 마치 서로 사귀지 않는 사이인 것처럼 행동했다.

그가 데브라를 처음 성폭행한 것은 몰래 데이트를 하던 날이었다. 그날따라 이상하게도 그가 그녀를 난생 처음 보던 곳으로 데리고 갔기 때문에 데브라는 뭔가 좀 이상하다고 생각은 하고 있었다. 그는 데브라의 차 안에서 그녀를 성폭행했는데, 그 이유는 데브라가 다른 젊은 아이들하고 성관계를 적극적으로 하고 있다고 그는 오해하고 있었기 때문이다. 이 사실이 그를 매우 화나게 만들었던 것이다. 그는 데브라가 처녀라는 사실을 믿지 않았다. 그녀가 아무리 그를 설득하려 해도 그는 육체적으로 그녀를 위협하기 시작했다. 이러한 행동은 도저히 상상할 수도 없는 일이라서 그녀를 더욱 혼란스럽게 했다. 그는 그녀를 성폭행하는 동안에 계속해서 "기분이 좋지 않아?"라고 물으면서 대답을 요구했다. 이윽고 그녀의 처녀막이 터져 피가 나오자 그는 마침내 데브라가 말한 사실을 믿게 되었다.

그날 저녁에 데브라는 차 안에서 엉엉 울면서 여자친구와 함께 있었다. 데브라는 자기의 친구에게조차도 강제로 성관계를 하게 되었다는 것을 밝히지 않았다. 그녀는 무려 성폭행당하고 일 년이 될 때까지도 아무에게 그 사실을 말하지 않았던 것이다. 심지어 가족과 친구들에게조차 말하지 않았는데 데브라는 자기 자신을 보호하기 위해서였다고 말했다. "이 사실은 누구에게도 그리 즐거운 일이 아니기에 가만히 있는 것이 안전하다고 생각했다." 데브라의 입장에서 침묵을 지키는 것은 성폭행에 대해서 예민하게 반응하지 않는 것을 의미했다. 그녀는 단지 아무도 이 사실을 알지 못하도록 평정을 유지하려고만 애쓸 뿐이었다.

성폭행을 당한 후 일주일 동안 그녀는 초조한 마음으로 생리기간을 기다렸다. 당연히도 그녀는 임신을 원하지 않았고 생리기간이 다가왔을 때 그녀는 안도의 한숨을 내쉬었다. 다행히도 임신을 하지 않았는데, 이것은 어떻게 해서 임신을 하게 되었는지를 일일이 설명하지 않아도 된다는 것을 의미했다. 성폭행을 당한 후에 데브라는 마치 아무 일도 없었던 것처럼 행동했다. 즉 예전처럼 다른 젊은 남자들의 집에서 어울렸으며 형제자매들하고도 잘 지냈다. 그녀는 아무것도 변하지 않도록 하기 위해서 극단적인 행동과 반응을 보였다. "나는 아무도 내가 성폭행당한 사실을 알기 원하지 않았어요."라고 그녀는 말했다. 만일에 사람들이 알게 되면 모든 것들이 엉망진창으로 변할 것이라는 것을 두려워하고 있었다. 그녀는 자기가 살고 있던 집이나 마을을 떠나지 않는 한, 이러한 변화가 자신에게 커다란 불편과 어려움을 줄 것이라고 믿고 있었다.

성폭행 후에 그러한 곤혹스러운 감정들을 겪으면서도 그녀는 어머니나 숙모에게도 말하지 않았다. 그녀가 그저 혼자 비밀을 간직하고자 했던 것은 발생할지도 모를 불미스러운 일들을 피하려는 의도에서 나온 것이었다. 그러나 영원히 감출 수 있는 비밀이 있을까? 그녀의 가족이나 친구들은 데브라가 어딘지 변했다는 것을 느꼈으며 도대체 무슨 일이 있었는지 의아해했다. 그럼에도 불구하고 그녀는 끝까지 그들에게 자신이 성폭행당한 사실을 말하지 않았다. 그녀는 자신의 가족에게 말하면 온 마을 사람들도 곧 알게 되리라고 생각했던 것이다. 공동체가 너무 작았기 때문에 일단 소식이 알려지면 퍼지는 것은 시간문제였다. 그녀는 만일 공동체와 그녀의 가족이 알게 되면 자기는 물론이고 그들도 역시 큰 피해를 보게 될 것을 두려워했다.

나는 이 비밀을 지키고 있어야만 했다. 다른 말로 말하면, 나는 모든 사람들을 보호해야만 했다. 나는 누구도 이 일로 인해 걱정하기를 원하지 않았으며, 따라서 혼자 남고 싶지 않았다. 나는 나를 성폭행한 이 남성을 사랑했고 좋은 관계를 유지하고 있었다. 나는 또한 그의 가족들하고도 가까웠다. 우리 동네는 물론이고 인근 동네에 사는 사람들도 서로가 거의 알고 지내는 사이였다. 우리는 모두 흑인이었고 서로가 뭉쳐 있었으며 잘 알고 있었다. 만일 내가 성폭행 사실을 털어 놓으면 이런 모든 것들이 깨져 버릴 것이다. 만일 끝까지 이 비밀을 붙들고 있지 못한다면 모든 것들이 사라져 버릴 것이다. 그러므로 나는 이 모든 것을 붙잡고 있었던 것이다. 나는 내가 알고 있는 세계가 무너지도록 내버려 둘 수 없었다. 따라서 무엇을 해야 하건 간에 심지어 성폭행을 당한 후에도 나는 같은 역할을 충실하게 해야만 했다.

불행히도 일 년 후에 데브라는 같은 남성에게 다시 성폭행을 당했다. 그녀는 첫 번째 성폭행에 대해서 아무에게도 말하지 않고 마치 아무 일도 없었던 것처럼 모든 것이 잘 되어 가는 것처럼 보이기 위해서 계속 노력했다.

두 번째 성폭행을 당했을 때 우리는 공원에 갔었다. 나는 그가 왜 나를 또 성폭행했는지 도무지 알 수가 없었다. … 내가 숫처녀였다는 사실 때문에 … 혹은 그가 나를 성폭행했다는 것 때문에 정신이 돌아 버려서 … 아무튼 나는 두 번째 당한 성폭행에 대한 이유를 알 수 없었다.

두 번째 성폭행은 그녀가 자신을 더욱 자책하도록 만들었기 때문에 대처해 나가기가 더욱 힘들었다. 그녀는 성폭행을 불러일으킬 만한 어떤 의심스런 단서도 없었기 때문에 그녀는 그와의 '일상적인' 행동이 성폭행을 불러일으킨 것은 아닌가 생각했다.

장기간에 걸친 치유

두 번에 걸쳐 성폭행을 당한 후 오랫동안 데브라는 어떻게 하면 남들이 자신을 믿게끔 만드느냐가 자신의 가장 커다란 관심사였음을 알게 되었다. 그러나 사실 성폭행은 그녀 자신의 자아관에 짙은 어두움을 드리어지게 했으며 지금 그녀는 그것을 치료하기 위해 무진장 애를 쓰고 있다. 예전보다 훨씬 말이 없어졌으며 진지해졌다. 그 이유는 오직 '진지'해지는 것이 상대방에게 믿을 만하다는 인상을 주기 때문이었다.

그녀는 엄숙하고 신중한 태도를 보이기 위해서 남에게 비교적 관대했었던 자신의 태도를 바꾸었다. 즉 그녀는 그 누구도 쉽게 그녀에게 질문하지 못하도록 처신했다. 절대로 얼굴에 미소를 띠지 않았다. 잘못된 행동은 사람들로 하여금 자신을 믿지 못하는 이유를 제공하기 때문이었다. 그녀는 절대로 허튼 행동을 하지 않기 위하여 무진장 노력했다. 데브라의 완벽주의적인 태도는 성폭행으로 인한 자신의 감정을 숨길 수 있도록 조절 혹은 통제를 해 주었다.

통제는 데브라에게 중심적인 삶의 주제였다. 그녀는 어떤 것이든 모든 것을 자신의 통제 아래에 두려고 했다. 자신의 제어 밖에 있는 것은 위험을 초래하는 것이었다. 어떤 일이든 통제 안에 있지 않으면 나쁜 일들이 발생했다. 백인 중심의 인종차별주의가 생명을 앗아갈 정도로 치명적인 시절과 장소에서, 흑인공동체 안에서 통제를 유지하는 것은 죽느냐 사느냐의 문제였다. 데브라에게 좁은 의미에서의 대인간 통제는 바로 이러한 보다 넓은 실존적인 차원과 직접적인 연관이 있는 것이다.

그녀는 자신의 삶을 통제하지 않았다면 모든 것들이 무너져 버려 위험을 초래하며, 심지어는 죽음까지도 가지고 올 것이라고 말했다. 극히 개인적인 차원에 인종차별주의 같은 사회문화적인 이슈들을 적용하는 것은 너무 극단적일지도 모른다. 그러나 그 당시의 사회적인 현실과 시대상에 비추어 볼 때 이러한 극단적인 경계심은 생존을 위해서는 매우 중요한 것이었을 것이다.

데브라는 20년 이상 자신이 성폭행당한 사실을 그 누구에게도 말하지 않았다. 그러나 그녀가 상담자나 친구와 그녀가 출석하는 교회 목회자들에게 이 사실을 말하기 시작했을 때, 그녀는 성폭행과 그에 대해서 어떻게 대응할지에 대한 도움을 얻을 수 있었다. 자신의 이야기를 서서히 말하다 보니 그녀는 사람들에게 보다 솔직하게 말하는 데 편안함을 느끼게 되었다. 과거와 달리 지금 그녀는 사람들에게 자신의 이야기를 나눌 수 있는 두 가지 이유를 가지고 있다.

우선 첫째로 그녀는 자신과 비슷한 문제에 직면하고 있는 젊은 소녀들을 도와주고 싶었으며, 다른 하나는 상대방이 얼마나 믿을 만한가를 시험하기 위한 하나의 방법으로 자신의 이야기를 사용하려는 것이었다. "당신은 당신의 이야기를 듣는 상대방이 그 이야기에 얼마나 함께 할 수 있는지를 알아야만 한다. 만일 그들이 성폭행의 이야기를 감당할 수 있다면 그들은 나를 잘 도울 수 있을 것이다."

마침내 데브라가 그녀의 이야기를 건설적인 방법으로 사용하는 방법을 찾았음에도 불구하고, 성폭행을 당한 기억은 여전히 그녀의 삶에 뼈저리게 아픈 결과를 안겨다 주었다. 그녀는 자신을 성폭행했던 그 젊은 남자를 사랑했었다. 그러나 성폭행 사건 이후로 그와의 모든 친밀했던 관계들이 부정적인 방향으로 흘러갔다. 그녀는 자기에게 벌어지고 있었던 상황 전체에 대해 매우 혼란스러워 했다.

나는 심지어 그가 나를 성폭행한 후에도 그에 대해서 꽤 오랫동안 좋은 감정을 가지고 있었다. 나는 그에게 전화했지만 그는 나와 이야기를 나누려고 하지 않았으며, 그러한 그의 태도는 나를 초라하게 만들었으며 화가 나게 했다.

데브라가 그를 마지막으로 본 것은 그의 아버지를 위한 파티를 열 때였다. 당시 그녀는 그에게 매우 화가 나 있었기 때문에 그를 '유혹'하려고까지 했다고 말했다. 그녀는 아주 오랜 시간이 흐른 뒤에야 자신의 행동을 이해하기 시작했다. 그녀는 그에게 화가 나 있었고 그가 자기를 이용했듯이 그를 이용해서 복수하고자 했던 것이다.

첫 번째 성폭행 후에 그는 계속해서 그녀에게 "좋았어?"라고 물었다. 그 이후로 그녀는 성관계를 가질 때면 자신의 파트너에게 어땠느냐고 물어보곤 하는 자신을 발견하였다. 데브라는 그러한 질문들이 성폭행당한 기억과 관련이 있다고 믿었다.

나는 섹스를 잘해야 한다는 생각으로 나의 마음이 꽉 차 있었다고 생각한다. 나는 해야 할 일을 잘 해내야만 했다. 섹스는 항상 나에게는 연기였다. 전혀 즐거움과는 거리가 먼 행위였다. 그것은 칼날의 양면과도 같았다. 만일 내가 연기를 잘 하지 못하면 내가 상처를 입거나 또는 그들이 나를 사랑하지 않는 것 두 가지 중의 하나였다. 따라서 섹스는 일종의 연기였던 것이다.

성폭행을 당한 후 그녀는 섹스를 하고 싶지 않았다. 상대방과 동의하에서 했던 첫 번째 섹스에서 그녀는 아무것도 느끼지 못했다. 그녀는 그것을 '더러움'으로 기억하고 있었다. 데브라는 다른 남자들과 지속적인 애인관계를 형성하지 못했는데 그녀는 이것을 성폭행 탓이라고 믿었다.

성폭행 사건 이후로, 데브라는 검은 피부를 가진 남자들에게 강한 부정적인 인상을 가지게 되었다. 그 이유는 그들의 피부 색깔이 바로 자신을 성폭행했던 그 남자를 떠오르게 했기 때문이다. 이러한 피부색에 대한 이슈는 이미 흑인사회 안에서 민감한 현안이기 때문에 그녀에게 매우 복잡한 갈등을 일으켰다.

흑인사회에서는 피부색에 대한 편견을 가지고 있다. 나는 보다 하얀 색을 띠는 흑인을 좋아한다. 나를 성폭행한 남성이 매우 진한 검은색이었기 때문이다. 그리고 당신이 더 검으면 검을수록 나는 당신에게 더 많은 두려움을 느낀다. 이러한 현상은 성폭행을 당하기 전에는 없었던 일이다. 엄마나 숙모 모두 검은 사람이다. 삼촌과 아버지는 그렇지 않다. 엄마는 나에게, "더 검은 것은 베리(berry)이고, 더 단 것은 쥬스란다."라고 말했다. 그러나 나는 생각했다. "엄마는 내가 가진 블랙베리를 몰라요." 블랙베리인 그에게 달콤한 것이라고는 조금도 없었다.

분노, 복수, 그리고 용서
성폭행을 당한 후 수년 동안 데브라는 화가 치밀어 올랐으며 복수

를 해야겠다는 생각을 갖게 되었다. 처음에 그녀는 자신이 그의 노리
갯감으로 이용당했듯이 그를 이용하기 위해서 자신을 성폭행한 그 남
성을 유혹하려고 했다. 이것이 잘 먹혀 들어가지 않자 그녀는 자기 자
신에 대해서 더 비참하다는 생각이 들었다. 상황을 통제하기 위해서
데브라는 분노를 자기 마음 안으로 내재화시켰다. 즉 분노를 속으로
꾹꾹 쑤셔 집어넣었던 것이다. 데브라는 자신의 분노의 존재와 힘을 설
명하기 위하여 세 가지 강력한 이미지를 사용했다.

> 분노는 항상 내 주변시야처럼 … 지독한 스토커처럼 … 항상 거기에
> 있는 구름과도 같았다. 분노를 없앤다는 것은 다름 아닌 내 눈을 가
> 로막는 주변 시야가 깨끗해진다는 것을 의미한다.

치유의 과정을 시작하기 위해서 데브라는 먼저 그녀 안에 존재하
는 분노를 디스켜야만 했다. 그것은 단지 분노가 스스로 사라지게끔
하는 차원이 아닌 분노 자체를 없애는 적극적인 과정이어야만 했다. 그
녀는 주변 시야나 스토커나 구름들을 단지 그들이 하고자 하는 대로
내버려 두어서는 안 되는 것이다. 분노를 초월해서 나아간다는 말은
나의 모든 행동들을 스스로가 통제하려고 하는 집착을 내려놓아야 함
을 의미한다. 그것은 또한 "내 안에 일부분은 잘하지 못하고 선하지도
않다는 것을 드러낼 수 있는 존재가 되는 것"이다.

데브라는 그녀 자신, 심지어는 그녀 영혼의 일부가 분노로 오염되

었다고 느꼈다. 이러한 감정은 그녀로 하여금 죄책감에 빠지게 했다. 그녀 안에 꿈틀거리고 있는 분노를 말하는 과정을 통하여 데브라는 자신이 매우 상처받기 쉬운 존재라는 사실을 깨달았다. 그녀는 아직도 적극적으로 분노를 극복하기 위해서 노력하고 있는 중이다.

한편 데브라는 분노에서부터 자유하게 된 후 그 다음에는 용서의 단계로 나아가야 한다는 것을 이해하고 있었다. 이러한 과정 중에 있는 다른 성폭행의 생존자들과는 달리 데브라는 성폭행에 대한 분노를 지니며 거의 30년을 살아왔다. 이런 의미에서 용서는 그녀가 자유함을 누리기 위해서 반드시 거쳐야만 되는 매우 중요한 근원이었다. 그것은 그녀가 반드시 해야만 하는 과제였다. 그러나 쉽사리 해내지는 못했다. 성장하면서 용서라는 것을 거의 경험한 적이 없었기 때문에 인내를 발휘하며 훈련을 거치는 과정 속에서 많은 갈등을 겪기도 했다. 용서라는 단어는 그녀의 매일매일의 삶 속에서 매우 드문 말이었던 것이다.

성폭행을 당한 지 몇 해가 지난 후, 그녀가 출석하는 목사님이 '용서'라는 말을 그녀에게 들려주었다. 그녀는 목사님이 용서라는 말을 들려준 것에 대해서 매우 고마움을 느꼈다. 그녀는 복수해야겠다는 집념에 너무 심하게 사로잡혀 살아온 나머지 마치 감옥에 갇혀 사는 것처럼 느끼며 살았던 것이다.

용서는 당신이 감옥에 갇혀 사는 것과 같은 느낌에서 해방되는 것과 깊은 연관이 있다. 당신은 다른 사람들을 위해서 감옥을 만들었다

고 생각할는지 모르겠지만, 그러나 눈을 들고 살펴보아라. … 그 안에
는 바로 당신 한 사람밖에 없다는 씁쓸한 사실을 발견할 수 있을 것
이다.

데브라의 분노와 복수에 대한 집념은 너무도 많은 것을 소모해 탈
진하게 만들었다. 그녀는 하루 속히 그러한 깊은 늪으로부터 빠져나와
야만 했다. 그럼에도 불구하고 그것들과 화해하고 용서의 필요성을 절
실히 느끼는 작업은 데브라에게는 매우 어려운 일이었다.

치유하는 과정 중 어느 순간에 데브라는 자신이 하나님에게 화를
내고 있다는 것을 깨닫게 되었다. 그녀는 하나님을 두려워하며 자랐
다. 그녀는 하나님께서 자기가 언제 나쁜 일을 했는지 알고 있으며, 하
나님은 나쁜 아이를 좋아하지 않는다고 믿었다.(그녀의 엄마와 숙모가 말한
것처럼.) "하나님은 내가 당한 성폭행 장소 그 어디에도 나와 함께 계시
지 않았다. 하나님께서는 나른 곳에 계신다고 추측했다." 데브라는 이
로 인해 하나님께 화가 난 것이었다. 하나님을 향한 분노는 그녀의 감
정을 더 속으로만 가두어 두게 했는데, 역설적으로 이러한 경험들이
나중에 다른 사람들을 돕는 데 유용하게 사용되었다.

나는 내가 갇혀 있었던 함정에 그 누구도 빠지기를 원하지 않는다. 당
신은 하나님을 향해 화를 낼 수도 있다. 그러나 화를 내는 그 순간에
도 당신이 무엇 때문에 화가 났는지 하나님께 말씀드려라. 어느 순간

이든지 당신 안에 억눌려 있는 분노라는 감정들을 다루어야 할 때가
올 것이다.

처녀성, 슬픔, 그리고 자유함

데브라의 성폭행으로부터 회복을 위해서 반드시 다루어야 할 부분
은 분노와 함께 바로 슬픔이었는데, 그녀가 슬퍼한 것들 중의 하나는
처녀성의 상실 때문이었다.

나는 나의 처녀성을 줄 사람을 선택할 기회를 갖지 못했다. 기회가 날
아가 버린 것이다. … 우리가 가진 것을 빼앗길 경우 우리는 슬퍼할
자격이 있다. 나는 다시는 처녀성을 되찾을 수 없다. 나는 절대로 남
편이 될 사람에게 나의 처녀성을 처음 경험하게 해 줄 수 없게 된 것
이다. 전혀 그럴 기회를 갖지 못하게 되었다. 그 이유가 어찌되었든지
간에 누군가의 선택으로 인해 나에게서 빼앗아 간 것이다. 나는 선택
권을 가지고 있었고, 언젠가 나 스스로가 그 선택을 결정할 수 있었어
야 했다.

슬픔은 데브라에게는 상실의 표시 이상의 훨씬 더 깊은 의미가 있
다. 그것은 그녀가 가치 있다는 것을 인식하도록 해 주는 것이었다.

우리가 슬퍼할 만한 가치가 있는 뭔가를 가지고 있다는 것을 주장하

는 것은 중요하다. 외상을 경험하고 있는 것에 상관없이 그러한 주장은 슬퍼하기 위한 시발점이다. 아픔과 슬픔을 느끼는 것은 단지 그 자리에 머물러 있을 수 있는 장소로서의 역할이 아니라, 우리가 앞으로 나아가도록 용기를 주는 그런 장소이다. … 내가 가치 있는 사람임을 깨닫는 것은 매우 중요하다. 우리가 서로에게 줄 수 있는 최고의 선물 중 하나는 상대방에게 가치를 부여하는 것이다. 슬픔은 당신이 그러한 일을 할 수 있도록 도와준다.

데브라는 한걸음 더 앞으로 나아가 슬픔이 그녀를 자유함으로 이끈다는 것을 믿었다. 그러므로 그녀는 우리가 다른 사람이 슬퍼할 수 있도록 도와주어야 할뿐더러, 그렇게 하도록 가르쳐야 한다고 제안한다. "슬픔을 가르치는 것은 필요하다. 만일 당신이 슬퍼할 수 없다면 자유를 경험할 수 없다." 데브라는 자신의 슬픔 속에서 목사님이 도움을 주었다는 것을 알었다.

일단 데브라가 성폭행을 둘러싼 감정적이고 영적인 문제들을 목사님과 함께 다루기 시작했을 때, 그녀는 뭔가 그녀의 감정이 텅빈 것과 같이 깨끗해지는 것을 경험했다. 처음에 이같이 텅빈 현상은 그녀에게 우울함과 불편함을 가져다주었다. 데브라에게 치유는 너무도 오랫동안 억누르고 있었던 감정들을 정화하는 것과 그러한 억눌린 감정들을 생명을 주는 느낌들로 대체하는 것이었다.

치유는 곤경에 처한 사람들이 앞으로 나아갈 수 있도록 도움을 주는 것과 함께 당신을 도와주고 방해하지 않는 좋은 것들을 주는 것을 필요로 한다. 나는 개인적으로 성폭행과 관련이 있는 모든 것들을 제거하는 과정에서 텅빈 것과 같은 느낌을 받았다. 나는 너무도 텅빈 나 자신을 보았기 때문에 우울에 빠지기도 했었다. … 나는 그 텅빈 곳에 무엇을 채워야 할지에 대한 나의 선택을 신뢰해야만 했다. 바로 그러한 것들이 내가 분노를 깨 부순 후 처음 느낀 텅빈 순간의 경험이었다. 나는 그 순간에 절망적으로 빈 공간에다 무엇이든지 좋은 것이든 나쁜 것이든 집어넣으려고 했었다.

디나와 다말 이야기에서 배우는 치유

데브라는 성경 이야기 속에서 뭔가 생명을 주는 교훈을 발견했다. 디나[3]와 다말[4]은 두 명 다 생존자였기에 데브라에게 매우 중요한 인물이 되었다.

현재까지 디나는 치유받지 못했다. 그녀는 단지 다윗 왕의 딸인 다말이 사라져 버린 것과 매우 흡사하게 그저 사라져 버렸다. 그 후 이야기에 대해서는 알지 못한다. 그러므로 우리는 여전히 그들이 당면했던 문제를 풀기 위해서 여기에 남겨진 것이다. 그것은 마치 조상들에게 물려받은 유산과도 같은 것이다. 좋은 전설의 이야기는 아니지만 우리가 끝맺어야 하는 이야기인 셈이다.

데브라는 그녀의 치유의 작업을 유산이라고 여겼으며, 디나와 다말이 그녀에게 준 것을 다시 되돌려 줄 수 있는 기회라고 생각했다. 디나와 다말은 자기들의 이야기를 말하는 한편, 성폭행을 당한 후에도 자신들은 살아 남았고 번창했음을 말할 수 있는 기회를 전혀 갖지 못했다. 데브라는 살아 남아서 자신의 이야기를 알림으로써 디나와 다말의 마치지 못한 일을 끝마치기를 원했다.

"폭풍이 지나가도록 하라"

은유는 격렬한 경험을 묘사하는 데 강력한 수단이다. 데브라는 성난 파도라는 이미지를 사용하여 자신이 당한 성폭행과 오랫동안의 회복과정을 표현했다.

내 삶을 엉망으로 만들었던 것은 바로 그날 밤 거세게 몰아붙였던 폭풍이었다. 그렇다. … 그것은 항상 폭풍이었디. 나 혼사 그 거대한 폭풍을 가라앉히기 위하여 싸우고 또 싸웠다. 모든 조각조각들을 다시 순서대로 원위치로 돌리려고 노력하면서 내 몸은 땀으로 온통 뒤집어 썼다. 치유는 여전히 폭풍으로부터 안전할 수 있는 곳에서 나의 공간을 발견하고자 노력하는 것과 같다. 폭풍는 영원토록 지속되지는 않는다.

성폭행은 그녀의 삶을 산산조각으로 만들었던 폭풍의 시작이었다.

성폭행을 당한 바로 직후, 폭풍이 "몇 주 동안 지옥에 있는 것처럼 거세게 불어닥쳤다."라고 데브라는 설명했다. 그녀가 자기의 내면에 불고 있는 엄청난 폭풍을 통제하려고 노력했지만 상황들은 잘못되어 갔다. 성폭행을 당한 사실을 아무에게도 말하지 않은 것은 폭풍을 잠재우기 위한 그녀 나름대로의 시도였던 것이다. 그러나 결국 그러한 시도는 실패하고야 말았다.

폭풍을 조절하기 위해서 아무리 노력해도 전혀 소용이 없었다. 그것을 다스리기 위해서 정말 너무도 바빴지만 결국 성공하지 못했다. 성폭행은 폭풍의 파괴적인 하나의 파편이었으며 20년 이상 그 폭풍을 잠재우기 위해 노력했다. … 당신은 도망갈 수 없다. 도망가려고 하면 할수록 상황은 더 악화만 되어 갔다. 당신은 그것을 붙잡을 수 없다. 오히려 당신이 붙잡힐 만큼 힘겨운 것이다.

그녀는 거세게 이리저리 부는 폭풍을 막을 수 있다고 생각했던 자신을 믿기가 어려웠다. 이제 그녀는 자신의 역할은 다른 사람과 함께 그들이 겪는 폭풍 가운데 함께 있는 것이며 폭풍 너머에 안전한 장소가 있다는 사실을 그들이 알도록 도와주는 것이라 여기고 있다. 데브라는 폭풍 한 가운데 있을 때 "선한 것이 이런 어려움 가운데 나오는 것이다."라는 위로의 말을 들어보지 못했음을 기억하고 있다. 그러나 이제 그녀는 자신의 갈등 속에서 의미를 발견할 수 있었다. 그럼에도 불구하고 그녀가 분명히 알고 있는 것은 그 누구에게도 그러한 사실을 깨달을 수 있도록 강요할 수는 없다는 사실이다.

전문종교인들을 위해서 데브라가 주는 제안들

데브라는 오랫동안 그녀가 당한 성폭행과 깨어짐, 그리고 그녀의 치유과정에서 자신을 도와주려고 했던 사람들의 역할에 대해서 깊이 생각하였다. 데브라는 신앙공동체나 목회자들과 강한 유대관계를 가져왔기 때문에 내가 전문종교인들이 성폭행의 생존자들을 위해서 할 수 있는 역할에 대한 질문을 던지자 많은 것들을 제시할 수 있었다.

(1) 목회자들은 그들의 한계를 알 필요가 있다. 데브라에게 목회자가 도움이 되는지 안 되는지의 여부는 교회의 다른 교인들로부터 받는 지지, 교인들이 가지고 있는 성폭행에 대한 정보, 자신들의 한계를 인정하려는 교인들의 마음가짐, 그리고 다른 지역사회에서 도움을 구할 수 있는 연결점의 여부 등에 의해서 결정된다. 데브라에게 자기의 문제를 더 잘 도와줄 수 있는 다른 기관과의 연계는 매우 중요한 사항이었다.

(2) 목회자들은 "성폭행을 당한 사람이 겪는 힘겨운 상황으로 기꺼이 들어와서 그들의 이야기를 들을 수 있는 준비"가 되어 있어야 한다. 그러기 위해서 목회자들은 진정한 마음으로 하나님께 열려 있을 필요가 있다. "나는 어떤 성폭행을 당한 이야기들은 정말 참기 어려운 것임을 알고 있다. 그러나 만일 목회자들이 그들 자신이 성경을 신학적으로

잘 배웠고 알고 있다고 여긴다면 그들은 기꺼이 상처받은 자들과 함께 해야만 한다." 데브라는 목회자의 역할은 단지 "예쁘고 매력적인 여성들의 이야기만 듣는 것이 아니라, 듣기 어렵고 거부당한 이야기들도 듣는 것이다."라고 강하게 주장한다.

성폭행은 생존자들에게 쉬운 일이 아니며 그들의 가족들에게도 마찬가지이다. 어느 사람이든지간에 이 문제는 매우 다루기 힘든 일인 것이다. - 성폭행방지센터에서 일하는 사람들, 상담자들, 또는 그 밖에 이 일에 연루된 일에 종사하는 사람들 등등. 그리고 이 일은 목회자들에게도 쉬운 일은 아닐 것이다. 물론 이 말은 이러한 일들이 그들의 책임이 전혀 아니라는 것을 의미하는 것은 아니다. 데브라는 많은 전문 종교인들이 성폭행 생존자들을 어떻게 도울 수 있는지에 대해서 잘 모르고 있다는 것을 알았다.

그녀는 "어떤 면에서 그들의 반응들은 그저 상식선에 그치는 정도였다."라고 말했다. "그럼에도 불구하고 목회자들은 성폭행의 생존자들에게 도움을 주는 행위를 멈추어서는 안 된다. 만일 생존자가 당신의 딸이나 부인이라고 생각해 보라. 당신은 절대로 멈추지 않을 것이다." 생존자들을 위해 목회자가 일한다는 것은 그들의 어려움을 함께 붙드는 것이며 언제 더 나은 사회기관의 도움을 요청해야 하는지를 아는 것이다.

(3) 목회자들은 성폭행에 대해서 어떤 '태도'를 가져서는 안 된다. 즉 그것은 어느 정도 목회자의 책임 밖의 영역이다.

(4) 목회자들은 판단하지 말아야 한다. 그들은 경청해야 하며 생존자와 '함께' 해야 한다.

비록 내가 하나님께 화가 났었다고 하더라도, 일단 들어보아야 한다. 생존자가 변화될 희망이 여전히 있음을 붙들어야 한다. 그러나 일단 그녀가 처해 있는 상태를 인정해야 한다. 내가 그 순간에 어떤 상황에 있다 하더라도 나와 함께 있어 주기를 바란다. 나와 함께 그저 이 자리에 있어 주는 것을 두려워하지 마라. 경청은 가장 중요한 일이다. 만일 당신이 내 말을 듣지 않으면 무슨 일이 벌어지고 있는지 알 도리가 없지 않은가? 당신의 마음을 모아 진정으로 경청하라. 듣고 돌보도록 노력하라. 그러한 자세를 취할 수 있는 마음의 공간을 확보하고 거기에 머무르라. 바로 그것이 목회자가 생존자에게 줄 수 있는 가장 큰 선물 중의 하나이다.

(5) 일단 경청하고 또 들었으면, 목회자는 교회 안에 생존자를 도울 수 있는 구체적인 방안들을 마련해야 하며 생존자들을 돕기 위해서 세워진 사회복지기관과 연합하여 일을 해야 한다. 예를 들면, 성폭행 방지 트레이닝을 위해 스폰서를 서는 실천적 행위를 포함한다. 데브라는 어느 한 교회가 목회자의 리더십을 통해서 생존자들이 상담가를 만날 수 있는 재정적인 도움을 제공하는 것을 보았다. 생존자들은 다시 교회

에 와서 목회자와 함께 상담가와 무엇을 했는지를 이야기하도록 요청
받았다.

데브라는 생존자의 치유과정에 계속적으로 참여하려는 그 목회자의
아이디어를 좋아했다. 데브라는 목회자와 성폭행위기센터가 함께 공
동으로 일을 하는 것이 생존자를 돕는 최선의 방책이라고 분명히 말
했다. 비록 목회자들이 잘 훈련받았다 할지라도 그들은 생존자들의 필
요성(시간, 지식, 다른 기관들과의 연결 등)을 충족시켜 줄 수 있는 모든 자원
들을 가지고 있지 못하다.

데브라는 서로가 잘 아는 친밀한 공동체 안에서 성폭행을 당했다.
그녀는 사실을 있는 그대로 말하면 공동체와 그 안에서의 자기 위치가
위태롭게 될 것이라고 믿었기 때문에 아무에게도 성폭행 사실을 말하
지 않았다. 성폭행을 당한 지 30년이 지나서야 데브라는 자신의 고통
을 창조적인 방법으로 치유하는 데 부딪치는 어려움들을 타인에게 호
소할 수 있었다. 자신의 치유를 돌아볼 수 있는 그녀의 능력은 그녀로
하여금 고통 속에 있는 다른 사람들을 도울 수 있는 용기를 북돋워 주
었다. 데브라는 전문종교인들이 생존자의 회복에 중요한 역할을 할 수
있다고 믿고 있다.

3. 멜라니(Melanie)

"나는 한 번도 성폭행이란 단어를 합의란 말과 결부시킨 적이 없어요."

멜라니는 남부 출신의 22살 먹은 백인 여성으로 미드웨스턴대학교 4학년 학생이다. 그녀는 같은 학교에 재학 중에 있는 친오빠와 전문 직업을 가지고 있는 부모님들과 아주 가깝게 지냈다. 그녀는 자신의 부모님들에 대해서 안정적이고, 사랑이 많으며 거의 '완벽한 사이'였다고 설명했다. 멜라니는 다른 친척들과도 또한 가깝게 지냈다. 그럼에도 불구하고 그녀는 자신이 성폭행당했다는 사실을 가족 중 그 누구에게도 말하지 않았다.

멜라니는 장로교 교회 전통에서 성경 이야기와 좋아하는 성경구절을 배우기를 즐겨하며 자랐다. 고등학생이 되자 그녀는 자기 자신의 신앙을 발견하기 시작했다. 인터뷰에서 그녀는 성폭행이라는 '사건'을 이해하기 위해 윤리적이고 신앙에 기초한 방법을 사용했다. 그때 그녀는 신앙고백적인 언어를 사용하는 데 매우 편안해했다.

"성관계를 가지다"

대학 3학년을 갓 지난 7월 초였다. 멜라니는 여섯 명의 대학 친구들과 함께 여름방학 동안 잠깐 빌린 집에 살고 있었다. 그들은 집 뜰에서 바베큐 파티를 하기로 했었는데 이는 다른 곳으로 떠나는 친구를 위한 송별회를 겸해서였다. 저녁 8시쯤 되자, 친구들이 한두 명씩 보이기 시작했다. 초청한 학생 중에는 멜라니에게 관심이 있었던 2학년 남자대학생이 있었다. 자신의 이야기를 하는 동안에 멜라니는 그 당시 이 아이에게 뭔가 기분 나쁜 분위기를 느꼈으며 그로부터 안전해야 한다고 느꼈다고 말했다. 전체적으로 그가 파티에 나타난 것에 대해서 신경이 거슬렸다고 한다. 그때까지 2년 동안 그는 멜라니가 가는 곳마다 나타났는데 자기의 잘난 것에 대해서 과시하곤 했었다. 그러나 한 번도 그와 데이트 한 적은 없었다.

멜라니는 파티가 너무 따분했기에 재미있게 분위기를 바꾸기 위해서 대학연합 체육팀 회원이었을 때 배웠던 술마시기 게임을 인도했다. 10시가 되자 그 작은 2학년 남학생이 그녀를 건드리기 시작했다. 즉 그녀의 귓가에다 뭔가 야릇한 말을 속삭이는 것이었다. 이러한 그의 태도는 그녀를 불안하게 만들었다. 그녀는 자신이 술에 취해 있었고 그는 공격적인 자세를 취하고 있다는 것을 알고 있었다. 비록 집안에 학생들이 많았고 자기 주위에도 가득했지만 멜라니는 그들이 자기를 보호해 줄 수 있으리라는 것을 확신할 수 없었다.

10시 반쯤 되자 그녀의 전 남자친구가 파티에 나타났다. 그들은 바로 그 전 해에 3,4개월 정도 사귀다가 깨졌었는데 그 후 계속 소원한 상태였다. 그렇지만 그녀는 그를 아직도 친구라고 여기고 있었다. 그녀는 단 한 번 합의 하에 성관계를 가졌었다. 그 상대가 바로 이 친구였으며 데이트 중에 벌어진 일이었다. 아무튼 파티가 있던 그 날 밤, 멜라니는 그에게 다가가 이 2학년 학생 때문에 무섭다고 말했다.

나는 정말 그가 나를 더 이상 괴롭게 하지 말아 주었으면 좋겠어. …
그래서 내가 너한테 온 거야. 내가 너 팔을 낄 테니까 이 아이가 내
옆으로 못 오게 좀 해 줘.

멜라니는 그녀의 전 남자친구가 술에 취하지 않았으며 위험한 일로
부터 자기를 보호해 줄 것이라고 생각했었다.

나는 당시 술이 매우 취해 있었다는 것을 알았고 전 남자친구가 구세
주답게 그 아이에게 거친 말을 내뱉는 것을 보았다. 나는 "하나님, 전
남자친구가 여기에 있게 해 주어서 감사해요."라고 말했다. 거기에 있
던 모든 친구들이 술에 취해 있었기에 그들은 나를 돌보아 줄 수 없
었다.

밤이 으슥해지자, 멜라니는 몸살 기운을 느끼고는 전 남자친구에
게 자기를 화장실이 있는 이층으로 좀 데려다 달라고 부탁했다. 그녀
는 거기서 여러 번 토했다. 그녀가 토하는 동안 그는 계단에 앉아 그녀
가 토하는 소리를 다 듣고 있었다. 그는, "멜라니, 너 지금 토하고 있는
거야? 괜찮아?"라고 물었다. 이것은 매우 중요한 시점이었다. 왜냐하면
이 대화를 보면 멜라니가 술에 취해 있었고 섹스에 합의할 수 없는 상

태라는 것을 그가 알고 있었다는 것을 증명해 주기 때문이다.

그녀는 몸상태가 좋지 않음에도 불구하고 '2학년 아이'로부터 멀어진 사실에 기분이 좋았다. 저녁 내내 그녀의 머릿속은 '어떻게 하면 그 아이를 멀리할 수 있을까' 하는 생각으로 온통 꽉 차 있었던 것이다. 잠시 계단에 앉아 있은 후, 그녀는 그에게 그만 자고 싶다며 방까지 데려다 달라고 부탁했다. 멜라니는 너무 술에 취해 있었기에 그 다음에 무슨 일이 벌어졌는지 정확히 기억할 수 없었다. 그녀가 기억하는 것은 그가 그녀를 침대에 뉘인 후 방문을 잠갔다는 것뿐이다. 그들은 키스하고 서로의 몸을 더듬기 시작했다.

솔직히 말해서 나는 어떻게 해서 이런 일이 일어났는지 모르겠다. 우리 둘 다 옷을 다 벗은 상태였고, 그는 나를 구석으로 몰았다. 침대가 구석에 있었기 때문에. … 그리고 … 내가 정말 의식하지 못한 채 나와 섹스를 하기 시작했다고 생각한다. … 그리고 난 후, 우리는 분명히 섹스를 했다. … 그런데 그는 사정을 하지는 않았다. … 단지 삽입을 했고, … 꽤 오랜 시간 동안.

그 다음 날 아침, 같은 집에 사는 친구가 멜라니에게 전날 밤에 무엇을 했느냐고 물었다. 그녀는 아무 일도 없었다고 말했다. 그러나 마음속으로는 혼란스러웠고 믿을 수가 없었다. 그래서 그녀는 전 남자친구에게 가서 무슨 일이 있었느냐고 물었다. 처음에 그는 그저 웃어넘

기려고 했고 이것이 그녀를 더욱 혼란스럽게 했다.

나는 단지 아무것도 말할 수 없었지만, 이러한 기분을 전혀 좋아하지 않았다. 왜냐하면 아무 사람과 함부로 섹스를 할 수 없다고 나는 믿기 때문이다. 특히 상대가 처녀이고 그 누구와도 아직 잠자리를 같이 해 본 적이 없다는 사실을 그가 알고 있었다면 더욱 더 그렇다. 나는 그의 웃음에 뭐라 할까 일종의 충격을 받았고, 내 마음을 단지 직설적으로 그에게 나타내고자 했다.

멜라니는 당황스러웠으며 분명하게 무슨 일이 일어났었는지를 알고 싶어 했다. 그녀는 이 건에 대해서 그와 두 번 만나 이야기했다. 그때마다 멜라니와 그는 그 상황으로 다시 돌아가곤 했다. 한 달 뒤에, 그는 멜라니에게 다시 한 번 같이 잘 수 없겠느냐고 물었는데 이 말이 멜라니를 화나게 했다. 이 일이 있고 이틀 후, 멜라니는 현재 함께 살고 있는 친구에게 전 남자친구와 잠을 잤다고 털어놓았다. 그것은 매우 기분 나쁘고 정말 당황스럽게 만드는 경험이었다. 남은 여름 내내 멜라니와 그녀의 친구는 멜라니의 어수선하고 격렬한 감정들을 놓고 대화를 나누었다. 긴 시간의 이야기 끝에 그 친구는 멜라니가 동의 하에서 섹스를 했다고 믿었다.

한편 이 사건을 성폭행이라고 처음 생각한 사람은 같은 수업 시간에 멜라니와 함께 여성의 문제와 종교적인 사안에 대한 관심을 나누던 친구였다. 원래 멜라니는 그녀에게 이 사실을 말할 계획이 없었지만 그 친구가 신뢰할 만하고, 여성문제에 관심이 많고, 자기가 성적인 친밀감에 대해서 어떻게 느끼고 있는지를 알고 있다고 생각되었기에 믿고 말한 것이다. 그럼에도 불구하고 멜라니는 아직 자신의 가족에게는 이 사실에 대해서 말하지 않았다. 그녀는 그들에게 말을 해야 될지 말지에 대해서 알지 못했다.

내가 그들을 믿지 못하기 때문에 말하지 않은 것이 아니다. 그보다는 … 나는 그들이 상처받을까 봐 두려웠다. … 나에게 발생한 이 사건에 대해서 그들은 감정적으로 파괴될 것이다. 나는 (그들에게 말하지 않는 것이) 그들에게 상처를 줄지라도 그것을 말하고 싶지 않았다.

'성폭행' 이라고 부르지 마: 거부감

멜라니는 그녀의 경험을 '성폭행'으로 부르는 것에 대해서 불편했다. 그녀는 내가 하고 있는 연구가 아는 사람에 의한 성폭행에 관한 것이라는 것을 알고 있었으며 이 연구에 참가하겠다고 동의했다. 따라서 어떤 면에서 그녀는 자기의 경험이 '성폭행'이라는 것을 알고는 있었을 것이다. 모든 성폭행의 생존자들에게 하는 것처럼 나는 멜라니에게 내가 그녀가 당한 폭력을 이야기할 때 어떤 단어를 사용하기를 원하느냐고 물어보았다.

멜라니는 자기의 경험에 어떤 딱지 혹은 호칭을 붙이는 것을 원하지 않았다. 그녀와의 인터뷰 내내 우리는 이 질문을 둘러싸고 그 주위를 맴돌았다. 그녀는 왜 자기의 경험에 특정한 이름을 붙이는 것이 불편한지 그 이유를 말했다. 그녀의 모순된 감정과 거부감은 그녀가 과연 섹스에 합의를 했느냐 안 했느냐의 여부에 달려 있었다.

내가 성폭행이라는 단어에 불편함을 느끼는 이유는 아마도 많은 경우 거부라는 말과 관련이 있는 것 같다. 그리고 나는 성폭행이 일어나기를 원하지 않았던 반면에, 내가 어느 정도 합의를 했는지 의아스럽다. 내가 추측하기로는 합의에 대한 생각이 나를 불편하게 만들었기 때문에 성폭행이라는 단어를 그토록 사용하고 싶지 않았다. … 나는 성폭행이라는 단어를 합의라는 말에 한 번도 연결시킨 적이 없다. 그러므로 내가 사람들과 이에 대하여 말을 하고 이런 인터뷰와 같은 기회가 있기 전까지, 나는 내가 정말로 내 머리에서 해결보지 못한 것에 어떠한 명칭도 붙이고 싶지 않았다.

인터뷰 내내, 멜라니는 '정말로 안 좋았던 밤,' '그와 무슨 일이 일어났었나?,' '이 경험,' '섹스,' 그리고 '관계를 맺다'라는 단어들을 자주 사용했다. 그녀가 그날 저녁과 그 후에 벌어진 일들에 대해서 이야기할 때, 그 경험에 대해서 이름을 언급해야 할 경우가 생기면 말을 더듬곤 했다. 종종 그녀는 직접 이름 붙이기를 꺼리며 애매모호한 상태로 남겨둔 '관계를 맺다'에 대해서 주저하며 말을 이어나가곤 했다. 이것은 실제로 일어난 것에 대한 그녀 자신의 이중성을 반영하는 것이었다. 합의 하에서 한 성관계였는가, 아니면 상대방의 강제로 인한 성폭력인가? 그녀는 결국 두 친구들에게 고백할 때에 성폭행을 설명하기 위해서 '관계를 맺다'라는 말을 사용했다.

심지어는 그녀의 친구들조차도 그 용어에 대해서 혼란스러워 했다. 사건에 대해 들은 지 거의 일 년이 지나도록 그녀의 친구들은 멜라니가 섹스를 원하지 않았던 것인지, 아니면 그녀가 술에 취해 있었기 때문에 동의하지 않은 것인지 이해하지 못했다. 그러다가 멜라니가 그때 그 경험은 원하지 않은 것이었다고 분명히 밝혔을 때에야 비로소 그들은 이해할 수 있었다.

그날 저녁에 있었던 일을 아주 자세하게 설명하는 것은 멜라니에게 무척 어려운 일이었다. 그녀는 무슨 일이 벌어졌는지를 확실하게 알지 못했기 때문에 그 사건을 무엇이라고 불러야 좋을지 모르고 있었던 것이다. 그 남성은 자신의 성기를 그녀의 질 안으로 삽입을 하였지만 사정을 하지는 않았다. 그녀는 그러한 상황이 발생하기를 원하지 않았고 합의하지도 않았다. 그녀는 너무도 만취상태였기 때문에 비명을 지르거나 안 된다고 말하지도 못했다.

그러므로 나는 그날 행위가 엄격한 의미에서 성폭행에 해당되는지 모른다.(상대 여성의 질에 남성의 성기가 삽입되어 있었지만 사정은 안 한 상태.) 그러나 나의 경우 그러한 경우는 처음이기 때문에 나는 그 행위를 섹스라

고 규정한다. 나 자신의 개인적인 섹스의 정의는 성기의 삽입이다.[5]

이것이 과연 '진정 성폭행'인가? 멜라니에게는 섹스라고 부를 수 있는데 이것이 약간 상식적으로 이해가 잘 가질 않았다. 그녀는 섹스를 '삽입'이라고 정의했는데 만일 그 정의가 맞다면, 어떻게 그것이 성폭행이 될 수 있는가?

"육체적으로 다시 살아나는 성폭행에 대한 기억"

멜라니는 성폭행 때문에 오랫동안 지속되었던 육체적인 악영향은 없었다고 강하게 주장했다. 즉 그녀는 자기 몸에 대해서는 그다지 염려하지 않았으며 어떤 장기적인 증후들을 느끼지 않았다고 말했다. 이미 성적으로 전염되는 질병에 대한 검사를 받았고 임신한 것이 아닌 게 확실했기에 그녀는 몸의 회복에 그다지 큰 신경을 쓰고 있지 않았다. 사실 그녀가 "육체적으로 성폭행의 기억들이 다시 살아난다."고 말했던 점에 미루어 볼 때, 육체적인 악영향이 거의 없었다고 한 그녀의 말은 극명한 대조를 이룬다.

플래시백(flashback) 현상은 밤에 성폭행을 당한 여자가 비록 다른 남성일지라도 생각하면 발생하곤 한다. 멜라니의 경우, 플래시백 현상이 한 달에 한 번 정도 가끔씩 일어나기 때문에 그녀는 이 현상에 대해서 그리 큰 염려를 하지 않았다. 그럼에도 불구하고 성폭행을 당한 지 일 년이 지났는데도 그녀가 아직도 '육체적으로 성폭행당한 기억이 되살아나는' 것을 경험하고 있다는 것은 아이러니컬한 것이다.

이해할 수 없는 배신감

멜라니는 성적 친밀감을 윤리적이며 신성하고 관계적인 차원에서 이해하고 있었다. 섹스를 오용하는 것은 이 모든 세 가지를 다 범하는 것과 같은 것이다. 성적 친밀감은 육체뿐만 아니라 다른 것들까지도 나누는 것에 매우 밀접하게 연관되어 있기에 멜라니는 그저 '잠만 자는 것'을 의미하지는 않았다. 그녀는 섹스를 너무 하찮게 여기는 것을 이해할 수 없었다. 따라서 친구에 의해 저질러진 동의하지 않은 섹스는 도저히 이해할 수 없는 배신이었다. 멜라니는 한때 그와 자신의 일부를 나누었지만 그는 그녀를 배신했다. 멜라니가 섹스를 어떻게 여기고 있는지를 그는 알고 있었기 때문에 그의 배신은 멜라니를 더욱 더 당혹스럽게 만들었다. 그는 그녀가 가진 삶의 기준들을 배신한 것이다.

육체적으로 나는 이겨낼 수 있다고 생각한다. … 그러나 나의 영혼에 관한 한 … 나는 단지 누군가 다른 사람이 생각하는 것처럼 이 세상을 생각할 수 없다. … 나를 알고 있고, 나를 존경하고 … 그것은 가장 어려운 일이다. 다른 사람을 위해서 아주 작은 것이라도 돌볼 수 있는 것은 매우 힘든 것이다.

이 경험은 멜라니가 누가 진정한 그녀의 친구인지, 그녀가 돌보아 주어야 할 사람이 누군지 혹은 아닌지를 생각할 수 있는 기회가 되었다. 멜라니는 여전히 그녀의 전 남자친구를 많이 걱정하고 있다. 그와의 친밀함은 그들이 서로의 삶의 모습을 함께 나누며 비밀까지도 털어놓을 수 있을 만큼 형성되었었다. 멜라니는 신뢰가 필요한 서로의 비밀까지도 함께 나누었던 그가 어떻게 그녀에게 그런 일을 저질렀는지 이해할 수 없었다.

나는 그가 신뢰해야만 말할 수 있는 그런 정보를 나에게 줄 수 있을 만큼 어떻게 나를 신뢰했는지 상상이 잘 가지 않는다. 나는 그런 형편 없는 마음으로 어떻게 누군가를 신뢰할 수 있는지 그리고 완전히 상대방을 감정적으로 무너뜨릴 수 있는지 이해할 수 없다. 15분 전처럼, 그는 그러한 것들을 생각했어야 했다. "나는 그녀와 섹스를 할 수 없다. 왜냐하면 그녀를 파괴할 것이기 때문이다."

믿었던 친구에 의한 배신이었기 때문에 멜라니에게는 더욱 심하게 혼란스러운 일이었다. 그의 배신은 단지 육체적인 차원에서 그치는 것이 아니었다. 그것은 그녀의 영혼에 대한 배신이었다.

나는 당신이 누군가와 섹스를 하게 되면 당신은 그들에게 정말 중요한 개인적인 것들까지도 나눌 수 있어야 하며, 그러한 나눔이야말로 오직 당신이 상대방에게 줄 수 있는 것이라고 생각한다. … 만일 내가 더 잘 알고 있는 누군가와 섹스를 한다는 것은 … 나는 그들에게 이 것은 내가 그들을 사랑하고 섹스를 가볍게 다루지 않는다는 것을 의 미한다고 말할 것이다. … 그리고 그들은 이러한 나의 생각을 신중히 생각하여야 한다. 그는 이것을 알았어야만 했다. 나는 그가 얼마나 취 했었는지에 대해서는 관심이 없다. 그는 나에 대해서 알고 있었다. 그 리고 그것은 가장 어려운 부분이다. 왜냐하면 나는 그가 단지 나와 잠자리를 같이 했다는 것 이상으로 배신했다고 생각하기 때문이다. 나의 몸은 이 아픔을 극복할 수 있다. 그러나 그는 내 영혼에 뭔가 더 중요한 것이 있다는 것과 내가 누구인지를 알고 있었다. 바로 이 사실 이 그와 관련이 있는 이 문제를 다루는 데 너무도 어려운 시간을 보 내고 있는 중요한 이유인 것이다.

그리고 배신은 분노를 불러온다.

당신도 알다시피 공격적으로 반응해서 단지 호되게 때리면 좋을 것 같다. … 그러나 그것 또한 이 문제의 해답이 아니다.

그녀의 혼란과 고통의 핵심은 이 남성과 사귀었던 이전의 관계에 있다. '그 사건'이 있었던 그날 저녁, 그녀는 자신을 괴롭히던 2학년 대 학생으로부터 자신을 구원해 준 구세주로 그 남자친구를 믿었다. 그녀를 성폭행한 그 친구는 일 년 전에 자신의 처녀성을 '주었던' 바로 그 사람이었다. 그녀에게 이러한 사연이 의미하는 바는 비합의 하에 맺은 성관계는 사실 섹스라는 중요한 행위와는 거의 아무런 관련이 없으며 관심의 대상이 되는 모든 것은 다만 배신과 깨어진 신뢰라는 점이다. 멜라니는 그의 행위를 '성폭행'이라고 정의하는 것 자체에는 별다른 관심이 없었다. 그녀의 주요 관심사는 오직 배신감이었다.

합의, 책임 전가 그리고 술

비록 멜라니는 자신이 배신당했다고 느끼고 있었지만, 자신이 무엇 때문에 배신을 느끼고 있는지에 대해서는 정확하게 알지 못했다. 멜라니는 전 남자친구에게 방까지 데려달라고 도움을 요청했을 때 만취상태였다. '그 일'이 발생했을 당시 멜라니와 전 남자친구 둘 다 술에 취한 상태였다. 그녀는 그날 밤 일에 대해서 자세하게 기억할 수 없었을 뿐만 아니라, 일일이 띠져들어가는 것은 그녀에게 그다지 도움이 되지 못했다. 다시 말하면, 전 남자친구로부터 당했던 배신을 이해하는 데 큰 영향을 주지 못했던 것이다.

멜라니는 그날 밤에 섹스를 하고 싶지 않았다는 사실을 전 남자친구에게 말했다. 다만 멜라니는 자기가 술에 취해 있었기 때문에 '그 일'이 발생한 것이라고 믿고 있다. 따라서 그녀는 성폭행당한 원인을 술을 먹은 탓으로 돌리고 있었다. 그녀는 믿었던 전 남자친구가 자기를 배신했다고 느끼는 한편, 성폭행 당시 술에 취했던 자신을 원망하였다.

자기 자신을 신뢰하는 것의 중요성

성폭행이 발생한 후에 대처하는 과정에서 가장 큰 도움이 되었던 것이 무엇이었느냐고 물어보자, 멜라니는 뜻밖에 자기는 '대처'라는 말을 사용하기를 원하지 않는다고 말했다. 즉 그녀는 자신이 당한 상황에 대해서 굳이 '대처(coping)'했다기보다는 상황을 '다루었거나(dealing)' 혹은 '이해(figuring it out)'하려고 노력했다고 말했다. 멜라니가 보인 자기수용은 그녀가 성폭행을 다루는 데 도움이 되었다.

> 육체적으로 내 자신을 믿고 정신적 그리고 감정적으로 또한 나 자신을 믿어야 한다는 생각은 나에게 정말 너무도 중요하다. 이 남성이 나에게 한 일이 그 아무리 나쁜 일이라 할지라도, 그는 내가 우리 마을에서 가장 인기 있는 여성임을 알고 있다. … 그가 나처럼 감정적으로 안정적이 되기란 어려울 것이다.

멜라니에게 그나마 위로를 주었고 용기 있게 상황을 다룰 수 있었던 비결은 바로 강한 그녀 자신이었다.

흔들리지 않는 믿음

멜라니는 자신의 신앙고백적인 말을 하면서 자신과 하나님 사이의 강한 유대관계를 표현했다. 그녀는 하나님에 대한 그녀의 믿음이 이번 사건으로 인해 흔들렸다고 느끼지 않았다. 성폭행을 당한 후에 오히려 그녀는 더 자주 교회 예배에 출석했다. 그 이유는 '교회는 평화를 느낄 수 있는 곳'이기 때문이었다.

나는 하나님이 나의 바위이시며 기도함으로 그에게 나아갈 수 있다고 진정으로 믿는다. 나는 하나님께서 이 사건에 대해서 내가 그 당시에 어떻게 느꼈는지 그리고 지금은 무엇을 느끼고 있는지에 대해서 모든 것을 알고 계시기 때문에 매우 편안함을 느낄 수 있다. 그는 만유에 존재하신다. 그리고 그가 만유 가운데 어디서나 계신다고 하는 사실이 나에게 발생한 일들을 설명할 필요가 없다는 사실에 나는 편안하다. 하나님께서 알고 계시기 때문에 내가 어떻게 느끼는지를 설명할 필요가 없다. 기도하는 동안에 부끄러움을 느끼거나 나쁜 일에 대해서 당황하거나 혼란스러울 필요가 없기 때문에 기도는 우리를 매우 안정시키게 해 준다. 소나기를 맞듯이 기도는 당신의 생각을 정화시켜 준다.

말할 것인가, 혹은 말하지 않을 것인가

멜라니는 그녀의 경험을 말하는 것에 대해서 모순된 감정을 가지고 있다. 그녀는 사람들에게 성폭행당한 사실을 말하는 것이 치유과정 속에 어떠한 가치가 있는지 확신할 수 없었다.

만약에 당신이 그것에 대해서 너무 많은 친구들에게 계속 말하면, 당신은 본의 아니게 당신의 경험을 조금씩 각색해서 말하기 마련이라고 나는 생각한다. 당신은 그것을 일종의 삶의 모토로 만들고 있다. 당신의 모든 친구들은 당신을 각기 다르게 알고 있는 셈이며 감정적인 면이 많이 포함되어 있다. 그러나 이런 것들은 전혀 치유과정이라고 할 수 없다. 당신이 다루고 있는 치유과정은 개인적이며 몇 가지 치유를 위한 방법들을 추가할 수 있도록 당신이 신뢰할 수 있는 소수의 친구들을 갖는 것이다.

성폭행을 당한 후 일 년 동안 멜라니는 단지 두 명의 가까운 친한 친구에게만 성폭행당한 사실을 말했을 뿐이다. 그녀는 여전히 그러한 모순된 감정을 가지고 있었음에도 불구하고 나에게 자기가 경험했던 성폭행에 대해서 말하고자 했다. 그녀는 자신이 이 연구에 참가함으로써 내 연구조사와 다른 여성들과 전문종교인들에게 도움을 주고 싶었다고 한다. 뭔가 변화를 만들고자 하는 그녀의 욕구가 자신의 이야기를 숨기며 보호하고 싶은 그녀의 필요를 압도한 것이다.

아는 사람에 의한 성폭행은 연구조사를 하기가 그리 쉽지 않은 매우 예민한 주제이다. 모든 참가자들의 건강을 알기 위해서 나는 각각의 인터뷰를 시작할 때 그들의 건강을 측정하는 일련의 질문들을 포함시켰다. 플래시백, 후원하는 네트워크, 그리고 복용하는 약 등에 관한 질문들은 참가자들이 이 연구에 참가해도 될 만큼 현재 치유가 잘 진행되고 있는지를 측정하는 목적으로 사용되었다. 멜라니와의 인터뷰 역시 건강을 측정하는 질문들로 시작했었다. 그녀의 대답들을 들었으며, 대답에 기초해서 나는 인터뷰를 진행했다. 다행히도 멜라니가 자신의 경험을 경계하는 마음 없이 이야기하고 있다는 것을 나는 느꼈는데, 아마도 멜라니 역시 느꼈으리라 생각한다.

인터뷰가 잘 진행되면서 멜라니는 자신이 당했던 성폭행에 대해서 그녀가 말했던 첫 번째 전문상담가이자 모든 자세한 것까지도 들은 첫 번째 사람이 바로 나라고 말했다. 이 말은 멜라니가 그녀의 인터뷰를 녹음한 오디오 테이프의 복사본을 왜 원했는지를 이야기하면서 나에게 한 말이었다.(나는 모든 참가자들에게 이 테이프를 선택할 수 있는 권한을 주었다.)

당신도 알다시피 이번이 내가 전에 한 번도 말한 적이 없기에 처음이다. … 육체적으로 다시 한 번 그 경험을 반복하면서 … 나는 내가 감정적으로나 정신적으로 활동적이고 안정적인 때 이런 인터뷰를 하는 것이 중요하다고 생각한다. … 솔직하게 말하면, 내가 이 테이프를 원한 이유는 나를 위한 것인데, 개인적으로 … 나는 내가 여기서 말한 것들을 다시 듣게 되리라고 생각하지 않는다. 그러나 최소한 나 개인적으로 이 테이프를 갖는 것은 육체적으로 매우 편안하다. 인터뷰를 하는 두 시간이 사실적으로 느껴졌다. 나는 이것을 말할 수 있다. 나는 이것을 할 수 있다. 그리고 나는 이러한 나의 이야기를 붙들 수 있다.

멜라니에게는 이 인터뷰가 성폭행의 실제성을 확인하기 시작한 순간이었다. 그녀는 이 사실을 놓고 갈등했었다. 성폭행 사실을 큰 목소리로 외침으로써 그녀는 성폭행이라는 인정하기 싫은 사건을 실제로 있었던 일이라고 말했다. 오디오 테이프의 복사본을 소유함으로써 그녀는 자기에게 어떤 일이 발생했다는 것을 '증명'하게 된 것이다. 멜라니에게는 이 인터뷰에 참가한 것이 그녀의 치유과정에 중요한 부분이 되었다. 비록 그녀가 이전에는 다른 사람들과 자신의 이야기를 나누는 데 관심이 없었음에도 불구하고 이것은 사실이었다.

전문종교인들에 주는 멜라니의 제안들

처음에 멜라니는 이 질문을 받았을 때 목회자나 다른 목회상담가들이 아는 사람에 의한 성폭행의 생존자들을 위해 알아야 하고 해야만 하는 것들이 무엇일까에 대해 이야기하는 데 어려움을 느끼기도 했었다. 그러나 차츰 이 주제에 대해서 이야기하는 동안에 멜라니는 전문종교인들이 생존자들을 돕기 위해서 가져야만 될 것들과 그들이 해야만 될 일, 절대로 해서는 안 될 일들에 대해서 적극적으로 말하기 시작했다.

(1) 경청하라. 생존자보다 더 말을 많이 하려고 하는 충동을 피하라.

(2) 너무 자주 성경말씀이나 성폭행과 관련된 성경지식을 가르치려고 하

지 마라. 신앙을 점검하려고 하지 말고, 현재의 상태에 보다 집중하라.

(3) 진정한 신앙인으로 본을 보이라.

당신은 강한 성품과 믿음, 그리고 이 어려운 상황을 통해서 당신을 위해서 하나님께서 함께 하실 것이라고 믿는 사람이 필요하다. … 성폭행을 당해서 목회자에게 도움을 구하러 오는 모든 여성들은 믿음에 대해서 궁금해하며 적어도 하나님께서 무엇을 하실 수 있으시다는 가능성에 일말의 믿음을 가지고 있다. 생각해 보라. 당신은 왜 정신건강상담가가 아닌 목회자나 목회상담가를 선택했는가? 그 이유는 그러한 사람들은 하나님께서 어떻게 이 일과 관련이 있을까 알기 원해서이다.

(4) 생존자인 당사자의 말을 믿어라.

(5) 비록 생존자가 입은 외상이 직접적으로 신앙석으로나 영적으로 관계가 없다 하더라도 그들과 친분을 계속 유지하라.

(6) 판단하지 말라.

(7) 생존자로 하여금 당신이 마음을 열고 기꺼이 그녀의 이야기를 듣기를 원하고 있다는 것을 알게 하라.

(8) 성폭행에 대한 당신의 경험과 지식의 한계에 대해서 솔직하게 인정하라. 멜라니는 권위주의적인 목회자일지라도 여성들에 대해서 힘을 지나치게 사용할 수 없다고 믿기 때문에 이것은 특히 중요하다고 생각

했다. 그녀는 목회자 자신이 얼마나 많이 알고 있고 또 무엇을 모르고 있는지에 대해 솔직하게 말함으로써 자신의 한계를 드러내는 것은 그리 부끄러운 것이 아닌 오히려 상담에 도움이 된다고 말했다.

(9) 감정이입(empathy)은 중요하지만 생존자를 도와주는 데는 한계가 있다.

> 나는 사람들에게 감정이입 받기를 원하지만, 내가 감정이 다운되고 말할 수 없을 때 너무 심한 감정이입이나 동정을 원하지 않는다. … 때로는 너무 성폭행에 대해서 감정적이 되면 오히려 해야 할 말을 못하게 된다.

(10) 목회자의 성별(gender)이 문제가 될 수 있다. 멜라니는 자기는 남자 목회자에게는 자신의 이야기를 절대로 말하지 않을 것임을 분명하게 밝혔다.

> 여성 목회자일 경우 '남성의 성기가 삽입되는 순간'의 경험을 할 때 내 몸이 육체적으로 어떻게 느끼는지를 이해할 수 있을 것이다. 그것은 육체적으로 공격적인 태도이다. 나는 남성들이 이러한 여성의 느낌을 이해할 수 있으리라고 생각하지 않는다. … 이 문제에 대한 상담을 하는 많은 부분들은 적절한 목회자를 찾는 것인데, 그러기 때문에 보다 많은 여성들이 아마도 여성목

회자를 찾으려 하는 이유일 것이다. … 나는 확실히 여성목회자에게 갈 것이다. 그것은 의심할 여지가 전혀 없는 일이다.

여성목회자를 선호하는 멜라니의 경우 사실 목회자에게 도움을 요청하려는 그녀의 바람을 완벽하게 반영하고 있다고는 말할 수 없다. 왜냐하면 그녀의 모교회와 학교의 목회자들 모두 여성들이었지만 그녀는 그들 중 누구에게도 털어놓지 않았기 때문이다.

멜라니는 나와 인터뷰하기 10개월 전에 성폭행을 당했다. 그때부터 지금까지 그녀는 오직 두 명의 친구들과 나에게 '그 경험'에 대해서 이야기했다. 그녀는 자신에게 발생한 것에 대해서 심각할 정도의 부인과 혼란을 겪어야만 했다. 그녀는 술에 취해 있었고 섹스에 대해서 합의했는지의 여부조차 불확실했기 때문에 자신이 당한 경험을 무엇이라 불러야 좋을지 몰랐다. 그녀는 자기를 잘 이해하고 있다고 믿었던 남자에 의해서 배신당했다고 믿고 있었다.

이러한 모든 시나리오는 그녀가 우발적인 섹스에 대해서 어떻게 생각하고 있는지를 보여 주고 있는 듯하다. 그러나 그녀는 전에 한 번도 우발적인 섹스를 하지 않았다. 그녀는 전에 이 남자와 합의 하에서 섹스를 했었고, 이번에는 섹스를 원하지 않았던 것이다. 그녀는 그 남자에 대해서 아직도 애정의 감정이 남아 있기에 매우 큰 갈등을 느끼고 있다. 이 모든 사실로 인하여 멜라니는 혼란과 불확실 상태에 남겨져 있는 것이다.

4. 애비(Abby)

"그것은 내 실수탓이 아니에요, 강간이란 말이에요!"

애비는 중서부 출신이자 중상위층에 속하는 22살의 백인으로 대학교 2학년이다. 그녀는 미연합감리교회에 속한 한 대형교회의 교인이었는데 그 교회는 그녀가 대학 때문에 집을 떠난 후 담임목회자가 바뀌었다. 애비는 그녀의 가족 중에서 대학 때문에 살던 곳을 떠난 첫 번째 사례였다. 애비는 부모님들과 가까운 사이였으며 특히 아버지하고 집에 머물 때는 언제나 함께 골프를 치러 가기도 했다. 애비는 성폭행을 당한 바로 직후, 부모에게 이 사실을 알렸으며 그녀는 부모님의 지지하는 방식으로 인해 도움과 함께 부담감도 동시에 받았다. 그녀의 부모님들은 그녀가 이 연구에 참가하는 것에 대해서 긍정적으로 받아들였다.

애비는 대학교에서 첫 학년이 거의 끝나갈 쯤이었던 19살 때 그녀가 가입했던 대학 간 골프팀에서 있었던 파티에서 성폭행을 당했다. 성폭행을 당하기 전에 애비는 그 누구와도 성관계를 가지지 않았으며 자기 자신을 남자에 대해서 잘 모르기 때문에 '순진하다고' 생각하고 있었다. 성폭행을 당한 후 48시간 안에 그녀는 의료검사를 받았다.(성폭행 의료처치는 아니었다.) 성폭행을 당한 후 돌아온 여름에 그녀는 집으로 돌아와 전문치료사(남자)를 만났다. 이러한 치료는 그녀에게 도움을 주었는데, 애니는 건강하며, 여유 있고 자신감 있는 젊은 성인이 되었다.

"성폭행을 당한 초기에 벌어진 일들"

애비는 다른 친구들의 말을 빌려 이것저것 상황을 맞추어서 일이 벌어진 저녁 때의 상황을 이렇게 묘사했다.

그날 저녁 내가 학교 골프팀에 가입한 것을 축하하기 위한 파티를 열었고 그들은 나에게 내가 감당하기 어려운 술을 건네었다. 나는 거의 완전히 필름이 끊겨 가고 있었는데 밤 9시 이후에 벌어진 일들에 대해서는 기억나는 것이 하나도 없었다. 나는 너무 술에 취해 있었고 친구들이 나를 방으로 옮겨다 놓았다. 그 후 그들은 내 방에서 나를 돌보았으며 내가 죽거나 큰 위험에 처하지 않으리란 것을 확인했다. 나는 거의 녹초가 되었지만 방에 누워 있으니 괜찮았었다. 친구들은 내가 기억하기에 한 시간 정도 머물다가 방을 나갔다. 그런데 그날 저녁 나를 본 한 남학생이 내가 얼마나 취했는지, 내 상태가 어떠한지를 알고 있었다. 그는 기숙사에 몰래 들어와 내 방으로 와서 내가 추측하기에 내가 거의 인사불성인 상태에 있을 때 나와 섹스를 했다. 다음 날 아침에 눈을 떴는데 … 나는 전에 한 번도 섹스를 해 본 적이 없었기에 침대에는 많은 피가 흘려져 있었고 나는 통증을 느꼈다. 잠에서 깨어났을 때 나는 매우 무서웠고 무슨 일이 벌어졌는지 정말 알지 못했다. 그래서 나는 골프팀의 다른 여성친구에게 가서 말했다. 그녀는 "우리는 의사에게 가야 한다."고 말했다. 그래서 우리가 학교보건소에 갔더니 그들은 내가 성폭행당했다고 말했다.

성폭행이라고 말할 수 있는 힘

애비는 성폭행을 당한 사실을 신고하기를 원하지 않았을뿐더러, 의사들이 자기 몸을 검사하는 것조차 원하지 않았다.

사실 나는 가고 싶지 않았다. 왜냐하면 나는 어떤 일이 발생했는지를 잘 알고 있었고, 주어진 상황을 종합해 볼 때 나는 당시 그것을 성폭행이라고 정의하지 않았다. 그러므로 나는 단지 "나는 누군가와 성관계를 가졌다."라고 생각했다. 그런데 내 친구인 트리쉬는, "아니야, 애비. 너는 반드시 보건소에 가서 의사의 진찰을 받아야만 해. 그리고 그들에게 무슨 일이 벌어졌는지 말해야 해."라고 말하는 것이었다. 그래서 나는 그녀와 함께 의사를 만나러 갔던 것이다. 나는 갈 생각이 전혀 없었지만 단지 그녀가 "너는 정말 가야만 해."라고 말해서 간 것이다. … 그것은 전혀 내 의향이 아니었다. … 나는 그저 그 사실을 잊고 싶었고 누구와도 이야기하고 싶지 않았다. 나는 그 시점에서 그 경험을 성폭행이라고 부르고 싶지 않았다.

처음에 애비는 그것을 성폭행으로 규정하지 않았다. 그녀는 성폭행을 당하기 전에 있었던 일들에 대해서 거의 기억하지 못했으며 지금도 그렇다.(나중에 성폭행범을 본 목격자가 나타났다.) 그녀가 그것을 성폭행으로 부르며 이해하기 시작한 것은 학교보건소 직원들, 친구, 그녀의 부모님들, 상담가와 책에서 그러한 경험을 성폭행이라고 부른다고 듣고 배운

다음에서였다.

> 나는 여름에 상담가와 이야기를 나누기 전까지는 그것을 성폭행으로
> 받아들이지 않았다. 분명히 우리 부모님들은 "애비야, 너는 누군가와
> 이야기해야만 한단다."라는 식으로 말씀하셨다. 그들은 처음부터 그
> 것을 성폭행으로 단정짓고 있었다. 그러나 나는 분명히 그 반대였다.
> 나를 상담했던 상담가는 읽어 보라면서 책과 보고서 등 다른 자료들
> 을 주었다. 그러한 자료들은 내가 당한 상황을 성폭행으로 규정지었
> 다. 그때에야 나는 "아하, 이러한 것들이 다른 사람들에게도 벌어진
> 일이고 성폭행이라고 말하는 상황이구나."라고 알게 되었다. 내가 "너
> 는 그것과 관련해서 아무 것도 한 일이 없어. 그것은 전혀 너의 잘못
> 이 아니란 말이야!"란 생각을 가지게 된 것은 상담가와 이야기하면서
> 부터였다." 그는 나에게 이 점에 대해서 분명히 해 주었으며 글을 읽
> 으면서 확신하게 알게 되었다. 상담가의 말과 관련 책들. 나는 나 외
> 에 다른 사람들의 확답이 필요했다. … 그것이 내 잘못이 아니라는
> 사실을 깨닫게 되기까지 제법 긴 시간이 걸렸다.

그 경험을 '성폭행'이라고 부를 수 있다는 것은 애비의 치유에 있어
서 중요한 과정이었다. 즉 그것을 성폭행이라고 부르며 자신의 잘못이
아니라고 주장하는 것은 실과 바늘처럼 떼려야 뗄 수 없는 논리의 관
계였다. 그것이 분명히 성폭행이라고 많은 사람들이 확인해 주는 것은

애비의 치유과정에서 매우 중요했다. 자꾸 되풀이해서 그것은 분명 성폭행이 맞고 너의 잘못이 아니라고 들음으로써 결국에는 그렇게끔 그녀도 믿게 되었으며 그것을 받아들였다.

애비가 입은 외상을 성폭력이라고 부르는 것이 어려웠던 이유는 부분적으로 애비는 자기를 성폭행한 남성을 알고 있었기 때문이다. 가해자를 안다는 것 역시 그녀가 그 일을 범죄로 부르는 데 어려움을 주었다.

나는 그 일이 일어나기 전에 이 남자와 정말 좋은 친구 사이였다. 따라서 내가 그를 알고 있었기에, "너는 나를 성폭행했다."라고 말하기는 쉬운 일이 아니었다. 나는 그를 잘 알고 있었다.

성폭행범을 안다는 것 역시 그녀가 의료처방을 받는 것과 경찰에게 신고하는 것을 꺼리도록 만든 요인이 되었다.

혼란과 통제의 결여

성폭행을 당한 직후에, 애비는 혼란과 통제의 결여라는 두 가지 감정을 동시에 경험했다. 성폭행을 당할 당시, 그녀는 인사불성의 상태였기 때문에 성폭행을 당한 사실이 그녀를 더 혼란스럽게 했다.

나는 그저 완전히 정신이 나간 것 같은 느낌이었다. 당신이 "무슨 일

이야?"라고 묻는 것처럼. "무슨 일?" 일이 있었나? … 특히 나에게 무슨 일이 일어났는지 전혀 아무런 생각조차 없었다. 나는 여전히, "아하! 이게 무슨 일이지?"라고 묻는다. … 처음부터 나는 너무나 아주 무척 혼란스러웠다. … 나는 무슨 일이 발생했는지 알지 못했다. '혼란스럽다'라는 단어는 적절한 단어이다. 나는 정말 혼란스러웠다. 나는 통제력을 많이 잃어버렸고 성폭행이 무엇을 의미하는지 아무런 개념도 없었다.

그 일이 발생한 직후에 애비는 통제력을 상실했고 두려움을 느꼈다. 그녀의 친구들과 가족들은 그녀가 무엇을 할 '필요'가 있는지를 그녀에게 말함으로써 그녀의 두려움을 증폭시켰다. 애비는 자기를 도와주고 돌봐 주는 주위환경의 긍정적이고 부정적인 측면 둘 다를 볼 수 있었다.

사람들이 나에게 자꾸 무엇을 해야 한다고 말했을 때 나는 정말로 두려웠다. 그런 것들은 정말이지 내가 분명히 알고 싶었던 것들이었다. 나는 내 자신이 무엇을 하고 싶어하는지 결정할 수 있어야만 한다. 심지어는 목사님조차도 같은 일을 반복했다. "너는 이 일을 경찰에 신고해야 한다." 그러나 그들은 나에게 그렇게 말하지 말았어야만 했다. 왜냐하면 나에게는 너무도 어려운 일이기 때문이다. 내가 의사들에게 갔을 때, 성폭행 사건이 발생한 지 24시간이 더 지났기 때문에 그들은 그때 성폭행 치료기구를 사용하지 않았다. 당시에 나는 그들이 성폭행 치료기구들을 사용하지 않기를 바랐다. 나는 그것을 성폭행이라고 정의하지 않았기 때문이다. … 나는 단지 내 친구가 그렇게 하라고 말했기 때문에 병원에 갔다. "너는 병원에 가야만 해." 결국 그녀가 나에게 병원에 가라고 한 것은 매우 잘한 일이었다. 만일에 안 그랬더라면 나는 성폭행에 대해서 생각해 보지도 대처하려고도 하지 않았을 것이다. 따라서 그녀가 나와 함께 거기에 갔던 것은 나에게는 행운이었다.

그녀의 부모님들에게 사실을 털어놓는 것은 애비를 더욱 혼란스럽게 만들었다.

내가 집으로 돌아와서 부모님께 사실을 말씀드렸을 때, 그들은 물론 무엇을 해야 할지 몰랐다. 그저 너무나 황당해했다. 아버지는 "당장에 너의 집으로 가서 그 놈을 죽이고 싶다."라는 표정을 지으셨다. 아버지는 나의 좋은 친구이셨는데 나는 "안돼요!"라는 듯한 표정으로 반응했다. 지금 이 시점에서 나는 그것을 성폭행으로 말하고 싶지 않았기 때문에, 그저 "이럴 수가, 하나님 어쩌면 좋아요!"라는 말밖에는 할 말이 없었다. 아버지는 "너는 반드시 신고해야 한다. 경찰을 불러라. 너가 원하든 원하지 않든 나는 경찰을 부르겠다. 우리는 신고해서 이 사고에 대해서 무언가 행동을 취해야 한다."라고 말했다. 나는 "아!

안돼요"라고 말하고 싶었다. 상황은 나에게 너무도 나빠지고 있었다. … 부모님들은 나를 너무도 염려하셨기 때문에 내가 기운을 차리기를 원했다. 그러나 그러한 부모님의 태도는 당시에 나를 두렵게도 했다. 그럼에도 불구하고 그들의 도움을 받는 것은 나에게는 커다란 힘이 되었다. 물론 그들은 나에게 많은 도움을 주었다. 그들은 단지 어떻게 나에게 힘을 줄 수 있을지를 몰랐을 뿐이다. 만일 부모님들이 다음과 같이 말했더라면 훨씬 더 좋았을 것이다. "우리는 너를 이렇게 만든 그 녀석을 증오한다. 그러나 우리는 너를 너무도 사랑한단다. 너는 이 상황을 다스릴 수 있단다. 만일 네가 그렇게 하기를 원한다면, 너는 할 수 있을 것이라고 우리는 믿는다."

마침내 애비는 비록 잘못된 방향으로 흐르기는 했어도 그녀의 부모님은 진심으로 자기를 도와주려고 했다는 사실을 깨달을 수 있었다. 성폭행이 피해지들에게 무슨 말을 하고 싶느냐는 질문에 애비는 피해 여성들에게 상황을 통제할 수 있는 힘을 되돌려 주는 것이 매우 중요하다라고 분명히 말했다.

나는 피해 여성들에게 "무엇보다 먼저 당신은 무언가를 해야 한다고 생각하지 말아야 한다. 당신이 해야만 하는 일이라고 강요된 것이 전혀 없다. 당신은 그 누구에게도 말하지 말아야 한다. 당신은 이 일을 누구에게도 신고하지 말아야 한다. 그러나 만일 당신이 그렇게 하기를 원한다면 할 수도 있으며 당신에게 오히려 좋을 수도 있다. 당신이 기억해야만 할 것은 당신이 주어진 상황을 제어하고 있어야 한다는 것이다."라고 말하고 싶다. 많은 경우에 이것은 통제 혹은 제어의 문제이다. 그녀에게 말하라. "우리는 당신을 위해 여기에 있는 것이며 우리는 당신을 사랑한다. 그리고 당신이 필요하면 언제든지 우리에게 말할 수 있다."라고. 당신 주위의 당신을 돕는 손길을 갖는 것은 도움이 된다. 가장 중요한 말은 바로, "당신은 하고자 하는 것은 무엇이든지 다 할 수 있다."라는 말이다. 사실 그 말이 바로 나에게 가장 중요한 말이었던 것이다.

장기간에 걸친 치유

처음에 애비는 성폭행의 원인을 자기 자신의 탓으로 돌렸다. 그러나 상담가와 대화를 나누면서 그것이 자기의 책임이 아니라, 성폭행 당시 상황에서 그것을 막기 위해서 자기가 할 수 있는 일이라곤 아무것도 없었다는 사실을 점차 이해하게 되었다. 물론 이러한 사실을 알아가는 과정이 애비에게는 그리 쉬운 일은 아니었다. 심지어는 성폭행 시에 자신이 거의 인사불성의 상태였다는 사실조차도 이해하는 데 그리 큰 도움을 주지 못했다.

성폭행 당한 지 일 년이 지났을 때에도 비록 머릿속으로는 자기가 잘못한 것이 아무것도 없다는 사실을 알고 있었지만, 그녀는 여전히 자책감이라는 감정에서 쉽사리 헤어나오지 못하고 있었다. 인터뷰하는 동안에 애비는 자신이 손가락질을 당해야 할 타당한 이유가 별로 없다는 것을 인식하는 것이 상처를 치유하는 데 얼마나 강력한 원동력이 될 수 있는지 이렇게 설명했다.

나는 마음 한 구석에 "내가 왜 그런 짓을 했을까?"라는 느낌이 들었다. 나는 아직도 내 잘못인 것 같은 느낌을 가지고 있었기에, 내가 할 수 있는 것 이상 다른 어떤 것도 할 수 없었다. 내가 당시 인사불성이었기에 어떤 것도 할 수 있는 능력이 없었다고 자위하는 데까지 많은 시간이 걸렸다. 내 관점에서 볼 때, 목회자가 할 수 있는 가장 중요한 것은 "너는 아무것도 할 수 없었기에 그것은 네 책임이 아니다."라고 말해 줄 수 있어야 한다는 것이다. 나의 경우에 그것을 성폭행이라고 규정짓는 것이 너무도 힘들었다. 그리고 나는 이 문제가 대부분의 아는 사람에 의한 성폭행의 경우에 문제가 된다고 생각한다. 실제로 그러한 사건을 성폭행이라고 규정짓는 것은 매우 어려운 일이다. 이 사건은 교과서에서 나오듯 덤불숲에서 몰래 뛰어나온 남자에 의해서 저질러진 사건이 아니기에 매우 쉽지 않다는 것이다. 따라서 그것은 한마디로 규정짓기가 훨씬 어려운 일이라고 말하고 싶다. 이런 이유로 목회자는 다음과 같이 말할 수 있어야 한다. "이것은 다른 사람들에게도 벌어지는 일이고, 그는 너를 성폭행했으며 너의 잘못은 아니다." 그리고 성폭행에 대한 훨씬 더 많은 지식이 필요하다.

정상적인 생활의 상실로 인한 슬픔

그녀가 초기에 겪었던 죄의식과 함께 애비는 뭔가 빠진 듯한 '정상적'인 삶을 살아가지 못하고 있다는 절망감을 느꼈다. 그녀는 자기 자신을 뭔가 특별한 일을 당한 '어떤 사람'으로 여기기보다 그저 평소와 다름없는 애비가 되고 싶었기 때문에 의료점검을 받기를 원하지 않았다. 그녀는 평소의 자기 자신을 잃어가고 있었던 것이다.

나는 성폭행을 당하기 이전에 누렸던 정상적인 인격체로서의 나를 느끼지 못했다. 다른 사람들과 말하고 나 자신이 다시 그들과 함께 생활을 할 수 있게 되기까지는 시간이 꽤 걸렸다. 추측하기에는 … 이런 일을 당한 후에는 자기 자신을 이전과 같이 전혀 느끼지 못한다. … 그 전과 똑같은 사람이 되고 싶어 하지만, 그렇게 될 수 없었다. 그리고 나 자신이 예전과 같은 사람이 아니지만 그것으로 인하여 내가 더 나쁜 사람이 되었다는 것은 아니라는 것을 깨닫게 되기까지는 그리 쉬운 일이 아니었다.

성폭행을 당한 후에 애비는 외롭고, 상처받기 쉽고 그리고 주위로부터 분리되어 있는 듯한 느낌을 받았다. 성폭행을 당했다는 것은 한 공동체의 일부분이라는 소속감을 상실한다는 것을 의미했다. 처음에 그녀는 오직 한 명의 친구에게만 말했다. 비록 그녀가 나중에 좀 더 많은 친구들에게 사실을 털어놓았지만, 그녀는 마치 이러한 '흔치 않은 경험'이 자기를 '타인'처럼 만들었다고 느꼈다.

> 나는 나 혼자 이 세상에 남겨진 것처럼 느꼈다. 내 친구들 중 그 누구
> 도 내가 경험하고 있는 이 문제를 전에 다룬 적이 없었으며, 개인적으
> 로 나에게 해 줄 말이 그리 많지 않았다. 그러므로 나는 단지 나 혼자
> 여기에 남아 있고, 나머지 사람들은 모두 저 너머에 존재하는 것 같이
> 생각되었다.

그러나 사실 애비의 이야기는 그녀 자신의 치유의 신호로 가득 차 있는 셈이다. 그녀는 자신의 경험을 성폭행이라고 부르는 한편, 자기 자신은 잘못한 것이 없다는 사실을 인식하기 시작했다. 이러한 일들은 그녀 곁에 도움이 되는 가족과 친구들, 그리고 그녀에게 계속 헌신적이었던 좋은 상담가 등이 있었기에 가능했었다. 몇 가지 문제들을 해결하고자 노력하는 가운데 애비가 '정상적인 삶'으로 돌아갈 수 있다고 확신하기 위해서 필요한 다음 단계가 있었다. 그것은 바로 자신을 성폭행한 전 남자친구와 이야기하는 것이었다.[6]

애비는 그를 어쩌면 거의 매일 만날 수 있을 것이라는 것을 알았기 때문에 그로부터 숨지 않겠다고 결정한 것이다. 그녀가 고백한 것처럼 그를 직접 대면하지 않고 피하는 것은 상황을 더 악화시킬 뿐이었다. 그와 대면을 하려는 목적은 그로부터 사과를 이끌어낸다거나, 죄의 고백을 듣고자 하는 것이 아니라, 오히려 그에게 자신이 행한 행동들이

어떻게 애비에게 영향을 미쳤으며 그녀가 어떻게 느꼈는지에 대해서 말하려는 것이었다.

가을학기에 학교로 다시 돌아갔을 때, 실제로 그 사건에 대해서 그와 이야기를 나누었다. 문제의 요점에 집중해서 그에게 말해야만 했다. 그가 나를 성폭행했을 때 나에게 상처를 주려는 의도는 없었다고 생각한다. 그러나 그럼에도 불구하고 그는 나에게 상처를 주었다. "내 말 잘들어. 너는 나를 성폭행했어. 너는 의도했건 안 했건 간에 나에게 상처를 남겨 주었어. 너는 그렇게 했고 나는 그렇게 느꼈어. 나는 내가 어떻게 느끼고 있는지 너에게 알릴 필요가 있어."라고 말했다. 그때 그는 매우 자기방어적인 자세로 나왔다. 그는 "나는 네가 무엇을 생각하고 있는지 모르겠지만 ….".라는 식으로 말을 꺼냈다. 나는 그가 그의 행위를 성폭행으로 여기고 있다고 생각하지는 않는다. 그러나 그와의 대면은 절대적으로 나에게 도움이 되었다. … 나는 단지 그에게 무언가 말을 해야만 했었다. 그리고 나는 그가 나를 성폭행 했다고 느끼고 있다고 그에게 알리고자 했다.

애비는 성폭행에 대한 생존자의 직접적인 체험담을 읽은 것이 자기가 당한 일을 성폭행이라고 말할 수 있는 데 도움을 주었다고 한다. 다른 사람들이 겪었던 사례들은 애비가 자신의 경험을 그 당시의 상황과 주위 사람들과의 관계 속에서 볼 수 있도록 도움을 준 것이다. 그들의

체험들은 또한 애비가 그녀의 경험을 일반화시키며 고독감을 덜 느끼
도록 도움을 주기도 했다. 즉 그러한 다른 생존자들의 이야기는 애비
가 막연한 공상이 아닌 구체적인 삶의 현실에 대해서 인식할 수 있는
계기가 되었으며, 그 결과 그녀는 더 이상 고립되어 따돌림받는 사람
이 아니라는 깨달음을 얻게 되었다.

> 성폭행에 대한 많은 글들을 읽고 나는 성폭행의 개념을 이해하는 데
> 큰 도움이 되었다. 특히 성폭행이 다른 사람들에게도 발생한다는 사
> 실을 읽었을 때, 어쩌면 생존자는 극심한 외로움에 사로잡힐 수도 있
> 을 것으로 생각했다. 글들을 읽는 자체만으로도 큰 도움이 된다. 이
> 러한 방법은 상담가가 추천한 방법은 아니다. 나 자신이 스스로가 그
> 런 시도를 해 본 것이다. … 그 책들이 주는 충고들이 모두 도움이 된
> 다고 생각할 필요는 없다. 단지 읽는 것만으로는 충고를 실제로 받아
> 들이기 매우 어렵기 때문이다. 그러나 단지 그러한 글들을 읽고 그 일
> 이 다른 사람들에게도 발생한다는 사실을 아는 것만으로도 … 내 경
> 우에는 그리 나쁘지만은 않았다.

개인적인 힘과 자기 돌봄

자신이 이러한 경험으로부터 살아 남았다는 사실을 깊이 깨닫는
것이 그녀가 생각하던 것보다 더 애비를 강하게 만들어 주었다. 무엇
이 그녀를 그 사건에 대해 잘 대처할 수 있도록 도와주었느냐는 질문

에 애비는 이렇게 대답했다.

나는 내 자신이 이 어려운 경험을 잘 통과하고 있으며, 지금은 많이 괜찮아졌다는 사실을 내 자신이 아는 것 그 자체가 중요한 작용을 했다고 생각한다. 나는 이 사건이 있기 전과 별 다를 것이 없는 같은 사람일 뿐이다. 내가 무슨 일을 당했는지를 알고 있는 많은 친구들이 내 주위에 있으며, 무엇이든지 간에 나를 돕고자 한다. 나는 이러한 상황들이 나에게 가장 중요한 것들이라고 생각한다. … 또한 생각했던 것보다 더 잘 그 사건이 지나가고 있고, 나는 더 강한 사람이 되었다. … 나에게 이러한 느낌이 좋다. 나는 항상 나 자신을 작은 마을 출신인 순진한 어린 아이인 애비로만 생각하고 있었다. 이 사건 이후 아주 커다란 변화가 없다고 하더라도 뭐라고 말할까? 어느 정도 내 안에 있는 힘을 발견했다고 할까. … 언제까지 두려워만 하고 있는 것보다 조금이나마 자신감을 되찾았다고 느끼는 것이 더 나은 것 아닌가.

친구들의 도움을 기꺼이 받았던 것은 애비가 치유의 과정을 지속하는 데 중요한 역할을 하였다. 현재 그녀는 처음에는 성폭행당한 사실을 숨겼던 바로 그 친구들에게 도움을 요청하는 데 인색하지 않게 되었다. 이것은 자기 돌봄을 위한 매우 적절한 처신이라 할 수 있다.

나는 항상 나에게 무슨 일이 일어났는지를 알고 있는 누군가가 내 주위에 있다는 것을 의식하게 되었다. 나는 나 혼자 이 일을 감당하지 않아도 되는 여건에 있음을 확신했다. 그것은 매우 중요하다. … 또한 내가 가진 능력 안에서 나는 안전하고 내가 상황들을 통제할 수 있는 한 어떻게 되어 가고 있는지 알 수 있었다.

애비는 자신이 모든 상황을 완벽하게 통제할 수는 없다고 하더라 도 자기 자신이 안전하다고 느끼는 데 도움이 되는 것들을 선택할 수 있는 힘을 지니게 되었다. 자기 자신이 힘이 있다고 아는 것이 그녀의 치유에 있어서 매우 중요한 자리를 차지하고 있다.

남자라는 성 그리고 도움의 한계점들

애비는 그녀가 만났던 치료사에 대해서 매우 다행스럽게 생각하며 치료사의 성별에 차별을 두지 않았지만, 도움을 구할 친구들을 선택하 는 경우에 있어서는 달랐다고 한다. 애비는 최근 사귀고 있는 남자친 구에게 도움을 받았지만, 성폭행을 다루는 시각에 있어서 그녀의 현재 남자친구와 다른 남자들 사이에 차이를 보였다.

나는 현재 남자친구가 이 문제를 다루는 데 어려움을 겪고 있다고 생 각한다. 나는 단지 소수의 남자들에게 말했는데, 물론 내 남자친구에 게도 말했다. 그들은 나를 성폭행한 그 남자를 알고 있었고 여전히 그를 친구로서 좋아하고 있을 것이기 때문에 그들에게 다루기가 어려웠을 것이다. 그러므로 사실 이 문제는 남자아이들의 관점에서 보면 이해하기가 더 어렵다. 여자들의 경우 이 사건에 동정심을 느끼기 때문에, "오! 너 참 안 됐다. 그런 일을 당하다니. 우리는 참으로 안타깝다."라고 말했다. 나의 남자친구의 경우, 그는 나에게 매우 안타까운 심정을 보이는가 하면, 한편으로는 이 일을 그렇게 심각하게 취급하지 않았다. 그에게는 그렇게 하지 않는 것이 더 나을지도 모른다.

다른 시각을 가질 수 있도록 도와준 인터뷰

애비는 기꺼이 이 연구에 참여하고자 했다. 사실 내가 먼저 그녀에게 참여를 부탁한 것이 아니라, 그녀가 먼저 나에게 연락을 한 것이다. 다행히도 그녀가 같은 입장에 처해 있는 다른 여자들의 삶에 긍정적인 변화를 가져올 수 있도록 도울 수 있는 계기가 되었다.

만약에 이와 같은 정말이지 나쁜 뭔가가 일어난다면, 그런 일에서 나올 수 있는 어떠한 긍정적인 면들을 발견하는 것은 실로 좋은 일이다. 그러한 어려움을 지나고 있는 사람들은 도움을 더 얻을 수 있을 것이다. 물론 나는 이러한 일이 사람들을 파멸시키고 실제로 그런 일이 일어난 사례를 알고 있다. 그러나 바라기는, 사람들이 그 일들을 좀더 나은 방법으로 대처할 수 있었으면 한다. 목회자들이 만일 성폭행에 대해서 보다 많은 정보와 지식을 알고 있다면 그러한 사람들을 더 잘 도울 수 있을 것이라 생각한다. 그러므로 나는 만약 내가 더 긍정적으로 이러한 일들을 바라볼 수 있다면, 그것으로 좋다고 느낀다.

애비가 '좋다(good)'라는 말로 끝맺었다는 것은 그녀의 전체 치유과정을 볼 때 중요한 의미를 가진다. 인터뷰를 마치면서 추가하고 싶은 것이 있느냐는 질문에 대해 애비는 두 가지를 언급했다. 첫째는 그녀 자신의 치유와 관련된 것이었다. 성폭행을 당한 후, 앞에서도 말했듯이 애비는 외로웠고, 혼란스러웠으며, 무서웠고, 자신의 잘못을 탓했으며, 마음이 텅 빈 것과 같은 느낌을 가졌었다. 그녀가 훨씬 더 강해지고 성폭행과 그를 둘러싼 상황들을 잘 의식하게 된 것은 그녀가 성폭행당한 후 일 년이 지나서부터였다. 그녀는 여전히 자기에게 벌어진 일들을 이해하고자 노력했지만, 자신의 성장과 치유를 발견하게 됨을 감사하게 생각하고 있었다.

인터뷰하는 동안에 애비는 나에게 두 가지 질문을 하였다. 하나는 "내 경우가 일반적으로 벌어지는 전형적인 예인가요?"와 다른 하나는 "이 일이 다른 여자들에게도 발생하나요?"였다. 내가 파티-술-성폭행으로 이어지는 상황이 통계적으로 볼 때 그리 이상한 일이 아니며, 어떤 여자도 성폭행당할 가능성이 매우 높다고 말했을 때 애비는 안도의 한숨을 내쉬었다. 아는 사람에 의한 성폭행에 대해서 잘 알려지지 않은 사실들에 대한 지식은 애비가 그녀의 치유를 보다 폭넓은 시각으로 볼 수 있도록 해 주었으며 그녀가 덜 외로움을 느끼도록 해 주었다.

그녀가 언급한 두 번째 사항은 그녀의 부모님에 대한 염려였다. 애비의 부모님들은 성폭행법에 대해 화를 냈으며 애비를 걱정하였다. 그들은 자신들의 감정에 대해서 그 누구에게도 말하지 않았다. 애비는 그녀의 부모님들이 자신들의 감정에 대해서 교회 목사님에게 말하기를 바랐다. 그녀는 그것이 그들에게 도움이 될 것이라고 믿었던 것이다.

전문종교인들을 위해서 애비가 주는 제안들

애비는 성폭행을 당한 직후 그리고 그 후 오랫동안 그녀를 도와줄 수 있는 주위 사람들이 있었다. 그들 모두는 그녀가 치유할 수 있도록 도와주었다. 의료점검을 받도록 그녀를 병원까지 데려다 주었던 친구에서부터 그녀의 부모님, 상담가 등, 이 모든 사람들이 잘 협력하여 애비가 성폭행이라는 현실에 잘 직면할 수 있도록 인도해 주었다. 이러한 사람들과의 경험으로부터 애비는 전문종교인들이 성폭행 직후와 그 이후에 생존자를 위해서 알아야만 하고 또 해야만 하는 몇 가지 사항들을 다음과 같이 제안했다.

(1) 그녀의 이야기를 경청하고 그것은 그녀의 잘못이 아님을 알도록 도와 준다.

(2) 그 경험을 성폭행이라고 말하라. 애비는 이 두 가지가 전문종교인들이 해야 할 가장 중요한 일들이라고 말했다.

(3) 다른 생존자들이 직접 쓴 경험담을 읽게 하는 것은 매우 도움이 된다.

(4) 그녀에 대한 어떤 것이라도 결론을 짓지 말고 그녀의 의견을 존중하

라. 사람들이 그녀에게 무엇을 하라고 다그치는 것은 오히려 역효과만
낸다. 만일 그녀가 그렇게 하고 싶지 않으면 생존자는 그 어떤 것도 하
지 말아야 한다. 그녀에게 여건을 통제할 수 있는 힘을 다시 돌려 주
는 것은 중요하다. 목회자는 생존자에게 그 사건을 경찰에 신고하라고
말하는 경향이 많다. 그것은 상황을 더 어렵게 만들 뿐이다.

(5) 공격한 사람에게 복수하라고 위협하지 말라.

(6) 성폭행과 연관된 느낌들이 상담하는 시간마다 늘 발생하는 것은 아니
다. 친구들이나 목회자들은 가능한 한 어느 때나 그녀가 도움이 필요
하면 줄 수 있는 여건이 필요하다.

(7) 생존여성들은 혼자 그 어려움을 대처해야 할 필요는 없다.

(8) 부모님이나 다른 가족 구성원들의 필요성에 민감하라.

애비는 일 년 전에 당한 성폭행을 이제서야 그것을 성폭행이라고
부를 수 있게 되었다. 그녀는 이제 그 일이 그녀의 잘못이 아니라고 믿
게 되었고, 친구들이나 가족들에게 말할 수 있게 되었다. 또한 심리치
료사의 도움을 구하며, 때론 다른 사람들을 도와주고 있다. 간단히 말
하자면, 애비는 그녀 자신의 치유과정에 민감하게 잘 대처하는 등 놀
라울 정도로 잘 해 나가고 있다. 이렇게 되기까지 결코 쉽지 않았다.
그녀는 성폭행 그 자체로부터 생존했을 뿐만 아니라 나쁜 일로부터 긍
정적인 점들을 찾아내었던 것이다.

아는 사람에 의한 생존자들은 자신들이 회복하는 데 도움을 주었

던 것은 무엇이었는지에 대해서 전문종교인들과 함께 나눌 수 있는 풍부한 정보들을 가지고 있다. 이 연구에 참여했던 여성들은 경청, 확신, 그리고 신뢰하기 등이 치유과정에서 매우 중요한 세 가지 요소라고 이구동성으로 입을 모았다. 그들은 비록 타인이 제공하는 도움이 갖는 한계에 대해서는 다른 의견들을 말했지만, 일반적으로 공동체의 긍정적인 역할이 중요하다는 데 동의했다.

한편 자책감, 상실, 폭력을 말하기, 그리고 통제의 결여 등과 같은 주제들이 그들의 이야기 속에 한 번 이상 등장했다. 한 여성은 용서가 중요하다는 것을 발견했다. 두 명은 이러한 경험들을 앞으로 있을 사람들과의 관계를 위한 시금석으로 삼기도 했다. 모든 여성들은 전문종교인들을 위해서 도움이 될 만한 제안들을 했다. 그들의 이야기를 종합해 보면서 우리는 유사한, 그리고 다르지만 서로에게 도움이 되는 심리적이고 영적인 여러 가지 주제들이 있음을 보았다. 이러한 주제들은 생존자들의 경험을 이해하기 위한 목회상담신학적인 틀을 만들 수 있는 가능성을 열어 주었다. 이제 다음 장으로 넘어가 이 틀에 대해서 이야기해 보자.

3장 목회상담신학을 위한 이론적 틀

지난 45년 동안 심리사회학 분야는 아는 사람에 의한 성폭력에 관한 풍부한 정보들을 제공해 왔다.[1] 이 분야의 연구조사들은 성폭력 생존자들의 경험에 대한 중요한 사회심리적이고 사회역사적인 이론들을 많이 만들어 왔디. 그러나 이러한 연구들은 아는 사람에 의한 성폭력의 심리영적인 차원에는 별다른 관심을 나타내지 않았다. 이 장에서는 아는 사람에 의한 성폭행을 이해하기 위한 목회상담신학을 위한 이론적 틀과 함께 아는 사람에 의한 성폭행의 생존자들을 효과적으로 돌보기 위해서 필요한 목회적인 가이드라인을 제공하고자 한다.

2장에서는 아는 사람에 의한 성폭행에 대한 네 가지 각각 독특한 사례들에 나오는 이야기들을 살펴보았다. 그러한 이야기들을 종합해 보면 몇 가지 목회상담신학을 위한 공통적인 주제들을 찾아볼 수 있다. 이러한 주제들 중 일부는 전통적인 신학에서 다루어진 것들인 반면에 전통적인 유형을 초월한 모습도 찾아보게 된다. 즉 그들의 이야기들 속에 담겨 있는 심오한 심리영적인 문제들은 세속적이고 관계적인 언어로 나타난다. 이러한 주제들을 신학적이라고 규정하는 이유는 그들의 이야기들이 하나님이나 예수님 혹은 교회와 뚜렷한 관계를 맺고 있을 뿐만이 아니라, 자신들이 발을 딛고 사는 삶의 현장에서 살아가고 있고, 성장하고 있으며, 의미를 찾고자 하는 생존여성들이 갖는 가장 기본적인 능력과 연결되어 있기 때문이다.

네 명의 생존자들의 경험들에서부터 얻은 몇 가지 중요한 목회상담 신학적인 주제들이 있다. 물론 내가 앞으로 이야기할 항목들이 완전한 것은 아니며, 각 생존자들이 겪었던 갈등에 전부 적용되는 것은 아니다. 그보다는 이러한 주제들은 아는 사람에 의한 성폭행 생존자들이 경험하고 있는 외상과 치유의 과정들을 이해하기 위한 목회상담신학적 틀을 제공하는 첫 발걸음에 불과하다는 것을 미리 밝혀 두고 싶다.

1. 산산조각 부서진 세상(World-Shattering)

앞서도 말했듯이, 아는 사람에 의한 성폭행은 여성의 육체의 순결함, 관계적인 고결함, 심리영적이며 성적인 고결함과 여성 안에 존재하는 성육신된 하나님의 영 등을 침해하는 것이다. 아는 사람에 의한 성

폭행은 또한 이 세상 안에서 여성들이 살아가는 존재 방식을 부숴뜨
릴 수 있다. 폭력에 대해 저항할 수 있다고 생각했던 한 여성의 능력이
성폭행을 당한 다음에는 무참하게 무너지고 말았다. 비합의에 의한 강
압적인 성적인 폭력은 육체적이고 심리영적으로 여성들을 공격한다. 이
러한 부서짐의 경험은 타박상, 피흘림 그리고 육체적인 외상으로 나타
난다. 그것은 또한 그녀의 감정과 영적인 건강이 상처를 받고, 부숴지
고, 고통당하고 있음을 의미하며, 결국 너무도 커다란 상처를 그녀에게
남기게 된다. 한 여성이 성폭행당할 때, 자기의 성스러운 몸에 대한 육
체적인 침범뿐만이 아니라, 그녀의 심리영적인 세계가 침범당하고 부숴
져 버리는 경험을 하게 된다.

성폭행은 심리영적인 손실을 초래하는 범죄행위와 같다. 우리의 '은
밀한 부위들'에 대한 침범 그 이상으로 성폭행은 생명의 출산과 성적
인 극치를 맛볼 수 있는 여성의 몸을 침해하는 것이다.[2] 기독교 전통
과 신학은 우리 몸의 신성을 부인하는 몸과 영혼은 분리되어 있다는
사고를 지키고 강화해 왔다. 그러나 경험적으로 볼 때, 우리의 신체적
인 고결함이 '자아(self)'와 매우 밀접하게 연관을 맺고 있다는 것을 알
고 있다. 우리 신체의 가장 은밀한 부위들에 대한 공격은 우리의 심리
영적인 부분 중 가장 핵심을 침해하는 것이다. 육체적인 고결함의 상
실 그 이상으로, 성폭행은 믿음, 신뢰, 무죄함, 희망, 의미, 기쁨, 미래와
친밀함과 같은 영적인 상실들을 이끄는 것이다.[3] 이런 의미에서 아는
사람에 의한 성폭행은 한 여성의 심리영적인 환경을 모조리 부숴 버릴

수 있다.

이와 같은 우리의 인지와 심리영적인 부분들과 우리의 환경이 서로 연결되어 있다는 생각은 그리 새로운 것이 아니다. 심리학자인 진 피아젯(Jean Piaget)은 심리적 평정이라는 용어를 사용하여 그러한 현상을 설명하고 있다.[4] 외상이 발생하면 평정상태는 깨지게 된다. 이때 우리의 방어기제(defense mechanisms)들이 깨어진 평정상태를 외상과 동일시하게 만든다. 우리는 깨어진 평정상태를 재조직하고, 분명히 하며, 이해할 수 있을 때까지 외상 안에 갇혀 살아가는 것이다. 우리의 심리체계 안에서 충분히 이러한 상태를 해결하지 못하게 될 때 우리는 병리상태에 놓여 있다고 말할 수 있다.

역동심리학적으로 볼 때, 이러한 부숴지고 깨어짐의 상태는 평정이나 체계적인 균형의 상실이라 볼 수 있다. 위기를 경험하는 동안에 평정은 방해받고 우리 안의 평정기제들은 작동하지 않는다. 이전에 배웠었던 문제해결의 방법들이 더 이상 제 기능을 하지 않고, 적용되지도 않으며, 따라서 평정상태로 되돌아가기 위해서 사용할 수도 없다. 이와 같이 이미 우리 몸에 익숙하고 잘 알려진 해결방법들이 원활하게 작용하지 않을 때 개인적으로 혼란에 빠지게 된다. 더 나아가 위기상황일 경우, 주위의 환경들이 가져다주는 사회문화적인 영향들에 보다 노출되기 쉽다. 이렇게 되면, 그러한 사회문화적인 영향들에 대한 가치의 우선순위를 결정할 수 있는 능력을 잃어버리게 되며 결국 타인이나 주위 환경으로부터 피해자가 되고 있다는 느낌을 더욱 받게 된다.

심리사회적인 패러다임은 아는 사람에 의한 성폭행을 관계적인 관점에서 바라보게 한다. 그러나 성폭력에 대한 사회적인 패러다임은 성폭행이 여성의 영혼에 어떤 영향을 미치는지를 이해하는 데 도움을 주지는 못한다. 우리가 앞에서 본 것처럼 아는 사람에 의한 성폭행을 당한 후 느끼는 배신감, 성폭행이라고 말하지 못하는 문제점들, 자책감, 육체의 불결함, 정상적인 삶의 상실, 그리고 지지해 주는 공동체의 상실들을 다각도로 보기 위해서는 심리영적인 방법이 필요하다.

배신감과 에덴동산의 상실

아는 사람에 의한 성폭행의 생존자들이 가장 많이 겪는 외상적 심리영적인 이슈들은 바로 배신감이다. 배신감은 폭력에 의해서 야기되는 깨어짐의 결과로 발생한다. 그것은 또한 어느 정도 상대방을 신뢰할 수 있는 관계에서부터 시작된다. 신뢰할 수 있다는 이유로 우선 남자가 여자에게 다가설 수 있게 해 주며, 그 후 여자로 하여금 남자를 덜 경계하도록 만든다. 신뢰는 일반적으로 상대방과 관계를 형성하도록 하는 중요한 결정요소이기 때문에 성폭행을 당한 후 신뢰관계가 깨졌다는, 즉 배신당했다고 느끼는 것은 피할 수 없는 결과인 것이다. 요약하면 낯선 사람에 의해서 저질러지는 성폭행의 경우 죽음과 상처에 대한 두려움이 생존자의 회복에 중요한 요인이 된다.[5] 반면에, 아는 사람에 의한 성폭행의 경우에 생존자는 신뢰의 상실과 이해할 수 없는 배신감으로 갈등을 겪게 된다.

멜라니는 그녀의 전 남자친구에 의해 저질러진 성폭행에서 엄청난 배신감을 느꼈다. 그녀는 그의 행위가 신뢰에 대한 침해라는 것을 알고 있었다. 그녀는 자신이 당한 경험을 성폭행으로 부를 준비가 되어 있지는 않았지만, 적어도 그것이 깨져 버린 신뢰이며 이해할 수 없는 배신이라는 것만큼은 분명히 알고 있었다. 그녀의 고통과 혼란의 중심에는 다름 아닌 오랫동안 간직해 오고 있었던 윤리적, 관계적, 육체적이고 종교적인 기준들에 대한 배신이 있었다. 멜라니를 성폭행한 남자는 그녀를 이미 알고 있었다. 그녀는 자신의 삶의 핵심부분들을 그와 나누고 있었다. 그녀는 또한 그에게 성적 친밀감은 도덕적이고 종교적으로 신중하게 고려해야만 할 사항이라고 말하곤 했다.

그러나 그는 그녀를 성폭행하였다. 그는 단지 그녀의 의사를 반대한 것을 넘어서 그녀를 배신했다. 멜라니는 그러한 그의 배신을 전혀 이해할 수 없었다. 그녀가 자신의 경험을 억지로라도 이해하자면, 그가 너무 술에 취해서 더 나은 선택을 할 수가 없었다고 믿는 것이 그녀에게는 더 쉽고 심리영적으로 더 안전한 방법이었다. 그가 맨 정신이었고 따라서 그녀의 의지를 거부하고 동의없이 일을 저질렀다고 믿는 것은 두 가지 중의 하나를 의미한다. 즉 그를 다른 새로운 시각으로 보거나 (이것은 그녀가 사람을 잘못 보는 경향이 있다는 것을 의미) 또는 위태로운 신정론(神政論, theodicy)에 직면하게 되는 경우이다.

한편 그가 그녀를 성폭행했다는 것을 믿는다는 것은 두 가지를 인식한다는 것을 의미한다. 첫째는, 나쁜 일들이 착한 사람들에게도 발생할 수 있다는 것과, 둘째는, 그러한 나쁜 일들이 정당하고 의로운 이유없이 발생한다는 것이다. 이 같은 사실을 받아들인다면 우리는 때때로 우리가 경험하는 무질서와 악의 승리를 인정하는 것과 같다. 멜라니가 그녀의 전 남자친구가 그녀를 범하고 배신하기로 선택했다고 믿는 것은 인간이 기본적으로 선하고 착한 일을 할 것이라고 생각하는 것을 포기하는 것이다. 사실 멜라니는 전 남자친구가 너무 술에 만취되어 있었기 때문에 정상적인 생각을 하지 못했을 것이라고 믿음으로써 자기 자신의 세계관을 보호하려 했던 것이다. 의도적인 악은 우발적인 악보다도 훨씬 더 처참한 결과를 초래하는 법이다.

로니 자노프-불만(Ronnie Janoff-Bulman)은 그녀의 정의-세계이론(just-world theory)을 가지고 외상과 회복에 대한 이론을 설명한다. 정의-세계이론에 따르면 인간들은 자신들이 질서 잡힌 세상에서 살고 있으며 불운으로부터 보호받을 수 있기를 기대할 수 있다고 추측한다. 좀 더 자세히게 말하면 다음과 같다:

내가 살고 있는 세상은 축복받은 곳이다. 그러나 심지어 이러한 좋은 세상에서도 비교적 자주는 아닐지라도 부정적인 일들이 발생한다. 그러나 그러한 부정적인 일들이 발생한다고 해도 그들은 무작위로 불필요한 것들이 아니다. 그보다 오히려 그것들은 어떤 의미를 가지고 발생하는 것이다. 부정적인 일들은 당할 만한 사람들에게 발생한다. 그들이 어떤 인격을 가진 사람들인가 혹은 그들이 어떤 일을 했으며 마땅히 해야 할 일을 하지 못했는가 등등에 따라서 말이다. 나는 선하고, 능력 있으며, 사려 깊은 사람이다. 나쁜 일은 나에게는 일어나지 않을 것이다.[6]

이러한 생각의 근원에는 자기 자신은 절대로 상처받지 않을 것이라는 환상(illusion of invulnerability)이 자리잡고 있다. 즉 우리는 긍정적인 일이 발생할 가능성에 대해서 지나치게 낙관적이며 부정적인 일에 대해서는 너무 과소평가하는 것이다. 나쁜 일이 우리들이나 다른 누군가에게 발생하면, 우리가 보이는 첫 번째 반응은 그러한 나쁜 일들을 위에서 말한 정의-세계이론에 끼어 맞추려고 애쓴다. 현실을 있는 그대로 받아들여서 환상의 세계를 잃어버리는 것보다는 아무런 확실한 증거도 없으면서 그저 우리는 정의롭고 축복받은 세상에서 살고 있다고 믿는 것이 더 쉽지 않은가.

이와 마찬가지로, 아이들에 대한 폭력을 연구하면서 앨리스 밀러(Alice Miller)는 이 사회는 부인 혹은 거절로 가득 찬 세상이라고 말하고 있다. 우리는 거절하는 경향이 있는데 왜냐하면 "안전함을 제공해 주는 지상천국이라고 불리는 곳을 상실하려고 하기보다는, 우리 자신이 어두움, 소외, 힘의 남용, 속임수, 복종과 자기 자신의 상실 등 지옥과도 같은 곳에서 살고 있다고 더 믿기 때문이다."[7] 우리는 아는 사람에 의한 성폭행의 실체들에 대해서 부인하며 살고 있다. 왜냐하면 어떤 일들은 벌어질 이유가 있으니까 벌어지는 것이라고 생각하며 우리 자신을 보호하려고 하기 때문이다.

우리는 불신이라는 깊은 유혹을 받으며 살고 있다. 나쁜 일들은 나쁜 사람들에게만 발생한다는 환상을 깨는 것은 매우 힘든 일이다. 만일에 나쁜 일들이 좋은 사람에게도 발생할 수 있다면, 나쁜 일이 나에게도 얼마든지 발생할 수 있다. 만일 나쁜 일이 아무 이유없이 나에게 벌어지면, 나는 위험에 빠지게 되는 것이며, 혼란이 나를 다스리게 된다. 똑같은 이유로 아는 사람에 의한 성폭행의 가능성과 실체들을 받아들인다는 것은 곧 에덴동산을 포기하는 것을 의미한다.

이 연구에 참여한 이들은 자신들이 당한 폭력을 이해하기 위한 과정에서 경험하게 되는 갈등의 중심을 차지하는 것으로 배신을 꼽았다. 그들은 배신의 경험을 종교적인 용어로 표현했다. 한나의 경우를 예로 들면, 벽에 붙여 놓았던 십자가를 잃어버린 사건은 그녀가 경험했던 상실이 얼마나 컸었는지를 은유적으로 나타낸 것이다. "그는 하나님도 도둑질한 셈이다."라는 표현은 그녀의 상실감이 얼마나 컸었는가를 단적으로 드러내는 영적인 탄식이 되었다. 하나님이 그녀를 버리셨다기보다는, 그녀의 정체감, 안전성, 자기확신과 함께 하나님까지도 도둑맞은 것이다.

데브라는 하나님께서 그녀가 성폭행당하는 순간에 그 장소에 계시지 않았다고 믿었다. 왜냐하면 "하나님께서는 추한 것을 좋아하시지 않기 때문이다." 즉 하나님께서는 성폭행당할 때 그녀를 포기하시지 않으셨는데, 데브라가 그렇게 생각했던 이유는 바로 하나님은 단지 그곳에 현존하시지 않으셨을 뿐이라고 믿었기 때문이다. 데브라는 하나님은 그 행위를 인정하지 않았기 때문에 하나님께서 거기에 계시리라고 기대하지 않았다. 하나님이 그 자리에 계시지 않으셨던 것은 결국 하나님의 분노였던 것이다. 이것이 데브라가 화가 난 원인이었다.

한편 멜라니의 사례에서 배신은 그녀가 '구세주'라고 여겼던 남자로부터 나왔다. 그녀가 성폭행당하던 날 저녁, 멜라니는 파티에서 한 남자에 의해서 원하지 않는 성적회롱을 당할 수밖에 없었던 상황을 염려하고 있었다. 그때 그녀는 자기의 전 남자친구가 자기를 충분히 보호할 수 있을 만큼 술에 취하지 않았다고 생각했기에 그를 '구세주'라고 여기며 도움을 청했던 것이다. 그런데 그녀의 구세주가 자신을 성폭행함으로써 배신한 것이다. 이 배신은 멜라니를 혼란스럽고, 슬프고, 화가 나게 만들었다.

성적인 폭력을 다룬 목회상담신학이나 목회상담학 책들은 성폭행의 생존자들은 하나님에 의해서 버림받은 느낌을 받는다고 말하고 있다. 이러한 버림받은 느낌은 흔히 자신이 당하고 있는 고통의 원인과 목적에 대한 질문 속에 나타나 있다.[8] 이 책에 나온 여성들은 하나님에 의해 버림받음을 자신들 외상의 중심적인 문제라고 직접 언급하지는 않았다. 그러나 그들은 모두 배신감을 언급했는데, 특히 네 명 중에 세 사람은 신앙적 혹은 신학적인 방법을 사용하여 배신감을 어떻게 다루느냐가 가장 중요한 회복의 열쇠라고 강조하였다. 배신감은 단지 인간적인 요소가 아니라 영혼에 대한 침범이다.

이 여성들이 느꼈던 배신감은 깨어진 약속이나 누설된 비밀보다 훨씬 더 심각한 주제였다. 그 안에는 신에 대한 거룩한 요소들이 내포되어 있다. 그들 가운데 세 명의 여성들의 경우에 그들의 고통은 하나님의 힘에 대한 그들의 생각에 직접적인 영향을 미쳤다. 예를 들어 잃어버린 십자가에 대한 한나의 슬픔은 너무 힘이 강해서 하나님조차 훔칠 수 있는 어떤 힘에 대한 탄식이었다. 만일 하나님께서 견딜 수 없으셨다면 어떻게 그녀가 할 수 있었을까? 하나님께서는 고통의 원인이 아니시다. 그러나 하나님은 그것을 멈추게 할 수도 없었다. 성폭행을 당한 후, 한나는 하나님의 사랑에 대한 빈 공간을 견딜 수 없었는데 그 이유는 하나님께서는 변화없으신 한결같은 사랑이시라는 것이 증명되어 왔기 때문이었다.

마리 포튠(Marie Fortune)이 말한 바대로, 한나는 자신의 고통과 하나님의 힘 사이의 상관관계를 지었는데, 이 경우에는 그러한 관계의 결여로 인해 한나는 힘들어했다.[9] 한나는 자기의 고통을 자신에 대한 하나님의 반감의 표시도 아니고 하나님께서 어떤 규칙에 의해서 일하시지 않는 분이라는 것을 보여 주는 표시도 아니라고 보았다. 그러나 하나님께서 어떤 힘에 의해 압도당하는 순간에 그녀의 고통은 발생했다. 던컨 신클레어(N. Duncan Sinclair)는 이러한 갈등은 고통을 가하는 그 어떤 것보다도 더 위대한 것이 그곳에 존재한다는 것을 믿을 수 없는 우리 인간의 상태를 반영한다고 말했다.[10]

반면에, 데브라는 그녀의 고통을 자신을 향한 하나님의 반감의 표시로 받아들였다. 고통 속에서 느끼는 그녀의 외로움은 하나님의 소극적인 버리심이라기보다는 하나님께서 적극적으로 그녀를 심판하시는 것이라고 생각했다. 이와 같은 심판론에서, 하나님은 가해자와 피해자 사이를 구분하지 않으신다. 데브라의 경우, 심판은 그녀에게 행해진 악과 그것을 멈출 수 없는 그녀의 무능력 사이를 전혀 구별하지 못하도록 하였다.

악이 그녀에게 행해졌기에 그녀는 악한 것이다. 신정론에 대한 데브라의 질문은(왜 하나님께서 나에게 이런 일이 발생하도록 하셨을까?) 하나님의 심판이라는 즉각적인 대답을 얻게 되는 것이다.(왜냐하면 하나님께서는 못나고 나쁜 것들을 좋아하시지 않는다.) 데브라가 그녀의 분노와 폭력으로부터 야기된 상실감을 치유하기 위해 갈등할 때, 그녀는 강력하게 심판하시는 하나님이라는 그녀의 하나님에 대한 이미지를 먼저 치유해야만 했다. 마리 포튠은 전문종교인들이나, 종교단체들 그리고 하나님을 향한 분노가 분출되는 치유과정은 오히려 생존자들이 하나님이나 하나님에 대한 이미지를 포기하지 않았다는 것을 나타내는 표시가 될 수 있다고 강조했다.[11]

멜라니가 경험한 배신은 그녀의 '구세주'의 손에서 이루어졌다. 당시 그에 대한 믿음은 그녀를 더 큰 지옥의 나락으로 떨어뜨리고 만 것이다. 멜라니는 그녀의 슬픔을 표현하기 위하여 신앙고백적인 언어를 사용하지는 않았다. 그러나 그녀의 고통은 너무도 강력하게 괴롭히고 있었기에 오직 신학적인 이미지를 통해서만이 적절하게 표현할 수 있었다.

성폭력이라고 부르기 위한 씨름

다른 사람들의 이름을 부르는 것과 그들로부터 부름을 받는 것은 유대-기독교 전통에서는 성스러운 행위로 여겨진다. 타인이 자기의 이름을 부른다는 것은 그들에게 알려진다는 것을 의미하며, 또한 내가 누군가를 부른다는 것은 나에게 힘이 있음을 나타내는 것이다. 야곱은 이름을 가지고 있지 않은 주의 사자와 씨름을 하였다(창 32:24-30). 결국 야곱은 축복을 얻고야 말았다. 아는 사람에 의한 성폭행의 생존자들이 자신들이 겪었던 경험에 대해 무언가 이름을 붙이는 행위는 치유 과정에서 매우 중요하다. 이러한 이름을 붙이는 과정은 종종 자책감과 섹스에 대한 합의에 관해 의문을 가지고 있는 파트너들과 함께 싸우는 레슬링 경기이기도 하다.

성폭행을 당한 지 일 년 후에노 멜라니는 그녀의 경험을 무엇으로 불러야 할지 잘 알지 못했다. 그녀는 자신이 당한 일은 잘못된 일이었으며 우발적인 성관계가 아니었다는 것을 알고 있었다. 또한 사건이 발생했을 때 그것을 원하지 않았으며 자신이 배신을 당하고 있다는 것도 알고 있었다. 그러나 그녀는 인터뷰하는 내내 자신이 당한 일을 무엇이라고 불러야 할지 계속해서 씨름하고 있었다. 그녀는 나나 다른 사람들이 그것에 이름 붙이는 것을 싫어 했으며 여전히 혼자 씨름하고 있었다. 그는 당시 술에 만취해 있었으며 "안돼!"라고 말하지 않았다.

그녀는 그러한 자신의 태도가 합의를 의미하는지에 대해서 확신할 수 없었다. 그렇기 때문에 일 년이 지나도록 그 문제를 놓고 싸우고 있었던 것이다. 이 문제를 해결하기 전까지 멜라니는 치유받았다고 자신 있게 말할 수 없었다.

한편 애비는 자신이 당한 일이 성폭행이었다는 것과 자신의 잘못으로 발생한 것이 아니라는 것을 알고 있었다. 이러한 이름을 붙이는 행위는 결코 한순간에 혹은 혼자만의 작업으로 이루어지지 않는다. 처음에 그녀는 의료처치가 그리 중요한 문제가 아니라고 믿었기 때문에 병원으로 가는 것을 원하지 않았다. 그녀의 경험을 아는 사람에 의한 성폭행이라고 부를 수 있도록 도와주었던 것은 오로지 헌신된 가족, 친구들, 치료사, 의사들과 다른 생존자들의 이야기들, 이 모든 것들의 합작품이라 할 수 있다.

애비는 성폭행을 당했을 때 거의 필름이 끊겨진 상태였기에 성폭행에 대한 의식적인 기억이 없었다. 그럼에도 불구하고 그녀는 자책감과 상대방과 합의했는지의 여부의 문제들과 씨름을 해야만 했다. 위에서도 말했듯이, 그녀가 성폭행의 개념을 이해하고 자신이 당한 성폭행을 적극적으로 해결하고자 노력할 수 있었던 것은 그녀의 씨름하는 과정 속에 참여했던 많은 사람들의 도움 덕분이었다. 자책감이나 죄의식이라는 것들은 계속적으로 진행하며 괴롭히는 적들이기 때문에 자신의 경험을 이름 붙이는 행위 역시 한순간에 끝나는 것이 아니라 지속적으로 진행되는 과정이다.

이때 자신을 성폭행한 사람을 이미 그 전부터 알고 있었을 경우에는 '이름 붙이는 과정'이 더욱 힘들고 어렵다. 우리가 이미 알고 있고 깊이 믿었던 사람이 그런 악한 일을 저질렀다는 것은 이해하기 어려운 일이다. 이러한 인지적인 불일치가 이름을 붙이는 과정에 걸림돌이 될 수 있다. 심지어는 자신의 경험을 마침내 '성폭행'이라고 이름 붙인 다음일지라도, 생존자들은 가해자를 '성폭행범'이라고 부르는 데 어려움을 느끼기도 한다. 이 연구에 참여한 여성들 가운데 가해자들을 '성폭행범'이라고 부르는 사람은 한 사람도 없었다. 판사가 가해자를 '성폭행범'이라고 규정지었던 사례를 경험한 한나조차도 그 말을 사용할 수 없었다. 침해자? 가해자? 나쁜 남자? 성폭행범? 성폭행범과 전에 관계가 있었다는 사실이 피해자로 하여금 이름 붙이는 과정을 힘들게 하며 치유하고자 갈등하는 생존여성에게 다른 차원의 어려움을 추가하는 셈이다.

'진짜 성폭행'과 처녀 마리아 생존자 편견

성폭행의 경험을 이름 붙이는 데 따른 어려움에 대해서 비단 생존자만 탓할 필요는 없다. 사실 자신이 경험한 폭행을 이름 붙이는 데 따르는 생존자가 겪는 갈등의 원인은 무엇이 '진짜 성폭행'인지에 대해 우리 사회 전체가 안고 있는 혼란으로 인해 발생하는 것으로 볼 수 있다. 불행히도 현재 우리가 알고 있는 성폭행에 대한 개념들은 전통적인 성폭행과 관련된 모든 정보들을 모아서 만들어진 것이다. 멜라니가 자신의 경험을 성폭행이라고 믿지 않았던 가장 근본적인 이유는 그것이 성폭행에 대한 대중적인 이미지에 잘 들어맞지 않았기 때문이다.

우리가 여기서 유심하게 살펴보아야 할 부분은 그러한 이미지가 무엇이든지간에 그것들은 멜라니가 만든 것이 아니라 사회를 통해서 그녀에게 전달된 것이라는 점이다. 전적으로 믿을 수 있는 차원에서의 '진짜 성폭행'에 대한 개념은 순수와 거룩함이라는 시나리오(scenaio)와 끈끈하게 연결되어 있다. 따라서 '진짜 성폭행'으로부터의 생존자는 처녀 마리아라는 사회가 만들어 낸 편견에 다시 한 번 희생당하게 된다.

처녀 마리아 편견 혹은 신화에 관한 시나리오는 다음과 같다. 마리아는 총이나 칼을 든 낯선 사람 때문에 놀랐다. 그녀는 몸 여기저기에 타박상과 부상을 당할 정도로 그와 싸웠다. 그녀는 "절대 안돼!"라고 소리를 질렀지만 결국 성폭행을 당하고야 말았다. 그녀는 즉시 경찰을 불렀으며, 경찰은 그녀를 병원까지 데리고 갔다. 병원에서 그들은 그녀를 염려하고 있다는 듯한 진지한 자세로 사건에 대한 증거들을 모으고 있었다. 성폭행이라는 사실을 입증할 만한 충분한 증거들이 있었는데, 예를 들면 눈에 보이는 찢김, 타박상, 피, 여성의 질과 항문, 그리고 그녀의 말이 사실임을 입증해 주는 가해자의 찢긴 옷 부위들이었다. 그녀는 약물이나 술을 마시지 않았다.

그녀는 또한 처녀였거나 혹은 최소한 자신을 성폭행한 남자와 이전에 성관계를 갖지 않았었다.(이것은 물론 그녀가 사람들의 성격을 잘 판단하는 사람이었기에 가능하다.) 그녀는 처녀인데, 그녀가 섹스를 할 기회가 없었기 때문이 아니라, 결혼할 때까지 기다리기로 선택했기 때문에 그렇다는 것이다. 다른 말로 말하면, 그녀는 섹스에 굶주리지 않았으며 그렇다고 너무 조용한 성격도 아니었다.

그녀는 너무 공격적이거나 요란스러운 사람도 아니었다. 그녀는 남자를 유혹하는 옷을 입지도 않았다. 즉 지나치게 몸에 끼거나 짧은 스커트 혹은 남자들이 그녀의 몸을 흘깃흘깃 쳐다보는, 다른 말로 말해서 전혀 야한 스타일과는 거리가 먼 옷차림이었다. 그녀는 남자들에게 너무 다가가는 것처럼 보일까봐 남자들과 그다지 친하게 지내지 않았지만, 그녀는 나름대로 '좋은 명성'(물론 그 어떤 의미로서도 해석할 수 있다)을 가지고 있었다. 그녀는 너무 '교회 냄새'가 나지도 않았다. 왜냐하면 그것은 그녀가 성적으로 너무 자신을 억제하는 것을 의미하기 때문이며, 또한 죄의식을 느끼기 때문에 합의에 의한 섹스를 했으면서도 성폭행을 당했다고 신고할 수도 있기 때문이다. 그녀는 또한 성폭행을 당하는 중에도 자신의 아이들을 보호하려고 할 수도 있는 성격이다. 그것이 바로 좋은 여성이라는 표시이기 때문이다.

물론 자신이 당한 성폭행이 진정한 의미의 성폭행일지라도 그것에 대한 그녀의 반응은 정말 그것이 성폭행인지 아닌지를 결정하는 중요한 요소이다. 만일 그녀가 고통을 공개적으로 드러내면 그녀는 너무 신경질적인 사람이 되는 것이며, 한편 너무 조용하게 고통에 대응하면 그것은 그녀가 당한 성폭행에서 실제로 폭력은 행사되지 않았다는 것을 의미할 수도 있다. 만일에 그녀가 너무 오랫동안 고통에 시달리면,

그녀는 정신적으로 불안정하거나 방어적이고, 편집증적이거나 아니면 완전히 비이성적인 것으로 인식된다.(그녀는 단지 시간이 경과되기를 기다리 만 하면 된다!) 그녀는 항상 분명하고, 이성적이며 그리고 용서할 줄 아는 사람이다. 만일 그녀가 지나치게 화를 내면, 그녀는 남자를 증오하는 사람이다. 만일 그녀가 의롭다면, 그녀는 가해자인 남자를 용서할지도 모른다. 왜냐하면 그는 정신적으로 뭔가 잘못된 짓을 했다는 것을 알 수 있는 능력이 없거나, 또는 그는 어린아이였을 때 학대를 받았다거 나, 알코올 중독자이거나 아니면 사회체제에 의해서 힘을 박탈당한 사 람일 수도 있기 때문이다.

그녀가 용서해 줄 수 있는 또 다른 이유는, 그녀가 기독교인이니까, 그를 용서해 줌으로써 그가 회개할 수 있도록 이끌었다는 것에 만족 감을 느낄 수 있기 때문이다. 그리고 그녀는 교도소에서 자신들을 학 대한 남자들을 죽인 여성들이 아니라(그들은 정신적으로 불안정하고 화가 난 사람들이다.), 사회에 의해서 용서받았으며 다른 기회를 부여받은 성폭행 범들과 여성들을 학대한 사람들을 위해서 자원봉사자로 일한다. 그녀 는 죄를 미워하고 죄인들을 사랑하라고 부르심을 받았기 때문에 이러 한 일들을 할 수 있는 것이다.

지금까지 한 말들이 너무 극단적일 수 있다. 그러나 내가 하고자 하는 말은 이러한 처녀 마리아 생존자는 현실에서 존재하지 않는다는 것이다. 진짜 성폭행의 편견에서 보이는 100퍼센트 완전히 그렇다고 믿 어지는 아는 사람에 의한 성폭행의 생존자는 있을 수 없다. 현재 발생하는 성폭행 가운데 거의 절반 이상이 피해자가 아는 사람에 의해서 저질러지고, 대부분은 무기를 가지고 있지도 않으며, 가벼운 정도의 타박상이나 긁힘 이상의 부상이 발생하지 않을 수 있고, 피해자나 가해자의 집과 같은 곳에서 발생한다. 너무도 흔히 우리가 보여 주는 선입관 때문에 우리는 성폭행이 발생하는 상황에 따라서 해석해야 한다고 믿고 있으며, 발생한 성폭행의 사실 여부를 위에서 말한 처녀 마리아 편견에 대입하고 그것에 따라 판단하곤 한다.

처녀 마리아 생존자들과 '진짜 성폭행(즉 우리의 통계가 아닌 편견과 신화에 딱 들어맞는)'에 대한 개념들이 바로 많은 사람들, 즉 법집행자들, 의료진들, 가족, 친구들 심지어 교회 등에서 가지고 있는 성폭행에 대한 기준들이다. 이러한 비현실적인 기준들 때문에 여성들은 자신들의 경험을 성폭행이라고 부르기를 주저하게 되는 안타까운 현실 속에서 살게 된다.

합의와 창녀 마리아의 편견

처녀 마리아 생존자 편견은 아는 사람에 의한 성폭행의 생존자들에 대해서 현실과는 전혀 동떨어진, 부정적인 인상을 지울 수 있기 때문에 심각한 부작용을 일으킬 수 있다. 문제의 핵심은 섹스에 대한 합의의 여부이다. 이 여자가 성폭행을 야기시켰거나 혹은 적어도 그러한 폭력을 불러오도록 어떤 행동을 하지는 않았나? 실제로 성폭행을 유발시킨 여성에 대해서는 어떻게 반응해야 하나? 이러한 질문들을 대하

면서 생존자에 대한 처녀 마리아 비유에서 성전 창녀 마리아로 화제를
바꾸면 도움이 되리라 생각한다.

아는 사람에 의한 성폭행은 위에서 말한 '진짜 성폭행'의 기준들에
전혀 부합되지 않는다. 만일에 사건이 성폭행이 아니며 피해 여성이 정
신이 바짝 든 상태였다면, 피해여성이 성폭행에 대해서 많은 책임이 있
다고 할 수 있다. 그리고 단지 창피를 당하여도 아무런 상관이 없다는
여성만이 성폭행과 같은 일을 자처할 수 있다. 합의 여부가 치유를 위
한 갈등에 있어서 핵심이 된다면, 생존자들은 아마도 성전의 창녀였던
마리아와 같은 느낌을 받을 수 있을 것이다.

이 연구에 참여했던 모든 여성들은 합의와 자책감의 질문 앞에서
많은 갈등을 경험했었다. 그들이 당한 성폭행에 대해 모두들 자기 자
신들을 탓하는 것이었다. 데브라는 첫 번째 당했던 성폭행 때 강력하
게 대응하지 않았기 때문에 두 번째 성폭행을 초래했다고 믿었다. 멜
라니와 애비는 비록 술을 마셨기 때문에 가해자들에게 합의의 여부를
알릴 수 없었다고 하더라도, 그들은 술을 마신 것에는 합의했으며, 따
라서 그 뒤에 이어지는 모든 행동들에 대해서 어느 정도 합의가 이루
어진 것이라는 생각을 했다. 그들이 공격당하기 쉬운 상태에 있었다는
자신들의 취약성과 책임감 사이에서 혼란스러워하는 한편, 합의가 있
을 수 있었음을 고백했다. 이렇게 본다면, 섹스에 대해서 반대의사를
분명하고 강하게 표시하지 않는 것은 합의한 것과 마찬가지라는 논리
가 성립된다. 합의했는지의 여부가 애매모호한 경우, "안돼!"라는 말은

어떤 의미로도 해석이 가능하다는 것을 피해자들은 알 필요가 있다.
어느 피해자의 말을 빌리면,

> 나는 만일 어떤 여성이 성폭행당했을 때, 그 여성에게 어느 정도 책
> 임이 있을 수도 있다는 일반적인 시각을 충분히 인식한다. 비록 나는
> 궁극적으로 그에게 모든 책임을 지웠지만 나는 나의 행동에 대해서
> 보다 신중하게 생각해 보지 않을 수 없었다. 나는 성폭행까지 진행되
> 는 모든 것에 동의했었다. 나의 한계를 알고 있었지만, 내가 그에게 확
> 실한 내 의향을 보여 주지 못했었을 수도 있다는 것에 동의한다. 아마
> 도 그저 "안돼!"라는 말은 충분하지 못한 것 같다.[12]

한편 합의와 관련된 질문들은 보통 부끄러움이나 죄의식과 같은 감
정들로 나타난다. 그러나 합의에 의한 섹스라고 타당하지도 않은 주장
을 가해자가 하고 나섰기 때문에 피해자가 부끄러움과 죄의식들을 느
낀다면 그럴 필요까지는 없다고 말하는 사람들도 있다. 비록 부끄러움
과 죄의식이 불필요한 것일 수 있다고 하더라도, 그것들은 섹스의 합
의 여부에 대해서 혼란스러울 경우에 흔히 나타나는 자연스런 반응들
임을 알 필요가 있다. 사실 죄의식이라는 것은 사회가 정한 규정에 영
향을 받기 때문에 생존자들이 부끄러움과 죄의식을 느끼지 않으려면
반사회적 혹은 반문화적이 되어야만 한다. 그러므로 생존자들을 돌보
는 종교전문가들은 생존자가 자신은 비난받아도 싸다고 느끼며 갈등

하는지, 아니면 그녀가 오도(誤導)되고 잘못된 죄책감을 갖고 있는지를 분별할 필요가 있다. 자책감과 합의의 혼란 속에서 우리는 죄책감을 병리화하거나 문제시하거나 생존자들로 하여금 이미 문화 속에서 만들어진 죄의식과 부끄러움에 대해서 책임을 지라고 강요한다.

위에서 살펴본 대로 합의에 대한 질문은 생존자가 갈등하는 과정에서 매우 중요한 위치를 차지한다. 그러한 질문이 정상적인 성적 활동과 성폭력 사이에서의 차이가 무엇인지에 대해 더 큰 의문을 낳기 때문이다.[13] 이러한 문맥에서 볼 때 합의는 정상적인 성적 활동을 하기 위하여 상대방에게 통지되고 자유롭게 선택된 합의문이라 할 수 있다. 복종이나 상대방의 힘에 굴종하는 것과는 뚜렷이 구분되는 합의된 섹스가 되기 위해서는 다음과 같은 필요조건들이 필요하다. 결정을 내리기 위해서 필요한 모든 정보를 가지고 있어야 하며, 선택할 수 있는 힘이 있고, 결정하는 데 있어서 존중받아야 하는 고결성 등이다. 성폭행의 경우는 합의가 전혀 존재하지 않는, 즉 관계의 침해이다. 따라서 성폭행을 법적으로 정의하는 데 있어서 가장 중요한 요소는 바로 합의의 여부인 것이다.[14]

불공평하고 위협적인 힘(설득력 있는 힘과 정반대인)이 있는 한 합의는 있을 수 없다.[15] 성폭행에서 사용하는 도구는(육체적인) 아마도 성적 욕구이지만, 그 근저에 깔려 있는 기본적인 동기는 다른 데 있다. 상대방여성의 의지와 반대로 가는 것은 그녀와 합의 없이 행하는 행위이며, 합의 없이 행하는 것은 범죄이다. 합의에 관한 이 원리는 위협적인 섹스와 합의 하에 이루어진 섹스, 즉 성적 폭력과 성적 활동 사이를 구분짓는 지침이 된다.

우리가 성폭행을 정상적인 성적 활동의 극단적인 표현으로 간주하는 한, 우리는 성적 활동과 성적 폭력을 혼동하게 된다. 포튠은 이 두 가지를 구분짓기 위해서 무엇보다도 섹스란 '합의' 하에 이루어지는 정상적인 성적 활동을 의미한다는 것을 깊이 인식해야 할 필요가 있다. 즉 정상적인 성적 활동은 두 사람의 합의 하에 따른 것이며, 상호관계, 존경, 평등, 돌봄과 책임 등을 가지는 것을 의미한다. 이에 반해 성적인 폭력은 두 사람이 함께 성적인 욕구를 느끼는 것이 아니며, 착취, 적개심 그리고 학대 등의 상황에서 발생하는 것이다.[16]

우리 사회는 오랫동안 여성들로 하여금 자신들의 경험을 믿지 못하고 의심하거나 회의하도록 강요해 왔다. 이러한 의심의 사회화 현상을 가장 잘 볼 수 있는 사례가 바로 이 책의 주제인 아는 사람에 의한 성폭행의 생존자의 경우이다. 공격받고 상처받은 것은 그들인데, 오히려 자신이 잘못한 것은 없는지 살펴보도록 강요당하는 것이다. 그러나 생존자들 외에도 심지어는 가장 잘 훈련받은 상담과 돌봄제공자들조차도 남에게 손가락질하는 문화에 너무도 익숙하다. 그들은 자주 '합의'에 대한 질문을 하곤 한다. 물론 그러한 질문들은 성폭력의 원인을 찾고자 하는 질문들이다. 예를 들면 당신은 어떤 옷을 입고 있었나요? 왜 비명을 지르지 않았나요? 술은 마셨나요? 등등의 질문이다. 이러한 질문들은 폭력을 논리적으로 이해하려고 시도한다. 그것은 마치 무질서 속에서 질서를 찾는 것과 같은 이치이다. 목회상담의 관점에서 볼 때, 생존자에게 성폭행을 당한 상황에 대하여 너무 많은 시시콜콜한 것들까지도 물어 보면, 결국 합의에 관한 질문을 던질 가능성이 매우 높은데, 이것은 다시 우리가 그녀를 믿지 못하고 있다는 느낌을 생존자에게 줄 수 있다.

합의에 관한 질문들은 아는 사람에 의한 성폭행의 발생 원인을 논리적으로 알 수 있도록 도와주지만, 그러한 질문들은 또한 무의식적으로 상담가 자신이 성폭행 사건 그 자체로부터 어느 정도 거리를 둘 수 있는 여지를 갖도록 만든다. 즉 합의에 관한 질문들을 물어볼 경우에 상담가나 돌보는 위치에 있는 사람은 상대방을 신뢰하는 역할에서 벗어나 재판관이나 자기변호자로 전락하게 된다는 것을 기억해야 한다. 만약에 생존자가 처한 상황을 이해할 수 있고 피해자가 왜 폭력을 당했는지를 해석할 수 있다면, 상대방 피해자가 우리와는 다르다고 결론을 내리면서 우리 자신은 만족할 수 있을런지도 모른다. 이 경우에 피해자와 우리와의 차이점이 우리에게는 안전지대가 되는 셈이다.

만일 피해자가 폭행을 불러일으킬 만한 뚜렷한 행동을 했다면, 그러한 행동들을 하지 않음으로써 그와 같은 폭행을 피할 수 있다고 생각할 것이다. 반면에 우리의 행동이 생존자의 행동들과 과히 다르지 않다면, 우리 역시도 폭력에 노출되기 쉬운 것이다. 단도직입적인 질문(당신은 성폭행을 불러일으킬 만한 어떤 행동을 하지는 않았나요?)을 던지거나 아니면 에둘러서(술을 마시지는 않았나요?) 합의에 관련된 질문을 함으로써 우리는 자신은 절대로 그러한 위험에 빠지는 행동을 하지 않을 것이라는 환상을 갖게 할뿐더러, 성폭행에 대해서 그녀를 비난하면서 거리를 두려고 한다. 결국 합의와 관련된 질문들은 생존자를 외롭게 만들며, 그녀로 하여금 자신을 탓하는 행동을 더 강화시키게 만드는 결과를 초래하게 되는 셈이다.

전문종교인들은 가능한 한 합의에 관한 질문들을 피하고, 성폭행을 불러오는 행동을 한 것이 아무 것도 없다고 생존자들을 재확인시킴으로써 그들을 도울 수 있다. 앞에 예를 들었던 애비는 바로 이러한 확신을 통하여 치유의 과정을 잘 밟아갈 수 있었다. 즉 그녀는 성폭행을 유도하지 않았고 일단 자기가 인사불성 상태가 되었을 때 그것을 멈추지 못했다는 것을 자신 있게 말할 수 있도록 도움을 받은 후부터 앞으로 나아갈 수 있었다. 생존자들은 성폭행에 대한 책임을 질 필요가 없다. 그러나 피해자를 탓하는 분위기가 너무 우리 사회에 만연되어 있기 때문에 피해자와 생존자들은 세상 사람들이 자기들에게 손가락질 할 것이라는 점을 염두에 둘 필요는 있다. 그러나 이것이 피해자나 생존자들이 손가락질 받아야 한다는 것을 뜻하는 것은 아니다. 다만 생존자들이 이러한 혹독한 현실 상황들에 대해서 미리 알고 있으면 더 잘 대처해 나갈 수 있다.

여성의 몸: 신성모독의 현장

아는 사람에 의한 성폭행은 보통 잘 아는 장소들에서 발생한다. 이 연구에 참여한 모든 여성들의 경우에도 이 사실이 입증되었다. 아는 사람에 의한 성폭행은 상대 여성의 '안전한 장소'에 대한 생각을 무너뜨리기 때문에 치유과정에 있어서 중요한 요소는 그녀로 하여금 성폭행당한 범죄의 장소에 대해서 새로운 시각을 갖도록 도와주는 것이다. 이렇게 함으로써 생존자는 성폭행의 기억에 대한 두려움을 줄이면서 삶을 살아갈 수 있게 되는 것이다. 이것은 아는 사람에 의한 성폭행을 당한 후에 매우 고통스러울 정도로 힘든 일이다. 그 이유는 그녀의 몸이 바로 성폭행이라는 기억들을 지니고 있는 장소이기 때문이다. 아는 사람에 의한 성폭행의 생존자들에게는 그들의 몸은 범죄로 말미암아 신성모독의 장소가 된 셈이다.

어떤 폭력이든지 범죄의 장소는 중요하다. 범죄가 저질러진 주위에 처진 노란테이프가 최근에 이곳에서 범죄가 발생했다는 것을 표시한다는 것을 알기 위해서는 해박한 법적인 지식이 필요하지 않다. 범죄 테이프는 이 주위에 얼씬거리지 말고 의문사항은 전문가에게 맡기라는 신호이다. 아는 사람에 의한 성폭행의 생존자들에게 범죄가 저질러진 기본적인 장소는 유형적인 집이 아니라 바로 그녀의 육체이다. 이 사실은 그녀가 의료조사를 받기 위하여 병원에 가서 성폭행 치료도구를 사용하는 것으로 충분히 입증된다. 성폭행 점검도구가 사용될 때, 범죄의 현장으로서 여성의 몸은 사진 찍히며, 구석구석 조사당하고, 순결이 상실당하며, 가해자와 가해한 사실의 증거를 찾기 위해 수색당한다. 한마디로 말해서 이러한 의료조사 과정에서 여성은 육체적인 손상과 성폭행의 증거를 위해 점검당하는 것이다. 만일에 그녀의 몸이 그다지 손상을 입지 않았거나 다른 증거를 보이지 못하면 아마도 사람들은 그녀를 믿지 못할 것이다.

바로 이러한 성폭행을 당한 직후에 벌어지는 의료점검과 경찰관의 조사는 생존자가 느끼는 '신성모독'의 감정을 더욱 더 느끼도록 부채질할 수 있다. 피해자가 경찰관에게 성폭행당한 사실을 신고하고 의료진단을 받기 위해 병원에 가는 것에 대해 동의하면, 그녀는 기본적인 의료점검과 함께 '성폭행 응급키트(rape kit)'를 사용한 점검과정을 밟아야 한다. 성폭행 응급키트는 법정을 대표하는 의료원이 피해자의 몸에서 성폭행의 증거를 모으는 과정이다. 이러한 과정에는 긁히거나 찢겨진 부위, 피, 손가락 밑의 피부와 폭력을 입증하는 여러 가지 증거들을 포함한다.

생존자가 가해자를 법정에 고소할 때 이러한 성폭행 응급키트는 매우 중요한 역할을 한다. 그러나 성폭행 응급키트를 실행하는 과정은 생존자들에게는 매우 견디기 어려운 것이다. 그들의 몸이 다시 한 번 타인에 의해서 헤집고 다니는 듯한 느낌을 받기 때문이다. 이 검사가 주는 그러한 특성 때문에 생존자는 자신의 개인적인 비밀이 노출되는 느낌을 더 강하게 느낀다.

한편 그들의 나이에 관계없이 피해자들이 항상 신체부위의 이름과 그것들의 기능에 대해서 잘 알고 있는 것이 아니기에 그런 것에 대한 질문을 받을 때 너무도 큰 당황스러움을 경험하게 된다. 나는 이러한 사실을 어느 날 저녁, 한 젊은 소녀로부터 알게 되었다. 어느 병원의 외상처치 병실에서 경찰관들은 그녀에게 성폭행에 대해서 아주 조그마한 것까지도 물었다. 그들은 특별한 해부학적인 언어를 사용하고 있었다. 그녀는 아주 까다로운 말상대였기 때문에 경찰관들은 그녀로부터 그녀가 세속에 찌들었다는 표시이기도 한, 짧고 별도움이 안 되는 반응만을 받았다. 질문 중에 나는 그녀에게 "그들이 '질(vagina)'이라는 말을 했을 때, 너는 그들이 너의 몸 어느 부분에 대해서 이야기하고 있는지 알고는 있었니?"라고 물었다. 그녀는 조용히 "아니요."라고 대답했다. 그녀는 자신이 성폭행당한 사실과 몸에 대해서 별다른 지식이 없다는 것에 대해서 부끄러움을 느끼고 있었다. 성폭행과 그 이후의 일들이 그녀를 상처받거나 공격당하기 쉬운 환경에 노출시켰다. 이러한 일들로 인해 그녀는 모욕을 당했던 것이다.

경찰관들이 범죄현장을 조사하고, 증거들을 모으며, 생존자로부터 증언들을 얻은 후, 노란테이프는 걷어지고 주위 가게들은 다시 정상적으로 영업한다. 그렇지만 아는 사람에 의한 성폭행의 생존자는 아무 일도 발생하지 않은 것처럼 일상으로 돌아갈 수 없다. 한 여성이 성폭행당하면, 그녀 몸의 고결함이 모욕을 당하는 것이며, 성전이 침해당한 것이라 말할 수 있다. 그녀의 육신의 회복은 그녀의 영혼의 회복과 직접적으로 연결된다. 특히 피해자가 기독교인이라면, 그녀는 예수 그리스도라는 몸의 한 지체이며 하나님에 의해 육신을 가진 모양으로 창조되었다는 것을 믿는다. 따라서 그녀의 몸에 가해진 폭력은 그녀가 이 경험을 신앙적으로 이해하는 데에 영향을 미칠 수밖에 없다.

아는 사람에 의한 성폭행의 생존자에게 가해진 육체의 손상은 그녀 몸의 '신성모독' 상태 그대로 확연히 나타난다. 잘라짐, 타박상들, 환각현상, 장기간적인 전염, 근육의 욱씬거림 등의 고통들은 폭력의 표시인 것이다. 그러나 그러한 외부적이고 눈으로 볼 수 있는 표시들은 성폭행으로 인해 발생한 내적이고 영적인 테러를 가리키는 것과 같다.[17]

온갖 종류의 범죄로부터 생존한 사람들은 범죄의 현장에 대해서 강한 거부감을 가지기 마련이다. 범죄 현장으로부터 가능한 한 멀리 달아나고 싶은 것은 지극히 당연하고 자연스러운 반응이다. 그러나 범죄 현장이 바로 자기의 몸 자체라면 도망친다는 것은 어려울뿐더러 생존자들은 매우 파괴적인 행동을 보일 수 있다. 음식장애, 성적인 난잡함, 자살충동 및 시도, 알콜남용 그리고 자해 등은 그러한 범죄장소로부터 도망가려는 일종의 시도라고 해석할 수 있다. 그럼에도 불구하고, 결국 그러한 행위들은 단지 '신성모독'을 더욱 더 부채질할 뿐이다.

모욕감과 순수함에 대한 생각들

모욕감 역시 생존자들이 경험하는 공통된 느낌이다. 이 세상에서 존재하는 그들 나름대로의 방식이 공격당하고 있는 것 같고 마치 하급품처럼 느끼게 된다. 성폭행을 당한 직후에 그들의 자아가 부숴져 버리기 때문에 생존자들은 매우 공격받기 쉬운 상태에 빠지게 된다. 자기의 존재에 대해서 '신성모독'된 이해를 가지고 이 세상 안에서 타인들과 상호작용을 한다는 것은 마치 두려운 절벽으로 떨어지는 것과 같다. 이러한 모욕감이 대학교 캠퍼스에서는 부끄러움의 형태를 취하곤 한다.[18] 파티가 끝난 다음날 아침에 한 여성이 술에 너무나 취했기 때문에 원하지 않았던 성적 행위를 피할 수가 없었던 동아리방을 나서고 있다. 그녀는 성폭행을 당했다는 자기의 말을 그 누구도 믿어 주지 않을 것이라고 생각하며 세상으로 발을 내딛는다. 그녀는 심지어 자기 자신조차 믿지 못한다. 머리는 땅을 향해 숙인 채 깊은 외로움을 느낀다. 그녀는 동아리 문 밖으로 나가면서 부끄러움의 발걸음을 옮기기 시작한다.

아는 사람에 의한 성폭행은 특히 피해여성이 이전에 합의에 의한 성적 친밀감을 경험해 보지 못했을 경우에 더 심한 모욕감을 느끼게 된다. 데브라가 성폭행을 당했을 때, 그녀는 성적인 경험이 없었다. 성폭행을 당한 후 피가 쏟아졌다는 것은 그녀의 처녀성이 '도둑질당했다'는 것을 신호로 알려 준 것이었다. 그녀는 처참한 기분이었다. 그녀는 하나님이 주신 선물인 자신의 처녀성이 미래의 남편을 위해서 보존되었다는 사실을 새삼 알았지만, 이제 그녀는 '손상'을 입은 것이다. 성폭행 당한 지 무려 30년이 지났음에도 데브라는 여전히 자신의 처녀성의 상실을 탄식하고 있었다.

기독교 역사를 보면, 처녀성은 여성의 영적인 힘과 동일한 것으로 여겨져 왔다. 그것은 한 여성의 순수함과 헌신의 여부를 결정짓는 요소로 생각되어 왔다. "종교적인 여성에게 있어서 순결한 처녀막이 천국

문을 보장해 줄 수는 없지만 부적절한 처녀막의 상실은 영원한 구원으로 이를 가능성을 줄어들게 한다."[19] 신체적으로 처녀막(처녀성의 상징)이 성폭행을 당하는 동안에 터질 수 있는 반면에, 자전거를 타는 동안에 발생하는 여러 가지 상황들에 의해서도 터질 수 있다. 그러므로 성폭행은 그것이 생존여성의 첫 번째 성경험인지 아닌지와 관련이 있다기보다는 오히려 그 여성이 첫 번째로 부인과 진찰을 받는 것과 더 밀접한 관련이 있다고 하겠다.[20]

처녀성의 상실 여부가 중요하게 작용한다는 사실이 나에게 확실하게 다가온 것은 바로 어느 날 저녁 때 있었던 일부터였다. 성폭행 위기핫라인의 스태프로 있던 그날 저녁, 나는 병원에서 도움을 요청하는 전화를 받았다. 응급실에 도착하자마자 나는 조그마한 방으로 안내되었는데 두 명의 경찰관들과 특수훈련을 받은 간호원, 그리고 로리나[21]라는 이름의 22살된 남미계 여성이 있었다. 그녀는 한 남성에 의해서 손가락(아마 그 이상의)을 사용한 성폭행을 당했다. 경찰관의 기본적인 정보수집이 끝난 다음, 간호사와 로리나 그리고 나는 진찰실로 갔다. 로리나는 옷을 벗고 테이블에 누우라는 지시를 받았다. 간호사는 조심스럽게 살펴보고, 사진을 찍고, 폭력에 대한 어떤 증거라도 찾고자 하는 동안에 나는 로리나 옆에 서 있으면서 그녀에게 이런 종류의 일의 절차를 설명해 주며 그녀의 손을 잡아 주었다.

간호사가 경찰관에게 이야기를 하러 방을 나간 후, 로리나는 나에게 "내가 아직 처녀예요?"라고 물었다. 젊은 남미계 여성인 그녀에게 처녀성은 매우 중요한 이슈였다. 물론 그녀는 그것이 그녀의 아버지에게도 중요한 것임을 알고 있었다. 나는 그녀가 아직 처녀라는 것을 확인시켜 주었다. "심지어 만일에 이 남자가 당신의 몸속에 자기의 성기를 삽입했다고 하더라도 당신이 그것에 동의하지 않았기 때문에 당신은 여전히 처녀인 셈이지요."라고 말해 주었다. 로리나는 그녀의 상실된 순결이 그녀의 가족들과 장래의 남자친구 혹은 남편될 사람과의 관계를 해칠까봐 두려워하고 있었다.

처녀성은 한 개인적인 차원을 넘어선 보다 더 넓은 문화적인 상황 속에 위치하고 있다. 라틴 공동체에서는 로마 가톨릭과 마치스모(machismo)라는 남성우월주의가 결합되어서 여성들이 남자 가족구성원들에 의해서 보호받는 환경을 만든다.[22] 한 여성의 성적인 정체성은 공동체 안에서 그녀의 가족의 위치와 밀접하게 묶여 있다. 이러한 상황 속에서 한 여자의 처녀성은 공동체적인 차원으로 해석해야 한다.

여성들의 고통과 저항의 원천에 대한 연구에서 숀 콥랜드(M. Shawn Copeland)는 노예화된 흑인여성들의 삶과 죽음, 그리고 생존은 장기간에 걸친 고통을 견디는 인내, 사랑, 희망, 그리고 신앙 등의 이상적인 개념들을 재규정하도록 우리들을 자극한다고 주장한다. 노예제도 하에서 여성에게 가해진 엄청난 폭력은 모성애, 처녀성, 용서와 같은 고결한 개념들을 엉망으로 만들어 버렸다. 그들의 살아야만 하는 분위기 속에서 강인한 엄마상, 용기, 육체적인 저항과 말대꾸와 같은 생존 기술들은, 전통적인 기독교 미덕에서 굉장히 중요시 여겼던 생명을 주는 특성들을 빼앗아 가 버렸다. 흑인여성들이 경험하는 일상적인 차별대우는 그들로 하여금 위에서 나열한 저항의 유형들을 새로운 삶의 근원으로 받아들일 수밖에 없도록 만들었다. "성폭행, 인종차별주의와 노예제도 하에서 흑인여성들에 대한 축첩(蓄妾) 제도 등으로 인해서, 여성의 정결함 혹은 처녀성은 다른 새로운 의미를 가질 수밖에 없었다."[23]

바로 그러한 폭력의 존재 때문에 우리는 여성의 정결함 혹은 처녀성에 대해서 여성들을 구원할 수 있는 새로운 개념들을 찾아야만 한다. 일반적인 경우와는 달리, 여성이 성폭행을 당했을 경우에 우리는 처녀성이라는 단어를 반드시 새로운 의미로 해석해야 한다. 즉 미덕이라는 이름으로 불리던 것을 다시 정의해야만 한다. 한편 성폭행의 피해 여성들이 처녀성에 대해서 새로운 의미를 주장하기 위해서 그들은 먼저 다시 해석된 처녀성의 새로운 의미가 자신들이 속한 공동체의 정체성 안에서 어떤 역할을 할 수 있는지를 언급해야만 한다. 오직 그런 과정을 거친 후에라야 생존자들은 자신들이 경험하고 있는 외상, 모욕과 치유 속에서 처녀성에 대한 새로운 의미가 수행하는 역할을 다시 세워가는 것을 시작할 수 있다.

아는 사람에 의한 성폭행이라는 폭력을 당한 후에 치유를 위해 노력한다는 것은 다름 아닌 모욕을 당한 육체를 다시 주장하는 것과 범죄의 현장을 치유한다는 것을 의미한다. 그러기 위해서는 자기의 육체와 황폐화된 자기개념을 정결하게 가다듬어야만 한다. 성폭행을 당한 후, 생존자들은 폭력을 깨끗이 씻어내기를 원한다. 심지어 멜라니는 그녀가 기도의 힘을 말하는 가운데 이와 같은 깨끗이 씻어낸다는 말을 사용하였다. 생존자들은 테러의 흔적을 씻어내고 자신의 육체에 대한 자기의 소유권을 재선언하기 위하여 수시간 동안 샤워실에 서 있었다고 보고하고 있다.

모욕감과 더러워졌다는 느낌은 성폭행을 당한 후에 증거들을 모아야 한다는 이유로 샤워를 하지 말라고 지시를 받았을 때 훨씬 더 심하게 나타난다. 생존자들의 몸에 대한 폭력은 그녀가 이 세상에서 어떻게 살아가야 하는지를 이해하는 데 막대한 영향을 미친다. 성폭행이라는 행위 속에서 여성의 몸은 중요하지 않으며 가치 없는 것이라고 여겨진다. 그러므로 성폭행으로부터의 치유는 비록 이미 부숴져 버린 상태이지만 그 안에서 육체의 신성을 다시 선포하는 과정을 포함하는 것이다.

성폭행: '일상적인' 삶의 상실과 삶의 지배

성폭행을 당한 여성들은 그들의 삶을 성폭행 전과 성폭행 후의 시간으로 분리한다. 성폭행 전에 여성들은 안전했고, 벌어지는 일들은 납득할 만했으며, 친구들은 신뢰할 만했고, 악한 것들은 대개 나와는 아무런 상관이 없는 '저기 너머'에 있는 일들이었다. 반면에 성폭행을 당한 후에는 잃어버린 과거에 대한 탄식, 현재 당하는 고통, 그리고 항상 앞으로도 그와 같은 느낌을 받으며 살아가야 한다는 두려움 등이 생존자들에게 몰려든다. 탄식과 잃어버린 꿈 사이에서 산다는 것은 마치

지옥행 형벌을 받는 것과 같은 느낌이다. 생존자들은 성폭행 전에 누렸던 삶을 잃어버렸다는 상실을 탄식한다. 즉 그들은 잃어버린 '일상적인 삶'에 대한 상실로 인해 슬퍼하는 것이다.

이 연구에 참여한 모든 여성들은 이러한 삶의 익숙한 방식에 대한 상실로 인해 슬퍼했다. 한나는 현금인출기 비밀번호와 자기집 전화번호조차도 잊어버렸다. 적혀 있는 엄마의 전화번호를 보지 않고는 집에다 전화를 걸 수도 없었다. 그녀는 일상적인 삶 속에서 이루어졌었던 일들에 대한 기억의 상실로 인해 고생했다. 일상적인 삶의 세부적인 것들에 대한 상실은 또한 삶의 방향을 잃어버리게 한다. 데브라가 일상성을 상실한 것은 그녀가 공동체를 보호하기 위하여 자신이 성폭행을 당했다는 사실을 발설하지 않기로 마음먹었을 때 나타났다.

한때 안전했었던 그녀의 공동체가 그녀가 가지고 있는 강력한 비밀로 인해 취약하게 되었다. 그러므로 그 공동체의 '일상성'을 보호해야 한다는 생각이 그녀 자신의 필요성에 우선한 것이다. 그때 데브라에게 '일상성'은 일종의 격한 분노를 일으킨 엄청난 폭풍이 되었다. 멜라니는 자신이 당한 경험을 '성폭행'이라고 부르지 않음으로써 성폭행당하기 전의 생활을 유지하고자 노력했다. 그러나 애비는 성폭행 후에 느꼈던 자신 안에 존재하는 그 전과의 '다름'으로 인해 외로움을 느꼈으며, 성폭행을 당하기 전의 '익숙한 것'들을 그리워했다. 이러한 새로운 느낌들은 그녀를 너무도 힘들게 했다.

루스 크롤(Ruth Krall)은 위에서 나타난 정상적인 일상성의 상실을

'가정(假定)적인 세계의 상실'[24]과 동일시한다. 그녀에 의하면 여성은 자신이 믿고 있는 가정적인 세상은 질서를 가진 세상이기에 공격당하지 않을 것이라는 믿음과 또한 자신이 공격당한다 해도 약간의 통제력을 가지고 있을 것이라고 확신한다는 것이다. 성폭행과 그 이후에 벌어지는 일들은 이러한 그녀의 기대를 산산조각 낸다. 자신이 가졌던 생각들이 분쇄될 때 여성은 충격, 혼란, 무기력증과 공포를 경험한다. 즉 그녀는 자신을 지탱해 주는 시스템과 인간관계에서 벌어지는 행동들을 이해할 수 있는 능력을 잃어버리게 된다. 이러한 상실감이 특히 아는 사람에 의한 성폭행일 경우 더 심하게 나타난다.

성폭행을 당하기 전에 대부분의 생존자들이 가졌던 세계관은 직관적이며 무의식적이어서 그녀는 자신의 행동과 가는 장소, 그리고 누구와 시간을 보내야 하는지 등에 대해서 조금만 주의를 기울이면 성폭행을 당하지 않을 것이라고 믿는다. 그런 후 성폭행이 발생하면 그녀가 예상하고 직관적으로 느꼈던 세상은 부숴지고 만다. 그녀는 삶에 대한 새로운 기대감을 만들어야만 하는 것이다. 모든 행동과 반응들이 새롭고 의식적인 것이라고 느낄수록 생존자의 삶은 의도적이고 세밀하게 계획적인 것들이 되버린다. 그러나 아쉽게도 지속적이고 세밀한 의도성 혹은 계획성은 서서히 소모되며 고갈되어 버리기 마련이다. 성폭행을 당한 후에 생존자들은 그녀의 가치들을 재조명하도록 강요당하고 있는 셈이다. 그녀는 이런 작업을 반복적으로 해야만 하는데, 마침내 그녀는 너무 지쳐 결국 녹초가 되고 만다.

쥬디스 허만(Judith Herman)은 위에서 언급한 잃어버린 가정적인 환경을 자기보호의 비기능적인 시스템으로 빗대어 설명하고 있다. 이것을 좀 쉽게 설명하자면 그녀가 보이는 외상적인 반응들은 자기가 가지고 있는 시스템이 실행 가능한 선택을 전혀 할 수 없는 상황에 직면했을 때 발생한다고 지적한다. 저항이나 탈출 모두 가능하지 않을 때, 인간의 자기방어기제는 당황하게 되며 제대로 작동하지 못하게 된다. 이런 이유로 말미암아 외상을 입은 사람은 마치 그녀의 신경계통이 현실과 단절된 것처럼 느끼고 행동할 수 있다.

신경계통의 효율성을 잃어버린 상태에서는 실제적인 위험이 사라진 훨씬 뒤에도 그 위험에 대해서 평범한 반응을 하지 못하고 계속적으로 과장되거나 왜곡하려고 하는 경향이 있다. 외상은 통합적인 방법 안에서 정상적으로 기능하도록 되어 있는 자기보호라는 복잡한 체계를 쪼개어 분리시킨다. "외상적인 사건들은 이 세상의 안전성, 긍정적인 자아상과 창조세계의 의미 있는 질서 등에 내해 피해자가 가지고 있었던 기본적인 가정들을 파괴한다."[25]

성폭행이 한 개인의 자기보호 체계를 산산조각 낸다면 당연히 그녀의 삶을 이끌어 왔던 내적인 규칙들도 변하기 마련이다. 성폭행은 일반적이고 평범한 규칙들을 부인하게 만드는 행위이다. "그/녀는 단지 다른 사람들에게만 일어날 것이라고 생각했던 것을 경험한다. 그리고 그러한 일들은 자신의 환경 속에서 일반적인 '규칙들'과는 전혀 반대되는 일이다. 이 세상은 더 이상 환대할 수 있는 곳이 아니다. 성폭행 피해자의 삶은 더 이상 그 전과는 같을 수가 없게 돼 버린다."[26] 그녀는 비록 이전에 있었던 곳과 같은 장소에 있다고 하더라도, 더 이상 같은 곳이 아니다. 그것은 심리게임과도 같다. 그녀는 더 이상 그녀가 아는 것을 어떻게 알 수 있는지를 알지 못한다. 이런 의미에서 그것은 '이해할 수 있는' 그녀의 능력을 깨부순 것과 같다. 성폭행은 지식의 위기와 더불어 아는 바대로 행동할 수 없다는 위기를 아울러 야기시키는 역할을 한다고 볼 수 있다.

아는 사람에 의한 성폭행은 상대 피해여성에게 "성폭행당한 것을 어떻게 알게 되었느냐?' 하는 질문을 하도록 강요한다. 동시에 그녀가 다른 사람들과 관계를 형성하고자 할 때 자기 자신이 누구인지에 대해 갈등을 일으키게 만든다. 아는 사람에 의한 성폭행은 생존여성이 어떻게 해야 다시 자신이 속해 있었던 공동체의 구성원이 될 수 있을지의 질문을 일으킨다는 점에서 여성의 자기정체성의 핵심을 건드리게 된다. 이런 반응은 성폭행을 당한 후 발생하는 고통이 폭력 행위 그 자체뿐만 아니라, 전에 신뢰했었던 사람들을 더 이상 신뢰할 수 없게 되었기 때문에 생긴다. 만약에 생존여성들이 더 이상 신뢰할 만한 사람을 알지 못할 때(그녀를 침범한 사람이 아는 사람이라고 가정했을 때), 심지어 그녀가 자기 자신조차 신뢰할 수 있을지 혼란에 빠지게 된다.

미시간 주에 있는 아드리안 칼리지의 골드스미스상담센터 소장인 모니크 세비즈(Monique Savage)는 성폭행을 당한 여대생들이 겪는 갈등을 똑똑히 보곤 했다. 한 젊은 여성이 안면이 있는 사람에 의해 성폭행을 당했을 때 그녀의 익숙한 삶과 세상이, 갑자기 낯선 모습으로 느껴지기 시작했다. 이런 낯선 이방나라에서 생존자들이 모험하기란 그리 쉬운 일이 아니다. "진짜로 생존자들의 기분은 썩 좋지 못하며 가해자가 아직도 자기 주위에서 어슬렁거리고 있기 때문에 밖으로 나가기가 무섭다고 말하고 싶을뿐더러(이 말에 숨어 있는 보다 깊은 의미는 나는 심지어 내가 누군인지조차도 알고 있지 못한다는 뜻이다) 나는 내 자신을 이 세상 속에서 어떻게 드러내야 할지 더 이상 모르겠다."[27]

이와 같은 두려움은 자신이 다시 성폭행을 당할 수 있다는 공포와 자기 자신이 누구인지 전혀 모르는 상태로 계속 이 세상을 살아가야 한다는 사실에서 비롯된다. 자기 자신이 누구인지 그리고 그것을 어떻게 알 수 있는지를 아는 것은 공동체 안에서 살아가는 데 가장 필요한 기본적인 기술이다.

성폭행의 생존자들은 폭력 없는 세상에서 살고 있다는 믿음을 잃어버린 사실에 슬퍼하며, 폭력은 일상적으로 자주 일어나는 일이 아니라고 성폭력 전에 생각했던 자신의 생각이 틀렸음을 깨닫게 된다. 불행하게도 많은 여성들에게 그것은 단지 환상에 불과할 뿐이다. 통계에 따르면 네 명의 소녀들 중의 한 명 꼴로 18세 이전에 이미 성적으로 공격받은 적이 있으며, 대다수의 여성들에게 이 세상은 안전하게 살 만한 환경이 아니다.[28]

성폭행을 당할 수 있다는 생각으로 살아간다는 것은 오늘날 여성들이 자신들을 한없이 위축시키는 현실 속에서 살아가고 있다는 것을 의미한다. 태양이 떠올라 아침이 되면, 여성들은 대중 속으로 들어가 무방비상태의 열린 공간 속에서 살아간다. 그들은 상대적인 안전함 속에서 일터로 나간다.(오직 '상대적'인데, 아는 사람에 의한 성폭행이라는 말 자체에도 '아는 사람'과 '성폭행'이라는 말 때문에 의문을 낳는다.) 그러나 해가 지면, 여성들이 자유롭게 활동하기에는 위험하다. 따라서 여성들이 사회에서 무엇인가를 하기에는 하루가 너무 짧다. 많은 여성들이 밤에 장을 보러 갈 때 "무서움을 참으면서 밖에 나갈 정도로 이것을 지금 사야 하나?" 하는 질문을 하곤 한다.

밤에 차의 기름을 채우거나 혹은 어두컴컴할 때 현금자동인출기에 가는 것은 성폭행을 감수할 정도의 위험한 모험이 되어 버렸다. '밤시간'은 밖으로 나가야 하는 공적인 일들이 '필요성'과 '위험성' 사이에서 결정되어야 한다는 것을 의미한다. 성폭행을 당한 후에 가지는 삶의 계획들은(이른바 '성폭행 스케줄'이라고 부른다) 여성들로 하여금 하루의 시간을 충분히 활용하며 살지 못하게 한다. 특히 아는 사람에 의한 성폭행의 생존자들은 다른 사람들보다 이 사실을 더 의식하며 살아간다.

아직 나이 어린 많은 소녀들은 자신들도 알지 못하는 사이에 그들의 어머니로부터 이러한 성폭행 스케줄을 배운다. 낮 동안에는 안전했던 곳이 해가 지면 제한된 장소로 변한다. 대학캠퍼스에서 여학생들 또한 성폭행 스케줄을 배운다. 캠퍼스 전 구역에 걸쳐서 심야보호 서비스가 제공된다고 여학생들과 여교직원들에게 쉴 새 없이 광고된다. '밤거리를 안전하게 하기(Take Back the Night)' 행진은 연례행사가 되었다.

대학캠퍼스에서 밤 시간은 그룹으로 다니고, 캠퍼스 경찰의 보호를 받거나 실내에 머물러야 하는 시간을 의미한다. 밤에 바깥에 나가기 위해서는 미리 여러 가지 사항들을 잘 계획해야 한다.

아무 계획이나 대책 없이 나가는 것은 위험천만한 일이며, 마치 여성 자신이 나는 공격당해도 괜찮다는 것을 나타내는 것으로 오해받을 수 있는 일로 비춰진다. 그런데 아이러니컬한 것은 여학생들이 기숙사와 집을 오고 갈 때보다 일단 안으로 들어가면 더 위험에 처한다는 사실이다. 성폭행 스케줄에 따라 살든지 혹은 한때 안전했던 세상을 잃어버린 사실에 슬퍼하든지간에, 아는 사람에 의한 성폭행은 공동체 안에서 살아가는 생존자들을 황폐화시킨다는 데에는 다른 이견이 있을 수 없다.

공동체와의 유대관계에 미치는 외상의 영향

여성의 몸 안에서 경험되는 외상은 그녀가 자신이 속한 공동체라는 더 큰 몸에서 경험하는 외상과 연결해서 생각할 수 있다. 이러한 현상은 성폭행의 피해자가 겪는 혼란의 가장 근본적인 원인이 된다. 애비는 자신처럼 성폭행을 당한 다른 여성들의 사례를 알지 못했으며 스스로 자기 나름대로 치유할 수 있는 방법을 마련해야만 했다. 따라갈 만한 좋은 본보기나 의지할 친구도 없었기에 그녀는 외로움에 몸을 떨었다. 그녀는 자기 자신의 감정을 말할 수 있는 통로가 없었으며, 자기의 경험을 공유할 공동체도 없었다. 애비는 자신의 정체성을 탐구해야 할 한창 젊은 나이에 성폭행을 당한 것이다.

여성들에게 자기의 정체성을 형성하는 과정에서 또래집단과 보다 넓은 공동체와의 유대관계는 매우 깊이 연결되어 있다. 그런데 친구들과 공동체와의 관계가 바뀌자, 그러한 현상은 애비의 정체성에 직접적으로 영향을 미치기 시작했다. 그녀는 그들에게 다른 사람이 되었다. 한때는 마치 자기 집처럼 편안하였던 곳이 이제는 분리되고 미지의 세계가 되어 버렸다. 이러한 감정들이 발생할 때면 애비는 극심한 소외감을 느낄 수밖에 없었다.

한편 한 개인이 공동체에게 말 못할 은밀한 비밀을 가진다는 것은 그 개인이 공동체의식을 형성하는 데 부정적인 영향을 미치기도 한다. 데브라는 수년 동안 그 누구에게도 자신이 성폭행당했다는 사실을 말하지 않았다. 그녀는 사실을 털어 놓기에는 너무나 많은 위험요소가 도사리고 있다는 것을 느꼈다. 이 사실이 사회에 알려지면 자신의 세계는 파괴될 것이라고 염려했다. 따라서 비밀을 유지하는 것이 그녀의 가족과 공동체를 보호하는 것이라는 그녀 나름대로의 믿음이 있었다. 더 나아가서 흑인여성으로서 그녀가 속한 가족이나 공동체에서 대중 속에 만연된 인종차별주의에 의해 언제든 피해를 당하기 쉬운 상태에 놓여 있었다.

그녀의 비밀을 발설하는 것은 그녀뿐만 아니라 그녀가 속한 흑인 공동체를 더 넓은 폭력의 위험에 노출시키는 셈이 된다. 자기가 속한 공동체가 공격당하기 쉬운 위험에 노출되는 것을 원하지 않았기에 데브라는 그 누구에게도 말하지 않는 편을 택했다. 그러나 공동체를 보호하려는 그녀의 결정은 그 안에서 살아가야 하는 자기의 자리를 희생하는 것을 의미했다.

공동체 안에서 존재한다는 것은 또한 그 안에서 다양한 관계들을 가진다는 것을 뜻한다. 성폭행은 바로 한 여성으로 하여금 공동체 안에서 미래의 관계들을 발달시켜 나가는 방법을 변경하도록 강요하는 것과 같다. 종말론적인 삶을 살아가는 기독교인들은 미래에 대한 약속과 새로운 영원한 삶을 붙들며, 실현될 희망을 가지고 살아간다. 이러한 희망과 꿈들은 새로운 거듭남과 은총의 근원이 된다. 아는 사람에 의한 성폭행은 바로 이러한 소망들을 가지고 사는 삶을 망가뜨리는 것이다.

데브라와 한나는 자신들이 당한 성폭행의 이야기들을 가지고 남성들을 평가하였다. 즉 그 두 사람은 주위의 남자들을 자신들의 고통의 이야기들을 참으며 들어 줄 수 있는지의 여부를 알기 위한 시금석으로 사용했다. 만약에 남자들이 그들의 이야기를 듣고 고통의 상황들을 이해할 수 있으면 생존자들은 그 남자들을 신뢰할 수 있다. 그러나 이 연구가 이루어질 당시까지 단 한 명의 남자도 이 시험을 통과하지 못했다. 결론적으로 말하면, 아는 사람에 의한 성폭행에 의해서 신뢰가 무너졌을 때, 생존자가 속해 있는 공동체 구성원들의 신뢰성 여부를 측정하는 도구로서 성폭행이 사용될 수 있다.

2. 산산조각 난 세상 치유하기

아는 사람에 의한 성폭행의 생존자들은 다양한 형태로 마음과 영이 산산이 부숴지는 경험을 한다. 예를 들면 배신, 성폭행을 인정해야 하는 어려움, 자책감, 육체의 모독, 일상성의 상실, 그리고 공동체 안에서 파괴된 자신의 위치 등의 경험이라 할 수 있다. 그러나 그들의 이야기는 부숴짐에서 그치지 않는다. 악은 승리할 수 없다. 아는 사람에 의한 성폭행은 최종적인 진단도 아니며 영원한 지옥행으로의 처벌도 아니다. 심리영적인 외상의 치유 과정은 의미창조, 폭력을 청산하려는 행동, 의로운 분노와 공동체가 지니는 치유의 힘을 재천명하는 것 등을 포함한다.

치유로서의 의미 만들기

의미를 만들고 발견하는 것은 성폭행 생존자들의 치유를 위한 근원이 되는 한편, 자신이 속한 세계를 재구성하는 데 공헌을 한다. 아는 사람에 의한 성폭행은 피해여성이 자신과 세계를 알아가는 과정을 뭉개뜨리며, 그녀의 존재에 의미를 부여하는 공동체와의 유대관계를 단절시킨다. 일단 의미를 창조하는 환경이 황폐화되면 그러한 환경을 다시 재구축하는 데에는 오랜 시간이 걸릴뿐더러 성폭행의 경험으로 얻어진 폭력에 대한 지식과 새롭게 형성된 심리영적인 환경을 통합하는 능력이 필요하다. 물론 이러한 의미를 창조하는 활동은 자연스럽게 일어나는 현상이지만, 외상을 입은 생존자들이 그런 작업을 하기란 여간 어려운 일이 아니다. 헤르만은 이 작업을 '외상을 입은 이야기의 재구성'이라고 부른다.

> 외상 이야기를 재구성하는 것은 … 그 사건의 의미를 체계적으로 검토하는 과정을 포함하며, 여기에는 환자는 물론 그녀의 삶 속에서 중요한 사람들에 대한 이야기들을 말한다. 외상을 입은 사건들을 재해석하기 위해서 보통사람들은 신학자, 철학자, 그리고 법관이 되어야 한다. 생존자는 그녀가 한때 가지고 있었지만 외상적인 경험으로 파괴되어 버린 가치와 믿음들을 분명하게 선포할 필요가 있다. 그녀는 자기가 알고 있었던 그 어떤 설명으로도 불충분하다는 것을 느끼면서 악의 공허 앞에서 침묵만을 지키고 있기가 얼마나 쉬운지 알 수 없다. 모든 세대와 문화 속에 존재하는 잔악한 포학성에서 살아남은 자들은 분노보다는 당혹한 목소리로 결국 하나의 물음으로 귀결되는 질문을 해야 할 위치에 서 있다. 그 질문은 바로 "왜?"이다. 그리고 이 "왜?"라는 질문에 대한 대답은 인간들이 이해할 수 있는 범위를 초월한다.[29]

도저히 이해할 수 없는 폭력의 경험으로부터 의미를 찾아야만 하는 것은 자괴감을 불러일으킬 수 있다. 캐스린 샌즈(Kathleen Sands)는 "폭력이 상식적으로 이해가 되지 않는 단 하나의 이유는 우리가 그러

한 무질서를 정상적인 상태로 받아들일 수 없기 때문이다.”라고 말한
다. 그러나 우리가 폭력이라는 무질서와 혼란으로부터 의미를 찾을 수
없다면, 우리는 악에 대해 접근할 수도, 해결할 수도 없는 것으로 만드
는 것밖에 되지 않는다.[30] 아마도 폭력과 고통으로부터 의미를 만들고
자 노력하는 것은 매우 위험한 일이라고 여길 수도 있다. 왜냐하면 그
러한 의미를 찾고자 하는 노력들이 어떤 면에서 볼 때 직접적으로 혹
은 간접적으로 악과 고통 그리고 고난을 정당화시킨다고 느낄 수 있기
때문이다.

성폭행을 당한 후에 의미를 만들기 위해서 우리가 분명히 알아야
할 것은 생존자들은 악과 폭력 안에서(in) 의미를 찾는 것이 아니라, 폭
력으로부터(out of), 즉 치유하는 과정 속에서(in the healing) 의미를 발견
해 가는 것이라는 점이다. 그렇게 함으로써 생존자들은 악을 정당화시
키려는 어떤 시도도 피할 수 있게 된다.

아는 사람에 의해서 성폭행을 당한 후에 의미를 찾고자 노력하는
것은 생존자들이 경험하는 공통된 현상이다. 포튠은 사실 그러한 의
미를 찾고자 하는 노력이 “만일에 내가 이러이러한 것을 하지 않았다
면 …….”이라는 형식의 생각 속에 들어 있는 기본적인 동기라고 주장
한다.[31] “왜?”라는 질문은 실천적이고 철학적이라 할 수 있다. 그것은
성폭행의 원인과 결과를 이해하고자 하는 시도이지만, 자신이 처한 상
황에 대한 어느 정도의 통제력을 되찾고자 하는 시도이기도 하다.

성폭행을 당한 후에, 그 여성은 통제력을 되찾기 위한 노력의 일환

으로 자신이 처한 상황에 대해서 매우 세부적인 부분까지 집중할 것이다. 만일 그녀가 왜 성폭행이 발생했는지를 이해할 수 있다면, 그녀는 이성적으로 여러 가지 것들을 생각할 수 있게 되고, 그것은 또한 다시는 성폭행이 재발되는 것을 방지할 수 있도록 도와준다. 포튠은, "전반적으로 '내가 왜 피해자가 되었는가?'라는 질문을 이해하려고 노력하는 것은 건강한 신호이다. 이러한 노력은 성폭행당함으로써 상실되었던 자신의 삶과 환경에 대한 통제력을 되찾고자 하는 몸부림이라고 할 수 있다."라고 말한다.[32]

이 책에 나오는 여성들은 자신들의 의미를 창조하는 과정을 표현하기 위해서 인간의 몸으로 구현된 적극적인 이미지들을 사용했다. 한나는 의미창조과정을 최악의 것들을 견디어 내고 성폭행에서 생존할 수 있다는 것을 배우는 과정으로 이해했다. 데브라는 "폭풍우가 지나가도록 내버려 둔다," "빈 공간을 채운다," 혹은 "디나와 다말의 경우가 더 이상 재발하지 않도록 한다."라는 적극적인 은유적 표현들을 사용했다. 이러한 은유적 표현들이 의미하는 것은 다름 아닌 치유를 위해서는 고통을 다스리며, 영혼을 새롭게 하고, 공동체와의 연결점을 인식하는 등의 어려운 작업을 거쳐야 한다는 점이다.

아는 사람에 의한 성폭행의 생존자들을 치유하는 데 가장 필수적인 요소는 다른 사람들이 그녀가 믿을 수 있는 존재라는 것을 인정해 주는 것이다. 그녀가 법정에서 싸우는 과정 속에서 한나에게는 그녀를 믿어 주는 지지세력들이 있었다. 그들은 한나가 착한 아이이며, 성폭행을 당한 것이고, 그녀는 그런 일을 당해도 될 만한 아이가 아니며, 또한 그녀는 보상이 필요하다는 것을 믿었다. 자신이 믿을 만한 존재가 되는 것은 매우 큰 힘을 부어 주는 것이다. 그러한 힘을 부여받는 것은 그녀 자신의 목소리를 주장할 수 있도록 힘을 북돋워 주기 때문이다.

의미를 찾거나 창조함으로써 이루어지는 치유는 단지 일회성에 그치는 단기적인 것이 아니라, 제법 오랜 시간이 필요한 일련의 과정이다. 즉 아는 사람에 의한 성폭행으로부터의 치유는 상황에 대한 통찰력과 하나하나의 성공들이 모아지는 긴 여행이다. 멜라니는 그녀가 당한 성폭행을 어떻게 불러야 할지 몰랐다. 그러나 성폭행의 힘에 눌리지 않고 계속해서 앞으로 나아가기 위해서 그녀는 그것을 구체적으로 언급할 필요가 있었다. 그녀가 그러한 작업을 하는 도중에 그것은 구제 혹은 구원임과 동시에 갈등 혹은 혼란이 될 것이다. 신뢰관계를 다시 구축하고, 자기 안에서 들려오는 직관(intuitions)의 소리를 들으며, 성폭행당하기 전과는 다른 세계에서 살아가는 법을 배우는 것 등은 즉각적으로 금방 습득할 수 있는 기술들이 아니다. 성폭행은 영혼에 대한 범죄이기에 영혼을 치유하는 데는 시간이 필요하다.

이 연구를 진행하면서 나는 생존자들이 자신들이 당한 성폭행을 나름대로 이해하기 위해서 얼마나 많은 방법들을 동원하고 있는지 깨닫고는 너무나도 놀랐다. 한 생존자는 성폭행에 대해서 너무 과소평가하는 것과 같은 반응을 보였다: "그것(성폭행)은 그리 큰일이 아니야."라거나 "과히 걱정하지 않아." 이러한 반응들은 막상 그녀가 말하는 이야기의 다른 부분들과 비교해 볼 때 일치하지 않았기에, 나는 그녀의 반응을 자신의 현 상황을 '부인(denial)'하거나 '과소평가(minimization)' 하고 있다고 보았다.

지금 회상해 보면, 그러한 반응들을 볼 때 정말 그들이 자신들의 상황을 이해는 하려고 했는지 의아스럽기까지 하다. 성폭행당한 사건이나 자신의 고통을 과소평가하려 했다기보다 그녀는 오히려 악이 자신을 완전히 압도하지 못하게 하기 위하여 자신의 현 상황을 보다 넓은 상황 안으로 집어넣으려고 했는지 모른다. 일부 생존자들은 자신이 처한 상황에 대해서 스스로가 해석하기를 유보한 채 이 일이 성폭행인지 아닌지 친구나 가족들에게 물어봄으로써 대응하려는 모습도 보였다. 그들 중 두 명은 심지어 자신들을 성폭행한 가해자에게 물어보기까지 했다. 좀 더 나은 해석을 찾기 위하여 바람직스럽지 않게 보이는 대응도 인정하는 것은 의미를 만들어 가는 과정의 일부분이다. 부인이나 과소평가는 문제가 많은 대응방법이라고 할 수 있다. 그러나 생존자들에게는 그러한 행동들조차도 치유라는 장기간에 걸친 과정으로 볼 때에는 하나의 방법일 수 있다.

치유의 기능으로서 의미를 만들어 가는 과정은 너무 급하게 서두르기보다 성폭행을 당한 때로부터 약간의 시간적인 여유을 갖는 것이 필요하다. 의미를 찾는 것은 단지 생존여성이 생존해야겠다고 마음먹기만 하면 된다고 이루어지는 것이 아니다. 즉 깊은 내적 성찰을 할 수 있는 능력과 성폭행을 당한 경험을 뛰어넘을 수 있는 능력이 필요하다. 그렇게 하기 위해서 생존자는 우선 자신의 경험을 구체적으로 표현해야만 하고, 그 후에 배신이라는 심리영적인 외상을 다루기 시작해야 한다.

데브라와 멜라니는 이런 과정에 대해서 나에게 많은 것을 알게 해주었다. 데브라는 자신이 당한 성폭행의 경험으로부터 가장 오랫동안 시간적인 거리를 가졌으며, 그 사건 속에서 의미를 찾는 데 보다 많은 시간을 보냈다. 그녀의 인터뷰는 은유적인 말과 초월적인 언급들로 가득 차 있었다. 그녀는 자신의 치유를 디나와 다말의 사례의 완성, 끈질기게 따라붙는 스토커와 같은 분노, 그리고 자유함의 표시로서의 슬픔 등으로 비유하면서 이야기했다.

데브라는 그녀의 외상을 심사숙고할 수 있는 충분한 시간을 가질 수 있었다. 반면에 멜라니는 그렇게 할 수 없었다. 그녀는 자신이 당한 폭력을 구체적으로 부르고, 그것에 대한 자신의 잘못을 생각해 내는 데 갈등을 겪고 있었다. 그녀는 자신의 경험을 은유적으로 표현할 수도 없었다. 멜라니는 치유과정을 심사숙고하거나 자신의 경험을 이해하는 데 힘든 시간을 보내고 있었다. 그녀를 인터뷰하는 것도 쉽지 않았다. 나는 나도 모르게 그녀에게 전혀 납득이 가지 않는 상태일지라도 그저 의미를 발견해 보라고 부담을 주었다. 그저 현 상태에서 시작해야지, 당한 경험으로부터 의미를 찾으라고 생존자를 강요하는 것은 전혀 치유라고 할 수 없다.

악이 승리하지 못하도록 저항하기

앞에서 말한 의미를 만드는 것은 인지적이고 심리영적인 작업이다. 그것은 또한 악이 영원히 승리하도록 내버려 두지 않음을 의미하기도 한다. 치유는 '타인에게 도움을 주는 것'과 '차이를 만드는 행동'으로 해석할 수 있다. 이 책에 나오는 네 명의 여성들은 이 연구에 참여하도록 제의를 받았는데, 그 이유는 그들의 사례가 아는 사람에 의해서 성폭행을 당한 다른 생존자들과 전문종교인들을 도와줄 수 있을 것이라고 믿었기 때문이었다. 다른 사람들을 도와주는 것이 사실은 자기 자신을 돕는 것임을 그들은 알고 있었다. 한나는 그것을 '자신의 악한 인연을 씻겨 버리는 것'이라고 했다.

이 책에 나오는 모든 여성들은 이 연구에 참여함으로써 자신의 경험을 다른 사람들과 함께 나누는 것은 악이 결코 최후 승리자가 아니라고 하는 것을 증명해 보이는 것과 같다. "빛이 어둠에 비치되 어둠이 깨닫지 못하더라."(요 1:5). 아는 사람에 의한 성폭행은 한 여성의 삶의 방향을 바꿀 수는 있지만, 완전히 그녀를 무너뜨리게 할 수는 없다. 빼앗아 가는 행위로 정의되는 폭력은 당한 이들이 다시 그대로 돌려 줌으로써 그 값을 치르게 된다.

분노: 삶 속에서 필요한 구원적인 행동

의로운 분노, 즉 부정에 맞서는 분노는 구원을 가져오는 긍정적인 것이며 아는 사람에 의한 성폭행의 생존자들을 위해서 반드시 필요하다. 다른 말로 말하자면, 생존자의 심리영적인 세계를 치료하는 데 중요한 한 부분이 된다는 것이다. 배신과 신뢰의 결여가 생존자들에게 혼란과 상실감만을 남긴다면, 분노는 그녀가 용기를 되찾아서 자기는 잘못한 것이 없다고 항변할 수 있도록 도울 수 있다. 한나는 성폭행을 당한 후에 일상적인 기능을 정상적으로 회복하는 동안 어려운 시간을 보냈다. 그녀는 자살 충동을 느꼈으며 자신과 주위에 대한 자세한 사항들을 잘 기억할 수도 없었다. 성폭행 사건을 고소하기로 결정했을 때, 그녀는 혼란스러움과 외로움을 느꼈다. 받아들일 수 없는 법적인 제안이 들어왔을 때, 한나는 의로운 분노를 느꼈다.

사실 그녀는 적정한 선에서 이 사건을 마무리하려고 마음 먹고 있었다. 그러나 막상 그녀의 친구가 적당한 타협을 요구했을 때, 한나는 극심한 분노를 느낄 수밖에 없었다. 적당한 선에서 타협하는 것은 결국 성폭행당한 사실을 그대로 순순히 받아들이는 것이었다. 분노가 그녀를 법정에서 증언까지 하도록 자극한 것이다. 포튠은 인간 각 개인의 완전성에 대한 하나님의 헌신에서부터 나온 의로운 분노는 악의 구현에 대한 우리 인간의 육체와 영혼의 반응이라고 말한다. 그것은 또한 악이 정상적인 것일 수도 있다는 생각에 대한 완강한 거부이다.[33] 한나의 분노는 더 커다란 희망을 위한 일종의 투자로 볼 수 있다. 즉 한나의 분노는 구원적인 성격을 띠고 있다.

한편 비록 화가 구원적인 성격을 가질 수 있다고는 하지만, 많은 여성들이 쉽게 화를 표현하는 것은 아니다. 많은 여성들은 그들의 신앙

전통과 다른 사회적인 요소들에 의해서 화를 억누르거나 부인하라고 길들여져 왔다. 어떤 문화권의 여성들에게는 화를 드러내는 것이 반사회적인 행동이기 때문에 그것을 표현한다는 것은 두려운 일이다. 그러나 앞에서도 말했듯이 화는 치유과정에서 매우 중요한 요소를 차지한다. 아는 사람에 의한 성폭행의 생존자들은 거의 다 성폭행을 당한 직후에 분노를 느끼지 못했다. 생존자들은 분노를 즉시 나타내지 않는 반면에, 배신, 혼란과 두려움 등은 즉각적으로 보인다. 생존자들이 분노를 느낀다는 것은 그녀가 제법 긴 치유과정을 거쳐서 마침내 자기 자신의 힘을 회복할 수 있다는 데에까지 이르렀음을 나타내 준다.

한마디로 분노는 힘이 필요하다. 이런 의미에서 아는 사람에 의한 성폭행은 생존자에게서 분노를 낼 수 있는 자신감을 빼앗아 갈 수 있다. 따라서 분노는 인간으로서 한 존재가 될 수 있는 그녀의 권리를 주장하는 데 중요한 근원이 될 수 있다. 분노는 분명히 그녀가 스스로 존재하시는 위대한 하나님의 형상을 따라서 창조되었음을 전명하는 행위이다.

치유를 위한 희망은 그 자체 안에 의로운 분노와 진실에 근거를 두고 있다.[34] 반면에 의로운 분노와 반대되는 복수는 정의가 실현될 수 있는 가능성을 제거하며 자기파괴적이 될 수 있다. 예수님께서 성전에서 환전상들에게 나타내신 것처럼 의로운 분노는 우리가 성전(육체)을 범하는 것을 멈추게 할 수 있다. 여기서 중요한 것은 분노가 치유과정의 한 단계이기는 하지만 삶을 살아가는 일반적인 방법은 아니라는 점이다. 그럼에도 불구하고, 적절하게 발휘되면 분노가 치유의 역할을 할 수 있다.

한 여성이 성폭행을 당하면 그녀의 친구들이나 가족들은 엄청난 분노를 느낄 수 있다. 그러나 그들의 분노가 생존자의 감정이나 생각들보다 너무 앞서게 되면 문제가 되곤 한다. 보복해야 한다는 분노와 희망은 생존자의 가족들, 친구들과 전문종교인들이 일반적으로 느끼는 것들이다. 그러나 정작 생존자들에게 그러한 분노가 종종 도움이 되지 않을 때가 있다. 그들이 표출하는 분노는 취약한 상태에 있는 생존자들에게 그들의 분노에 대해서 책임감을 느끼도록 강요하는 큰 부담감을 안겨다 줄 수 있다. 또한 지나친 보복에 대한 압박은 심지어 생존자들이 성폭행범을 보호해 줄 필요가 있다는 생각을 느끼게끔 유도할 수도 있다. 예를 들면, 애비를 성폭행한 사람은 성폭행범이 되기 전에는 아는 사람이었다(아마 친구였을지도 모른다). 애비는 그 성폭행범을 처벌하기를 원하는 그녀의 부모님들에 의해서 압도당하고 있음을 느꼈다. 그들의 분노는 오히려 그녀를 치유하는 데 방해가 되었다. 친구들이나 가족 등 생존자를 돕고자 하는 사람들이 기억할 필요가 있는 것은 생존자에게 자신들의 분노를 마구잡이로 표시하는 것이 생존자의 치유를 돕고자 하는 공동체로서의 역할을 다하는 것이 아니라는 점이다.

분노는 분명히 생존자가 치유의 과정을 밟을 때 도움이 되는 치유의 중요한 요소이기는 하다. 그러나 분노가 생존자의 삶 자체의 한 방식이 될 때에는 파괴적인 영향을 끼친다. 성폭행범이나 성폭행에 대한 적절한 분노는 생존자가 가지는 자책감을 건강한 방향으로 유도할 수 있기 때문에 유익하고 중요하다. 그러나 현재 벌어지고 있는 성폭행과 너무 동떨어진 분노는 생존자에게 무기력증과 갇혀 있다는 느낌을 가져다준다. 앞에서도 이미 다룬 바 있지만, 데브라는 그녀 안에 강하게 자리잡은 분노를 세 가지 이미지들을 사용하여 묘사하고 있다. - 주변 시야, 스토커, 항상 존재하고 있는 구름들.

주변 시야로서 분노는 그 어떠한 상호작용과의 관계에 깊이와 넓이를 제공한다. 문자적으로 말하면, 분노는 이 세상에서 무엇인가 구실을 하며 살아갈 수 있는 능력을 갖게 해 준다. 분노는 어떤 사람으로 하여금 미리미리 주위를 경계하고 그에 따라서 행동들을 바꾸도록 강요하는 몰래 숨어 있는 위험이라 할 수 있다. 그리고 항상 떠나지 않는 구름으로서 분노는 어두움을 만들며 빛을 차단한다. 데브라에게 분노는 위험하고, 은밀히 숨어 있으며, 그녀를 항상 경계하도록 만드는 절체절명의 경험이다. 그녀는 이러한 분노의 포로상태에서 풀려날 필요가 있었다.

데브라가 30여 년 동안 속박되어 있었던 분노의 굴레에서 풀려난 것은 그녀가 용서에 대해서 배우기로 결심하면서부터였다. 여기서 용서란 성폭행범의 행동을 면제해 주거나, 외상을 잊어버리거나, 비난을 엉뚱한 곳으로 돌리거나 하는 행동을 말하는 것이 아니라, 모든 상실에 대해서 슬퍼하면서도 미래에 대한 희망을 바라보며 과거는 오직 과거로 있게 하고 앞으로 전진하는 것을 의미한다. 데브라는 화해를 원했는데, 그 대상은 그녀를 성폭행한 남자가 아니라 하나님과 자기 자신과의 손상된 관계였다.

용서는 다른 사람이 아닌 바로 데브라 자신을 구제하기 위해서 필요한 행동이었다. 왜냐하면 그녀는 용서해야 한다고 다른 사람들로부터 요구받았으며, 그녀 자신이 자기 안에 끈질기게 들러붙어 있는 분노로부터 받는 계속적인 위협으로부터 해방되기를 원했고, 무엇보다도 그녀는 앞으로 나아가야 할 필요를 느꼈었기 때문이다. 패튼과 포튠이 제안하고 있는 것처럼, 용서는 치유라는 전체과정 속에서 나온 부산물일 때에야 비로소 생명을 주는 귀한 역할을 한다.[35] 즉 용서가 치유과정이 아닌, 고통 그 자체를 무시해 버리거나 성폭행범의 죄를 면제해 주려는 의도에서 제시된다면, 그것은 더 이상 생존자에게 그 어떠한 구원적인 가치를 지니지 못하게 된다.

한편 용서가 고통과 슬픔, 그리고 혼란을 제거하는 의미를 가진다고 해서 마치 귀신을 내쫓는 것과 같은 축사의식으로 생각해서는 안 된다. 용서, 그 자체가 절대로 치유를 불러올 것이라고 기대해서는 안 된다. 전문종교인들이 주는 용서에 관한 그 어떤 제안도 보다 치유에 대한 거시적인 의미에서 나와야 한다. 진정한 의미를 지니려면, 용서는 반드시 생존자가 그녀의 의로운 분노가 가지는 치유의 가치를 언급하는 것으로부터 출발해야만 한다. 그런 후에 자기 연민과 함께 공동체와 하나님과의 올바른 관계를 향하여 나아가야 한다.

용서는 그것이 생존자로부터 주체적으로 시작되었고 기본적으로 생존자를 유익하게 해 줄 때 진정한 구원의 행위가 될 수 있다. 데브라의 목사는 그녀가 성폭행을 당한 지 30년이 지났을 때 그녀에게 용서할 것을 권유했으며, 그녀는 용서를 치유의 중요한 단서로 받아들였다. 그녀는 너무도 오랫동안 자신이 품고 있었던 분노에 의해 지배당해 왔었다. 결국 그녀 자신을 위한 용서는 자동적이거나 그리 쉽게 이루어지지는 않았지만, 삶의 한 방편으로 사용했던 분노로부터 데브라를 해방시켜 주었다.

공동체가 가지는 구속(求贖)의 힘

산산조각 난 세상을 치유하는 데에는 공동체와의 관계에 관심을 기울일 필요가 있다. 아는 사람에 의한 성폭행은 폭력이 생존여성의 공동체 안에서부터 발생한다는 것을 의미한다. 따라서 생존자들에게 치유는 바로 성관계에 대한 합의의 여부가 이해되고 신뢰가 재정립될 수 있도록 그 여성의 구속적인 역할을 하는 공동체의 가치를 다시 회복하는 것을 뜻한다. 매리 펠라우어(Mary Pellauer)는 다음과 같이 말한다.

성폭행에 의해 피해자가 된 여성은 그녀 자신을 치유하는 것과 아울러 그녀의 세계를 다시 구성해야 한다는 서로 연관된 임무에 직면하게 된다. 그녀는 육체적, 감정적으로 반드시 치유되어야 한다. … 동시에 그녀는 그녀의 부숴진 세계를 다시 한 번 제자리로 돌려놓아야 하고, 다시 한 번 자신에게 안전함을 느끼도록 만드는 상황들에 대해서 배워야 한다. … 그녀는 반드시 한때 뿌연 그림자 안에서 감추어져 있었던 공포의 뚜렷한 근원과 맞서야 한다.[36]

앞에서도 자주 언급했던 것처럼, 생존자를 보호하고 지지하는 공동체는 그녀의 심리영적인 세계를 재구성하는 데 중요한 요소가 된다. 그녀의 의지에 반한 폭력이 공동체 안에서 이루어졌기에, 치유 역시 반드시 그 안에서 이루어져야만 한다. 공동체는 치유에 필요한 환경을 제공하는 데 중추적인 역할을 한다. 여기에서 말하는 중추적인 역할이란 다름이 아니라, 생존자가 폭행을 구체적으로 언급할 수 있도록 도와주고 그 일이 자신의 잘못으로 인해 발생한 것이 아니라는 사실을 선포하는 것이다. 애비는 그녀를 사랑해 주는 친구들이 주위에 있었기 때문에 성폭행 후의 끔찍한 나날들을 비교적 잘 견딜 수 있었다. 그들은 그녀를 믿어 주었으며, 그녀가 당한 폭력을 과소평가하지도 않았고, 그녀가 당한 폭력을 언급할 수 있도록 도와주었으며, 그녀가 고통당할 때 함께 했었다.

여러 가지 연구결과들에 따르면 생존자들은 회복의 단계에서 그들을 비공식적으로라도 이 모양 저 모양으로 도와주는 사람들이 있으면 외상 후 스트레스 장애를 경험하지 않는 경향이 있으며, 전문적인 정신 건강에 도움이 필요하지 않을 수도 있다고 한다. 이러한 돌봄의 공동체를 가지고 있지 않거나 공동체가 있어도 그러한 지지의 역할을 하지 못하고 있다면 생존자는 자기 혼자서 배신감과 혼란을 감당해야만 한다. 이런 경우, 성폭행 그 자체에서 경험하는 소외감은 자기 혼자 침묵 속에서 모든 외로움과 두려움을 이겨야 한다는 생각으로 인해 더 악화되어 간다.

전문종교인들이나 교회를 비롯한 신앙공동체들은 전문적인 지식이 부족하거나 정상적인 성적 활동과 성적 폭력에 대해서 혼동을 일으키기 때문에 생존자들에게 안전한 항구가 되지 못할 수도 있다. 아는 사람에 의한 성폭행의 생존자들을 위한 구속적인 지지의 근원이 되기 위해서 전문종교인들이나 신앙공동체들은 성폭행에 대한 침묵을 깨고, 폭력의 현실을 깨달아서 생존자들이 치유할 수 있는 공간을 마련하는 데 도움을 주어야만 할 것이다.

아는 사람에 의한 성폭행은 한 여성의 심리영적인 세계를 산산히 부숴뜨리며, 그녀의 환경을 이해할 수 있는 능력을 황폐화시켜 결국 그녀가 치료하는 것을 방해하는 결과를 낳는다. 이러한 장애들은 병리학적인 역기능의 증후도 아니고 누군가가 고통을 당할 소지가 있다는 것을 보여 주는 표시도 아니다. 배신, 자책감, 상실감 등은 폭력의 실체를 직접적으로 언급하고, 공동체의 힘을 주장하며, 의로운 분노를 느끼고, 악의 최후 승리를 거부하는 등의 장기간에 걸친 과정을 통하여 치유될 수 있다.

3. 처녀 마리아 편견에 대한 선한 사마리아인 비유

이 장의 앞부분에서는 성폭행의 생존자를 둘러싼 '진짜 성폭행'에 대한 편견 혹은 신화의 전형으로서 처녀 마리아의 개념을 소개했다. 이 개념으로 잠깐 다시 돌아가보자. 나는 이러한 해로운 신화를 바꿀 수 있는 방법이 있다고 믿는다. 포튠은 성적 폭력을 이해하고 반응하기 위한 은유로서 선한 사마리아인 비유를 들고 있다. 이 비유는 아는 사람에 의한 성폭행의 핵심문제를 극명하게 보여 주고 있다. 선한 사마리아인 비유는 피해자와 가해자 그리고 발생한 범죄가 무엇인지에 대해 분명하게 보여 주는 이야기이다(눅 10:29-37). 이 이야기는 피해자(나그네)에 대해서 잘못된 반응이 무엇이고 올바른 반응이 무엇인지를 말해 주고 있다.(멈추고, 그를 안전한 장소로 옮기고, 실질적인 것들을 제공하고, 나중에 다시 돌아보는 것.) 이 모든 것이 매우 분명하게 나타난다.

반면에 아는 사람에 의한 성폭행의 경우, 폭력의 본질에 대해서 분명하지 못할 때가 많다. 그것이 정말 성폭행인가, 아니면 단지 나쁜 경험이었는가? 정말 누가 진정한 피해자인가? 법에 고소한 여성들은 종종 그들이 한 남자의 명성을 망치게 했다는 비난의 말을 듣곤 한다. 이런 일이 발생하면, 우리는 동정심을 가지고 어떻게 그리고 누구에게 반응을 해야 할지 잘 모른다. 한 여성이 가지고 있었던 타인에 대한 신뢰는 성폭행을 당하는 순간에 배신당하며, 그녀는 혼란스러움과 깊은 외로움을 느끼게 된다. 그녀는 자기 자신을 탓하게 되며 다른 사람들 역시 오히려 피해자인 그녀에게 손가락질한다. '진짜 성폭행' 편견은 우리들을 깊은 혼란에 빠뜨린다.

우리는 폭력을 제대로 이해하지 못하고 있기 때문에 피해자의 정체성에 대해서도 이해하지 않으려 한다. 아는 사람에 의한 성폭행의 생존자들은 폭력에 자신들이 연루되었다는 사실로 인해 비난받을 뿐만 아니라, 자신들을 성폭행범으로 거짓되게 고발했다고 가해자들로부터도 비난을 받는다. 이런 맥락에서 아는 사람에 의한 성폭행을 위한 해석학적인 도구로서 선한 사마리아인의 비유는 매우 가치가 있다. 그 이유는 이 비유가 '처녀 마리아 생존자' 편견의 허점을 적나라하게 지적하고 있기 때문이다. 우리는 폭력의 사실적인 측면과 함께 피해자를 보고도 왜 그저 지나치고 싶어 하는지 그 이유를 이해할 수 있을 때, 길가에 누워 있는 생존자에게 진정으로 반응할 수 있게 된다.

4. 선한 사마리인 비유의 이해를 위한 추가적인 질문

내가 성폭행위기센터에서 자원봉사자로 일하기 전에 필수적으로 받아야만 하는 자기방어 트레이닝이 있었다. 이 시간은 주로 정보제공 위주로 진행되었다. 사실 나는 상대방을 맞받아치고 안전한 곳으로 도망가는 실제적인 방법을 배우기를 기대했었다. 물론 몇 가지 방법을 배우기는 했다. 그중에서 중요했던 것은 이상한 사람이 나에게 다가와 위협을 하면, 큰소리로 "안돼!"라고 고함을 치며 그 상황에서 빨리 빠져나와야 한다는 것을 배웠다. 그에게 내 이름을 말하거나, 내가 가야 할 방향을 알려 주거나, 혹은 그가 자기 개를 찾는 것을 도와줄 필요가 없다. 가해자들은 자주 여성들이 남을 잘 판단하지 않는 경향이 있다는 것을 이용하기 때문에 이러한 자기방어 수업은 상황에 대한 나의 판단을 신뢰하고 대응하는 법을 가르쳐 주었다. 트레이닝 동안에 낯선 사람이 비록 나의 도움이 필요할지라도 나에게 위험을 느낄 경우에 피한다고 해서 죄의식을 가질 필요가 없다는 것을 배웠다.

선한 사마리아인의 비유와 황금률에서 말하는 "네가 대접받고 싶은대로 남을 대접하라"라는 말은 나에게 다른 것을 말하고 있었다. 어린 시절 이래로, 나는 선한 사마리아인의 비유가 주는 교훈을 알고 있었다. 매 맞은 사람을 그냥 지나치고 도와주기를 거절한 나쁜 두 사람은 손가락질을 당하여도 마땅한 사람들이다. 그들은 멈추지 않고 가던 길을 계속 갔다. 그러나 그들 가운데 이방인인 사마리아 사람은 멈추어 서서 그를 도와주었다. 이것이 본문의 내용이다. 나는 내가 갖고 있는 전통이 어떤 상황에 대해서 무엇이라고 말해 주는지 불확실한 경우를 당하면, 그저 내 이웃을 도와주어야 한다고 확실하게 믿었다.(심지어 이웃이 누구인지 잘 모를 때에도.) 우리의 이웃을 도와주어야 한다는 복음의 메시지를 들으며 자란 여성들에게 낯선 사람에게 빚진 것이 아무것도 없다는 자기 방어기법을 받아들인다는 것은 이해가 잘 되지 않을 수도 있을 것이다. 선한 사마리아인의 비유가 여성들을 안전하게 하는

데 사용되기 위해서 우리는 그 이야기를 다음의 경우에 기준해서 해
석해야 한다: (1) 우리는 피해자가 누구인지 알고 있다, (2) 도움을 주기
위해서일지라도 우리 자신의 안전함을 희생해서는 안 된다, (3) 종종
"안돼!"라고 말하는 것이 우리의 생명을 유지하는 가장 안전한 메시지
이다.

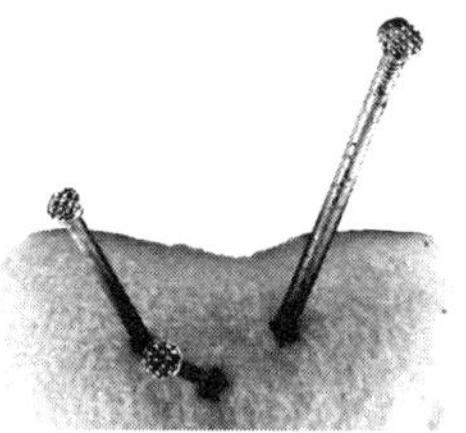

when Violence Is No stranger

4장 목회상담과 아는 사람에 의한 성폭행

전문종교인들은 아는 사람에 의한 성폭행의 생존자들과 그들을 사랑하는 사람들-가족과 친구 등-을 돌보아 줄 필요가 있다. 아래에 나에게 편지를 보낸 목회자도 예외는 아니다:

크리스틴, 나는 이전에 한 번도 만난 적이 없었던 한 젊은 남자로부터 전화 한 통을 받았어요. 그는 누구에게 전화를 걸어야 할지 몰라서 나에게 전화했다고 하는데, 내가 목회하고 있는 교회의 교인인 그의 여자친구가 방금 전에 자기가 작년에 학교에서 성폭행을 당했었다고 말했다는 것이에요. 나는 그들과 이야기를 나누었는데, 간단히 말하면, 그들은 갈등을 겪고 있었어요. 여자는 예측할 수 없이 감정이 폭발하고 있었으며, 그녀의 부모들은 적절하게 대처하지 못하고 있고,

남자친구는 무언가 도움을 주고 싶어 했습니다. 크리스틴, 만일에 그들이 도움을 구하러 나를 찾아오면, 나는 어찌할 바를 몰라 매우 난처할 것 같은데… 내가 무엇을 어떻게 해야 하지요?

1. 일반적인 지침들

아는 사람에 의한 성폭행의 생존자들을 위한 목회돌봄과 상담의 목적은 그들의 이야기를 들어 주고, 믿으며, 필요한 정보를 제공하고, 그들의 지지자가 되어 주며, 그리고 그들이 치유받기 위해서 자기들에게 도움을 줄 수 있는 곳들을 찾는 데 함께 해 주는 것 등이다. 이러한 역할은 목회상담의 역할 중 '힘부여(empowerment)'의 기능이라 할 수 있다. 데브라는 생존자 자신이 희망을 발견할 수 있을 때까지는 희망을 붙들도록 도와주는 것으로 상담을 이해했다. 피해 여성들이 감추어졌거나 억눌러진 힘을 다시 찾을 수 있도록 도와주기 위해서 전문종교인들은 다음과 같은 사항에 관심을 기울여야 한다.

(1) 직접 말을 많이 하는 것보다 그녀의 말을 들으라. 당신이 그녀의 성폭행에 관한 자세한 사항을 듣는 첫 번째 사람이든지 아니면 많은 지지자 중의 한 사람이든지 간에 생존자의 감정들, 혼란들과 고통들에 마음문을 열고 들으라. 그녀가 얼마나 안전한지의 여부에 대해 주의를

기울이고, 자세한 사항들에 대한 질문은 가능한 한 최소한도 내에서 하라. 묻기보다 오히려 자세한 사항들에 대해서 듣는 것이 중요하다. 그러나 그렇다고 해서 그저 듣고만 있고 상대방의 감정이나 인지적인 혼란 등을 점검하지 말라는 이야기는 아니다. 데브라는 "생존자가 말하거나 다루기 가장 힘든 부분까지 기꺼이 함께 할 준비가 되어 있으라."고 말한다.

⑵ 생존자가 당한 폭력의 실체를 솔직하게 말하라. 생존자가 사용하는 말들에 주의해야만 하지만, 폭력에 대해서 듣기 좋은 말로 포장하지 말아야 한다. 생존자가 당한 경험이 성폭행이라고 말하라. 이러한 기본적인 단계없이 치유는 발생하지 않는다. 멜라니는 자신이 당한 폭력을 성폭행이라고 부를 수 없었기 때문에 계속 갈등하고 있다.

⑶ 성폭행을 당한 것이 그녀의 잘못 때문이 아님을 확실히 알게 하라. 이것은 자꾸자꾸 반복해서 확인시켜 주는 것이 좋다. 생존자들은 사회로부터 자신을 탓할 수밖에 없도록 입박을 받고 있음과 동시에 자책감, 혼란, 배신감 등이 그녀의 믿음체계 안에 굳게 형성되어 있다. 그것을 성폭행이라고 부르고 그녀의 잘못이 아니라고 확인하는 행위는 특히 애비의 치유에 가장 본질적인 과정이었다. 성폭행을 당한 지 일 년 후, 그녀는 여전히 많은 사람들로부터 자신이 잘못한 것이 없다는 말을 듣고 싶어 했다.

⑷ 생존자가 당신에게 하는 말을 믿으라. 그녀의 말이 믿을 수 없고, 너무 고통스럽고, 극적이며, 또는 당신이 이해할 수 있는 이상일 수 있지

만, 그렇다 하더라도 그녀를 신뢰하라. 당신이 가지고 있는 의심을 잠
시 내려놓아라. 불행히도 많은 사람들은 그렇게 하지 못하고 있다. 그
녀를 믿음으로써 당신은 그녀에게 안전한 항구가 될 수 있다. 비록 아
는 사람에 의한 성폭행에 관한 왜곡된 내용들에 대해서 당신 자신이
가지고 있는 생각들을 점검하고 싶겠지만, 실제로 생존자들이 겪는 아
픔과는 거리를 두려는 경향이 우리에게 있을 수 있다. 그러나 우리가
기억해야 할 것은 생존자를 믿는다면 그녀가 말한 것이나 느끼는 것
을 과소평가하지 말아야 한다는 것이다. 아는 사람에 의한 성폭행은
우연하게 재수없이 벌어진 성관계가 아니다. 그것은 다름 아닌 폭력이
다.

(5) 성폭행 전이나, 이루어지는 동안이나, 후에 생존자가 어떤 행동을 했는
지에 대해서 판단하지 말라. 그녀는 단지 성폭행을 당하는 순간에 경
험한 것에 대한 것만 알 뿐이다. 그녀가 자기의 삶 속에서 했던 선택
은 당신의 선택이 아님을 인식하라. 만일 당신이 그녀 혹은 그녀의 행
동들을 판단한다면 당신은 그녀가 치유받을 만큼의 안전한 사람이 될
수 없다. 만일 그녀가 당신이 자신을 판단하고 있다고 느낀다면, 그녀
는 아마도 당신에게 도움을 구하러 다시는 오지 않을 것이다.

(6) 당신에게 사실을 말하기 위해 온 그녀의 용기를 인정해 주어라. 그리
고 당신이 그 정보에 대한 비밀을 지켜 줄 것을 그녀로 하여금 믿게
하라.

(7) 성폭행의 사실에 대해서 너무 과민반응하지 마라. 즉 당신의 감정이

너무 고조되어서 오히려 생존자인 그녀를 무색하게 만들지 않는 범위
에서 감정이입적으로 반응하라.

(8) 생존자는 자신이 미쳐 가고 있는지 아닌지 당황스러울 때가 있다. 그
녀의 감정들이 커다란 외상을 입는 것은 지극히 정상적인 반응이라고
확신시켜 주어라.

(9) 그녀 주위에 건강한 방법으로 도와줄 수 있는 사람들이 있는지 측정
하라.

(10) 그녀 자신이 어떤 결정을 내릴 수 있도록 힘을 부여하라. 그녀를 위
해서 타인이 대신 결정을 내리지 말라.

(11) 만약에 그녀가 성폭행 위기전문상담자나 성폭력에 관해 훈련받는 사
람들과 한 번도 이야기해 본 적이 없다면, 그러한 기회를 가질 가능성
에 대해서 타진하라.

(12) 생존자가 언급하거나 혹은 생존자가 정말 원한다고 당신이 확신할 때
에만 성경적이고 신학적인 내용들을 사용하라.

(13) 다른 생존자들의 이야기가 들어 있는 글들을 읽도록 권유하고 성폭
행에 대한 왜곡된 사실들을 설명하라.

(14) 당신 자신이 경험한 외상들을 언급하려면 주의를 기울여서 사용하
라.

2. 위기 돌봄

전문종교인들은 대개의 경우 한 여성이 성폭행을 당하고 꽤 지나서야 그녀가 성폭행당한 사실을 알게 되는 경우가 많다. 그럼에도 불구하고 성폭행당한 생존자에게 어떻게 적절하게 반응해야 하는지를 아는 것은 매우 중요하다. 만일 어떤 여성이 성폭행을 당한 지 48시간 안에 당신에게 왔다면 다음의 사항에 따르기를 권유한다.

(1) 그녀가 신체적으로 안전한지 점검하라. 그녀가 즉각적으로 다른 피해를 당할 위험에 빠질 가능성이 있는가?

(2) 그녀에게 의료검진을 받기까지는 샤워를 하지 말 것을 권유하라.

(3) 의료점검을 받도록 제안하라. 응급실에 그녀와 함께 갈 수 있다고 하라. 만일 그곳에 훈련받은 성폭행 피해자를 도와주는 요원이 없으면, 여성목회자일 경우 그녀와 함께 진찰실에 들어갈 수 있다. 매우 드문 경우를 제외하고, 남성목회자는 함께 들어가지 말아야 한다.

(4) 피해자와 함께 경찰서에 성폭행당한 사실을 고발할 것인지를 상의하라. 그녀의 결정을 존중하라. 고소하지 않더라도 경찰관으로 하여금 성폭행에 대한 증거물들을 모으게 할 수 있는 권리가 그녀에게 있음을 설명한다.

3. 추가적인 고려 사항들

위에서 말한 사항들 외에도 목회돌봄 제공자들이 생존자들을 돌보거나 상담할 때 알아야 할 필요가 있는 몇 가지 이슈들은 다음과 같다.

생존자의 직관적인 기술소유 여부 확인하기

생존자가 직관적인 기술을 인식하는 것은 그녀가 다시 힘을 가지고 살아가는 데 중요한 열쇠가 된다. 직관은 세상과 상호작용하기 위한 감지장치 혹은 생존도구로서 사용된다. 특히 사회적으로 소외당한 사람들은 심리영적으로 그리고 물질적으로 살아 남기 위하여 이러한 직관력을 발달시키면서 살아가야만 한다. 전문종교인들은 그러한 계층의 사람들이 발달시킨 직관의 기술에 대해서 의문을 품기보다는 존경할 필요가 있다.

여성들이 성폭행당한 후에 느끼는 불편함과 과잉경계는 보편적으로 발생하는 현상들이다. 또한 전화번호나 직장 그리고 개인적인 외모 등이나 공동체 안에서의 습관 등을 바꾸는 것은 생존들에게는 일반적인 것이라 할 수 있다. 한나는 다른 주로 학교를 옮겼으며, 데브라는 그녀의 공동체를 떠나기 전까지 자신의 성폭행 사실을 그 누구에게도 말하지 않았다. 심지어는 가장 지지적인 후원자들에게조차 불필요한 편집증적으로 비치는 행동도 생존자에게는 피할 수 없는 부득이한 것일 수 있다.

　오직 그녀만이 자신의 상황을 가장 잘 알 뿐이다. 다른 그 누구도
아닌, 오직 그녀 자신만이 무엇이 그녀를 안전하다고 느끼도록 도와주
는지에 대해서 잘 안다. 비록 그녀의 안에서 울려오는 소리가 '정신나
간' 것처럼 들릴지라도, 각 생존자들이 자기 자신의 내적이고 직관적
인 소리를 들을 수 있도록 도와주는 것은 매우 중요하다. 많은 생존자
들은 그들 자신의 내부에서 들려오는 '어리석고 어처구니 없는' 소리에
대해서 회의한다. 내가 아는 어느 한 경우를 보면, 한 여성은 밤에 너
무 무서워서 쉽게 잠들지 못한다고 나에게 말했다. 그녀에게 어떻게 하
면 안전하다고 느끼도록 도와줄 수 있겠느냐고 물어 보니, 그녀는 "나
와 함께 방 안에서 잠을 잘 누군가가 있었으면 좋겠다."고 말하는 것이
었다. 그녀는 자신의 그러한 생각이 매우 어린아이 같다고 느꼈기 때문
에 당황스러웠다.

　자신의 해결책을 곰곰이 생각해 본 결과, 그녀는 두 명의 친구들에
게 자신의 집에서 파자마파티를 하자고 제안했다. 아는 사람에 의한
성폭행을 당한 후에 여성은 자기 자신이 사고할 수 있는 능력, 즉 직관
력에 대해서 심각할 정도로 의심하거나 하찮게 여길 수 있다. 생존자
가 자기의 직관적인 기술을 다시 존중할 수 있도록 도와주는 것은 목
회상담자나 목회돌봄 제공자가 해야 할 중요한 역할이다. 이러한 역할
에는 그녀의 '내부에서부터 들려오는 소리'가 아무런 근거나 소용이
없는 것이 아니라, 그녀가 경험한 다양한 환경적인 실마리들이 통합해

서 나온 것임을 생존자가 볼 수 있도록 도와주는 과정을 포함한다.

생존자의 분노가 갖는 역할 인식하기

아는 사람에 의한 성폭행의 생존자는 급성단계, 즉 성폭행이 발생한 바로 직후에는 분노를 느끼지 않는다. 즉 분노는 성폭행의 충격에 대처해 나가는 초기단계에서 나타나는 일반적인 현상이 아니라는 것이다. 생존자가 분노를 느끼는 순간은 바로 그녀가 치유 과정에 이미 들어가 있음을 의미한다고 볼 수 있다. 이런 의미에서 분노는 생존자가 그녀의 목소리와 힘을 재천명하는 신호이다. 분노는 한나의 치유과정 속에서 매우 중요한 요소였다. 그녀가 마침내 충분하지 않더라도 자신의 힘을 조금씩 내기 시작할 수 있었던 계기는 바로 가해자의 변호사가 합의를 종용하여 그녀의 분노를 자아내기 시작했을 때부터였다. 그녀는 거대한 폭풍우처럼 자신을 옥죄이던 두려움을 그치고 분노를 느끼기 시작했다.

이때 분노를 건설적인 방향으로 이용하는 것은 매우 중요하다. 많은 여성들은 분노를 적절하게 긍정적으로 사용하는 데 어려움을 겪는 경향이 있다. 신앙공동체조차도 이러한 어려움에 그다지 효과적인 도움을 주지 못하고 있는 실정이다. 전문종교인들은 생존자들이 분노를 동반하는 죄의식을 표시할 수 있다는 것을 인식해야만 한다. 즉 전문종교인들은 생존여성들로 하여금 분노가 때로는 생명을 가져다줄 수 있다는 것을 알도록 격려하며, 또한 분노를 공동체 안에서 자신들에게

해를 가져다주지 않는 범위에서 적절하게 표현할 수 있도록 도와주어야 한다.

위에서 말한대로 성폭행 그 자체와 성폭행범에 대해 느끼는 분노는 치유 과정의 일부분이며 건강한 것임을 인정해야 한다. 그런데 분노가 만일 원인을 제공한 그 사람에 대한 것이 아니라 엉뚱한 곳으로 향한 것이라면, 이것은 문제의 소지가 될 수도 있음을 기억할 필요가 있다. 실제로 생존자가 자신을 성폭행한 상대방에 대해서 분노를 느끼는 데까지는 생각보다 많은 시간이 걸린다. 앞에서 살펴본 사례 중에서 특히 데브라의 경우는 더 그렇다. 두 번 성폭행을 당하면서 그녀는 그러한 경험들과 관련해서 어떠한 느낌도 표현하지 못했다. 데브라는 성폭행을 당한 사실에 대해서는 어느 정도 나아졌지만 그녀는 전혀 어떠한 느낌도 갖지 못했다.

데브라는 나이를 먹어감에 따라 그녀 안에서 치밀어 오르는 분노가 더 이상 성폭행을 당한 아픔을 치유하는 데 사용되지 못했고, 오히려 자신의 삶의 일부분이 되고 말았다. 데브라는 분노에 의해서 꽁꽁 묶여 있는 것처럼 느껴졌다. 그러한 느낌은 그녀를 점점 파괴해 가고 있었다. 이러한 뭔가 잘못된 느낌들이 극에 달하게 되었을 때, 그녀는 해결방안을 마련해야만 했다. 이때 그녀가 다니고 있던 교회 목사는 그녀에게 성폭행범을 용서하고 앞으로 나아가야만 한다고 말해 주었다. 데브라가 성폭행당한 지 무려 30여 년이 지난 그제서야 자신에게 진정한 생명을 부여해 주는 계기를 마련하게 되었던 것이다.

　　종교계에서 분노에 대해서 이야기할 때 자주 용서라는 주제와 연결하곤 한다. 그럼에도 불구하고 종교적인 단어인 용서를 생존자에게 말할 때, 거기에는 보다 복잡한 것들이 내포되어 있음을 전문종교인들은 알 필요가 있다. 물론 데브라의 경우, 그녀의 목사가 용서를 언급한 것이 그녀에게 큰 도움이 되었다. 왜냐하면 용서를 통하여 성폭행과 유리된 채 분노를 느끼며 삶을 살아 가는 자신을 발견할 수 있었기 때문이다. 그녀는 무언가 다른 것이 필요했는데 용서는 그러한 작업을 할 수 있는 계기가 되었던 것이다. 이런 맥락으로 용서를 종교적 차원에서 고려할 때, 전문종교인들은 용서를 폭력과 힘, 그리고 치유라는 보다 넓은 상황에서 이해해야만 한다.

　　여기서 우리가 주의해야 할 부분은 만일 생존자가 그녀를 폭행한 성폭행범에 의해서 위협을 당하거나 자신의 상황에 대해서 혼란을 느끼고 있다면 아직 용서에 대해서 언급해서는 안 된다는 점이다. 이런 경우에 용서는 분노를 건강하게 대처하는 수단이 될 수 없다. 또한 용서는 고통스러운 감정을 그저 회피하려는 수단으로도 사용되어서는 안 된다. 이 연구에 참여했던 여성들 중 세 명은 용서에 대해서 이야기를 나누지 않았다. 그 주된 이유는 그들이 느끼는 분노만으로도 자신들이 경험한 성폭행을 이해하는 데 도움이 되었거나, 멜라니의 경우가 보여 주듯이 아직 분노를 느낄 수 없는 상황에 놓여 있었기 때문이었다.

전문종교인과 신앙공동체의 접근 용이성

한 여성이 성폭행을 당했을 경우, 그녀는 누구에게 이 사실을 털어 놓아야 할지 결정해야만 한다. 어떤 여성에게는 목회자들이 위로와 도움을 구할 때 신뢰할 만한 대상이 될 수 있다. 전문종교인들은 생존자들이 성폭행당하기 전부터 그들을 알고 있었다는 점에서 정신건강 관계자들에 비해서 좋은 위치에 놓여 있다. 여러 공동체 안에서 어려움을 겪을 수밖에 없는 성폭행의 생존자들에게 전문종교인들은 생존자들이 도움을 구할 수 있는 가장 중요한 혹은 유일한 대상일 수 있다. 내가 처음 아는 사람에 의한 성폭행에 관심을 가지게 된 것은 바로 대학 교목으로 있을 때였는데, 당시 성폭행을 당한 여학생들이 나에게 도움을 요청했었던 것이다. 그들은 내가 성적 폭력에 대한 정규 프로그램을 학교 내에서 책임지고 운영하고 있었기에 자신들의 이야기를 열린 마음으로 들어 줄 것이라고 믿고 있었다. 대부분의 경우, 나를 찾아온 여성들은 이미 신앙생활을 하고 있었으며 교회와 목회자들이 여러 모로 도움을 줄 수 있다는 사실을 알고 있었다.

그러나 한편으로는 전문종교인들과 함께 폭력에 대해서 열린 마음으로 이야기를 나눌 수 있음에도 불구하고, 아는 사람에 의한 성폭행으로 말미암아 외상을 경험하고 있는 많은 여성들이 전문종교인들을 만나기를 꺼리는 경우도 자주 있다. 그들은 불신과 판단, 그리고 공동체로부터의 격리와 도움을 받지 못할 것을 두려워하는 것이다. 이러한 현상은 특히 일반적인 사회의 통념처럼 신앙공동체조차 성적 폭력을

'말할 필요도 없는 죄'라고 여길 경우 더욱 두드러지게 나타난다.[1]

또한 전문종교인에 대한 생존자의 인식도 그들에게 도움을 요청하는 것을 망설이도록 만드는 데 일조를 한다. 즉 만일 전문종교인들이 성폭행에 대한 지식과 관심, 그리고 경험이 부족하다고 여겨지면 생존자들은 그들을 회피하게 된다. 신뢰에 대한 배신이 아는 사람에 의한 성폭행의 핵심 문제 가운데 하나이기 때문에 목회자가 일반적으로 만나게 되는 다른 상황에서 기대되는 신뢰와 능력의 정도로는 생존자들을 돌보고 함께 치유 과정을 밟아가는 데 충분하지 못한 것이다. 성폭력을 다루는 것은 목회자가 무언가를 배우는 기회로 여길 수 있는 차원의 시간이 아니다. 생존자를 도우려고 하는 열린 마음이 중요하기는 하지만 여전히 그것으로는 부족하다는 것이다.

아는 사람에 의한 성폭행의 생존자를 도울 수 있는 능력과 지식이 있는 전문종교인들은 교회 내에서 성폭행에 대해서 이야기하는 것이 가능하며, 자신은 전문적인 지식이 있고 또는 성폭행의 생존자와 함께 일한 적이 있다는 것을 생존자에게 알려 줄 필요가 있다. 이러한 것들을 알리는 방법으로 교회 주보나, 설교, 교육세미나 혹은 안내게시판 등을 활용할 수 있겠다.

데브라와 멜라니는 전문종교인들이 아는 사람에 의한 성폭행에 관한 지식을 가지고 있는 것도 중요하지만, 자신들의 질문에 대해서 모든 대답을 갖고 있지 않을 때는 솔직하게 이야기하는 것이 도움이 된다고 강조한다. 멜라니에게는 이러한 전문종교인의 태도는 신뢰성과 관련이 있다. 목회자들이나 다른 전문종교인들이 자신들의 지식과 경험의 부족을 정직하게 생존자들에 말하면, 그것은 어떠한 흠이 된다기보다는 오히려 그들을 더욱 신뢰할 수 있도록 만드는 것이다. 설사 전문종교인들이 지식으로 무장되어 있고 신뢰성이 있다고 하더라도 생존자들은 성폭행을 당한 사실과 그로 인한 배신감을 전문종교인들과 나누지 않을 수도 있다. 그만큼 아는 사람에 의한 성폭행은 매우 민감한 주제이다.

전문종교인의 한계와 다른 기관으로의 위탁

위에서 잠깐 말한 바 있지만, 아는 사람에 의한 성폭행의 생존자들을 돌보는 데 있어서 가장 중요한 요소들 가운데 하나는 전문종교인이 가질 수 있는 한계를 아는 것이다. 목회자들은 자기 자신이 이런 분야에 경험이 없거나 거의 훈련받은 적이 없을 경우에는 무리하게 일을 진행시키지 말고 그러한 사실을 분명히 밝힐 필요가 있다. 좋은 목회 돌봄과 상담기술을 가지는 것만으로는 불충분하며, 어느 정도의 성폭행에 대한 전문적인 지식을 가지고 있어야만 효과적으로 생존자의 필요에 반응할 수 있다. 이러한 능력을 기르기 위해서 목회자들은 성적 폭력의 이슈들에 대해서 일하는 것에 불편하지 않고 편안함을 느낄 수 있도록 훈련받아야 한다. 이것을 다른 말로 말하자면, 성폭행이 불러일으키는 공포에 대한 강한 감정을 의식하는 것과 아울러 섹스와 분노에 대해서 편안하게 이야기할 수 있는 능력을 가져야 함을 의미하는 것이다.

아는 사람에 의한 성폭행 가운데 매우 많은 경우에 술과 다른 마약의 복용 등의 문제들이 관련된다. 우리가 이 책에서 살펴본 네 명의 생존자 가운데 세 명이 그들의 성폭행 사건에 술과 다른 마약들이 연루되었던 것을 볼 수 있었다.(두 명의 여성들은 술에 만취되어 있었고, 한 명의 가해자는 정신 못 차릴 정도로 매우 취해 있었다.) 이러한 사례들을 종합해 보건대, 전문종교인들은 생존자들을 판단하거나 윤리적으로 정죄하지 않고 술과 다른 마약들에 대해서 이야기할 수 있어야 한다.

생존자들이 초기 급성단계에 있을 때, 전문종교인들은 반드시 피해자를 성적 폭력을 다루는 특별기관들에 위탁해야만 한다. 그들은 법적이고 의료에 관한 절차들에 대해서 잘 알고 있으며 생존자들이 그러한 과정 속에서 입을 수 있는 외상을 최소화할 수 있도록 도울 수 있기 때문이다. 생존자가 상처를 치유하는 데 너무나 오랜 시간이 걸리거나 친구나 가족들로부터 충분한 도움을 받지 못할 경우에도 그러한 전문기관에 위탁하는 것이 필요하다. 따라서 생존자들을 돌보는 전문종교인들은 필수적으로 위탁기관에 대한 가장 최근 목록을 가지고 있어야 한다. 또한 위탁이 필요할 경우, 가능한 한 전문종교인이 잘 알고 있고 신뢰할 만한 사람에게 위탁하는 것이 바람직하다. 이러한 역할을 잘 감당하기 위해서 전문종교인들은 자기 자신을 잘 알고 있어야 하며, 한계를 인정하고 전문종교인으로서의 역할을 확실하게 알고 있어야 한다.

돌봄은 생존자로 하여금 심리 혹은 영적으로 의기소침을 느끼지 않는 방향으로 이루어져야 한다. 아는 사람에 의한 성폭행은 목회돌봄과 관련된 이슈들이며 너무 성급하게 자신에게 온 생존자를 위탁기관들에게 맡기는 것은 목회자가 이 문제를 자신이 해야 할 일이 아니라고 믿고 있는 것처럼 타인에게 비춰질 수 있다. 그러므로 전문종교인들이 위탁기관에게 맡기기 전에 스스로 먼저 좋은 청취자가 되어야만 한다. 한편, 위탁이 이루어졌다고 해서 목회돌봄 제공자가 생존자의 심리영적인 필요에 더 이상의 관심을 가져서는 안 된다는 것을 의미하는 것은 아니다. 즉 전문종교인들은 생존자로 하여금 계속해서 각자 가지고 있는 신앙의 전통에 따라 예배를 드리며, 자기들을 지지하는 사람들과 공동체가 있다는 사실을 알 수 있도록 지속적으로 도와주어야 한다.

감정이입적인 관계정립의 어려움들

아는 사람에 의한 성폭행의 생존자들과 효과적으로 함께 일을 할 수 있느냐 없느냐를 보여 주는 전문종교인들의 능력은 그들이 생존자들과 감정이입적인 관계를 형성할 수 있느냐의 여부에 달려 있다. 생존자가 경험하는 고통과 배신 속에서 불안감을 느끼지 않도록 편안하게 대해 주며, 그들의 이야기를 과소평가하거나, 병적으로 만들거나, 또는 과잉반응하지 않고 들어 주는 능력을 키우는 것은 매우 어려운 일이다. 그러기에 상처받은 여성이 치유받을 수 있도록 도와줄 수 있는 돌봄제공자의 능력은 하나님께서 주신 은사라고 할 수 있다.

생존자의 이야기 속에 나타나는 엄청난 불안과 분노와 절망을 직면하면서도 불안감을 일으키지 않고 평정심을 유지한 채, 생존자와 함께 있는 것은 어려운 일일 수 있다. 아마도 당신이 생존자가 오랫동안 쌓여 왔던 자신의 분노와 고뇌를 표출하여 감정들을 솔직하게 표현할 수 있는 용기를 준 첫 번째 돌봄제공자일지도 모른다. 이러한 가능성을 인식하는 것이 돌봄제공자가 자신의 개인적인 화를 분출하거나 생존자들이 겪는 외상에 대해서 비난하지 않고 그들을 존중하는 데 도움이 되며, 생존자와 깊은 신뢰관계를 형성하기 위해서 이뤄져야 하는 본질적인 작업이라 할 수 있다. 엠마 저스테스(Emma Justes)는 만약에 목회상담가들이 생존여성들의 분노에 잘 대처할 수 없다면 그들은 이러한 여성들을 대상으로 목회상담을 해서는 안 된다고까지 말한다.[2]

한편 아는 사람에 의한 성폭행의 생존자들을 돌보는 것이 목회자를 매우 지치게 하고 진을 빼게 하는 일일 수 있다. 생존자의 경험이 매우 고통스러운 것이기에 목회자들은 생존자들이 보이는 극도의 슬픔에 압도되는 느낌을 받을 수 있다. 이런 와중에서 전문종교인들은 그들 자신이 느끼는 분노와 악에 대응하는 능력을 부인하려는 유혹을 받는다. 이러한 현상을 다른 말로 말하면, 전문종교인들은 그들이 돌보는 생존자들이 경험하는 자기들 자신에 대한 무기력중에 부정적으로 영향을 받을 수 있다는 것이다. 이런 현상에 빠지게 되면, 그들은 생존자들을 위해서 성급하게 행동을 취해야 한다는 함정에 빠질 우려가 있다.

이러한 행동은 목회돌봄 제공자, 혹은 상담가와 생존자들, 혹은 내담자 사이의 경계선을 무너지게 하며, 생존자가 건강하지 못하게 전문종교인들을 너무 의존하게 되는 부정적인 결과를 초래하게 된다. 즉 생존자의 치유과정에서 전문종교인의 역할이 너무 커지게 되는 것이다. 전문종교인들이 빠지게 되는 함정이나 저지르게 되는 실수는 일방적으로 생존자들을 치유 속으로 데리고 가려는 것이다. 돌봄제공자들이 자신들이 돌보는 이들을 어느 방향으로 이끌고자 하는 시도는 사실, 생존자들의 이야기가 전문종교인들에게 걱정과 염려 등의 감정을 일으키고 있다는 것을 의미하는 한편, 전문종교인들이 자신들의 곤혹스러움을 누그러뜨리기 위한 방편이 되기도 한다. 이러한 일들이 발생하면, 주객이 뒤바껴서 돌봄제공자의 감정들이 생존자들을 치유하고 회복하는 데 있어서 주도적인 요인으로 작용하게 된다.

데브라는 성폭행에 대해서 이야기하는 것이 어려운 일임을 알고 있었다. 그녀는 목회자들의 역할은 생존자들과 함께 그들이 지나고 있는 폭풍우 속에서 그저 함께 있어 주는 것임을 목회자들이 알기를 원했다. 즉 생존자들이 자기들의 강한 감정들을 표현할 수 있는 공간을 만드는 데 도움을 주는 것이다. 데브라는 생존자와 함께 있어 주며, 앞서 가지 않는 목회자의 자세가 생존자에게 줄 수 있는 가장 커다란 선물이라고 말한다. 한편 돌봄제공자가 느끼는 불안과 염려는 성폭행의 생존자들을 돌보는 과정에서 발생할 수 있는 정상적인 갈등들이다. 다만 그러한 감정들을 이상하다고 여기기보다 정상적인 것으로 받아들임으로써 돌봄제공자들은 그 감정들을 다시 한 번 심도 있게 생각하게 되고, 그 결과 자신들을 얽매이지 못하도록 막을 수 있게 될 것이다.

전문종교인들이 치유과정에 있는 생존자들에게 가장 자주 저지르는 실수 중에 하나는 부적절한 종교적인 자료들의 사용이다. 성경구절을 인용하거나 기도하고 희망의 말들을 전해 주는 것은 전문종교인들이 할 수 있는 중요한 자원들이기는 하지만, 그러한 것들은 생존자들의 기대와 필요성에 맞추어서 사용할 필요가 있다. 생존자들을 돌보는 시간은 전도하는 시간이 아니다. 실제로 부적절하거나 잘못된 상황에서 사용된 종교적인 방법들이 오히려 생존자들의 부끄러움과 배신감을 더 자극하는 경우가 종종 있다. 이 연구에 참여했던 여성들 중 세 명은 너무나 잘못 사용된 종교적인 요소들에 대해서 언급했다. 데브라는 생존자들이 고통 가운데 놓여 있었을 때, "이러한 경험으로부터 선한 것이 나올 수 있나."라고 하는 위로의 말은 실제적으로 별 도움이 되지 않는다고 지적했다.

한나 역시 같은 느낌에 대해서 말했다. 하나님이나 하나님의 사랑에 대해서 말하는 것은 너무 자신들의 상황을 이해하지 못하는 성급한 말이라고 지적했다. 생존자가 자기 자신조차 사랑하지 못하고 있을 때, 다른 사람들, 심지어 하나님이 뭔가 자기보다 더 자기를 사랑할 수 있다는 말을 듣는 것은 힘겨운 일이다. 한 여성이 상처받거나 공격당하기 쉬운 약한 상태에 빠져 있을 경우에 목회자가 말하는 "하나님에 대한 이야기"는 단지 형식적인 인용에 불과하다고 한나는 말한다. 멜라니는 성경구절의 사용은 생존자를 도와주려고 하는 전문종교인의 능력에 대해 회의를 품게해 주는데, 그 이유는 생존자와 함께 있어주는 지지자가 아니라 '신앙의 점검자'와 같은 인상을 주기 때문이라고 그녀는 말한다.

기도나 성찬, 그리고 성경구절의 인용과 같은 종교적인 상징들을 사용할 것인가의 여부에 대해서 결정하려고 할 때, 전문종교인들이 주의해야 할 사항들로는 다음과 같은 것들을 들 수 있다.

(1) 그러한 종교적인 도구들을 누구를 위해서 사용하려고 하는가? 그러한 것들이 생존자의 신앙과 신앙생활들과 연관성이 있는가, 혹은 전문종교인들의 생각에 그러한 것들이 생존자에게 도움이 된다고 믿기 때문인가?

(2) 누가 먼저 종교적인 도구나 자료들을 사용하기를 원했는가? 생존자가 기도나 성경적인 안내를 요청했는가? 혹은 돌봄제공자가 본인의 경험상 위로를 받았기에 그러한 자료들을 사용하고 있는 것인가?

(3) 그러한 종교적인 자료들을 생존자들이 죄의식이나 부끄러움을 느끼지 않고 자유롭게 거절할 수 있나?

(4) 생존자가 목회돌봄가로서 전문종교인을 찾았는가? 혹은 전문종교인이 목회자로서 먼저 생존자에게 전화를 걸었나?(누군가가 전문종교인에게 생존여성과 이야기해 달라고 요청하는 등)

(5) 전문종교인이 사용하는 자료나 도구들이 생존자에게 생명의 활력을 가져다주는 것인가, 아니면 생존자가 더 자신의 초라함을 느끼고 판단 받고 있다는 느낌이 드는 방식으로 성경구절을 사용하고 있지는 않은 가?

위에서 잠시 살펴본 것처럼, 목회돌봄과 상담의 관계에서 사용되는 종교적인 도구나 자료들은 단지 생존자들이 그러한 것들을 환영하고, 도움이 되며, 실제로 상한 마음을 치료할 수 있다고 이해할 수 있을 때, 긍정적인 효과를 가져올 수 있을 것이다. 목회자의 역기능적인 감정이입은 전문종교인들이 생존자들이 가지는 여러 가지 외상들을 느낄 때 일어날 수 있다. 침해, 배신 그리고 두려움의 이야기를 생존자로부터 들을 때, 전문종교가들은 가해자와 사회에 대한 분노를 느낄 수 있다.

이 경우, 가해자에게 보복직인 말을 하면 돌봄제공자는 만족을 느낄 수 있겠지만, 그러한 돌봄제공자의 행위는 오히려 생존자를 더 혼란스런 상황으로 몰아넣는다. 특히 가해자가 친구나 사랑하는 사람이었을 경우에 더욱 그렇다. 가해자를 여러 가지 이름을 붙여서 공격하는 것은 생존자가 심지어는 그녀가 무슨 일이 일어났는지 확실히 알 수 없을지라도 가해자를 방어하는 위치에 서도록 강요하는 것이다.

나 역시 성폭행범을 처벌하고 싶은 욕구가 치밀어 오르는 것을 경험한 적이 있다. 나의 분노는 밤에는 꿈속에서, 낮에는 몽상을 통해서 표출되었다. 만일 이러한 현상이 나타나면, 동료 목회자나, 목회상담가, 혹은 정신치료사 등을 만나 이야기를 나누는 것이 반드시 필요하다. 전문종교인이 자기 자신의 화와 외상을 생존자에게 강요하는 것은 절대로 금해야 한다. 즉 전문종교인들은 본인들 생각에 정의와 복수가 필요하다고 느낄지라도, 그와 같은 생각이 반드시 생존자들의 필요성과 부합되는 것은·아니라는 사실을 깊이 인식해야만 한다.

남자 전문종교인

지지, 재확인과 신뢰, 이러한 단어들은 아는 사람에 의한 성폭행의 생존자들에게는 중요한 이슈들이다. 특이한 점은 그러한 주제들과 아울러 돌봄제공자들의 성별 또한 생존자가 그들에게 도움을 구할 것인지 아닌지를 결정하는 데 중요한 역할을 한다는 사실이다. 어떤 생존자들에게는 마음을 안정시켜 주는 데 남자 전문종교인이 매우 긍정적으로 작용했다. 애비의 경우, 그녀의 상담가가 남자라는 성별이 그녀를 신경 쓰이게 하지 않았다. 그녀는 그가 제공하는 위로와 상담을 잘 들었으며 좋은 영향을 받았던 것이다. 그러나 그와 동시에 그녀는 남자 친구들이 자기에 대해서 그다지 감정이입적이지 않다는 것을 느끼게 되었다. 멜라니의 경우에는 애비와는 달리, 남자 돌봄제공자들이 그녀가 충분히 안전함을 느낄 수 있을 만큼의 목회적 관계를 만들지 못했다. 그녀는 그 주된 이유로 그들은 그녀가 여자의 몸으로 겪었던 경험을 절대로 가질 수 없었기 때문이라고 설명한다.

이때 우리가 주의할 점은 오직 생존자만이 남자상담가가 유용한지 아닌지를 결정할 수 있다는 것이다. 이렇게 볼 때, 남자 전문종교인들은 이러한 현실에 준비를 하고 있어야만 하며 필요하다면 생존자를 훈련받은 여자 목회상담가에게 위탁해야만 한다. 위의 두 경우 중 어떤 경우이든지, 남자 전문종교인들은 자신들이 은인이나 부모와 같은 역할을 하고 있다고 생각해서는 안 된다. 생존자는 자신을 구조해 줄 사람이 아니라 자신의 이야기를 듣고 지지해 줄 누군가가 필요하다.

더 나아가 남자 목회돌봄 제공자들이 특히 조심해야 할 것은 상담 과정에서 생존자들이 신체적으로 혹은 성적으로 위협을 느낄 만한 어떠한 행동도 피해야 한다는 점이다. 즉 생존자의 신체 일부분을 가볍게라도 만지는 것은 반드시 필요한 극히 이례적인 상황에서만 해야 되며, 생존여성의 뒤로부터 나타나는 것은 만일 그녀가 당신이 뒤에 있다는 것을 의식하지 못한 상태라면 위협을 느낄 수 있다. 필요 이상으로 놀닦을 하거나 장난치는 깃은 아무리 당신이 돌보는 데 은사를 가진 사람일지라도 그녀와 신뢰관계를 형성하는 데 도움이 되지 않는다는 점을 기억해야 한다.

생존자의 슬픔 계속 점검하기

성폭행으로 인해 발생하는 외상은 적어도 수 개월, 길게는 수 년 동안 피해여성의 삶에 영향을 미친다. 죽음이나 자연스럽게 발생하는 사건들로 인해 입는 외상을 경험하는 사람들과는 달리, 아는 사람에 의한 성폭행의 생존자들은 성폭행으로 말미암은 고통과 그 후에 발생하는 지속적인 변화에 대해 공개적으로 슬퍼할 수 있는 방도가 전혀 없는 형편이다. 따라서 생존자들은 성폭행으로 인해 발생한 손실을 마음껏 슬퍼할 수 있도록 도움이 필요하다. 슬픔이라는 정상적인 과정을 거치지 못하면 생존자는 외상에 영구적으로 시달릴지도 모른다. 일상적인 사별의 경우에는 장례라는 사회적 의례의 과정을 통하여 슬픔을 당한 사람들을 지지한다. 그러한 의례를 통한 도움이 없다면 병적인 슬픔과 계속되는 의기소침과 우울증은 극도로 고조되기 마련이다.

안타깝게도 아는 사람에 의한 성폭행의 생존자의 경우에는 개인적이건 공적이건 그들이 당하는 슬픔에 대한 그 어떠한 의례도 존재하지 않는다. 이런 의미에서 예배를 비롯한 의전(儀典)이 가지는 높은 가치를 기본적인 신학적 방법으로 삼는 기독교 신앙공동체가 성폭행의 생존자들을 위한 의례를 행하는 데 가장 적합하다고 할 수 있다. 생존자들이 그들의 비탄과 치유를 의례화할 수 있도록 돕는 것은 교회를 비롯한 신앙공동체가 생존자들을 존중하는 하나의 방법이 될 수 있을 것이다. 예를 들면, 외상으로 힘들어하고 있는 모든 생존자들을 위한 기도회를 연다거나 10월을 가정폭력 의식의 달로 기념하는 것 등은 좋은 사례가 된다.

성폭행범과 대면하기

성폭행의 생존자들은 그들에게 말할 수 없는 상처와 공통을 안겨다 준 성폭행범들을 대면하기를 원할지도 모른다. 우리가 앞에서 살펴본 사례 중 세 명의 여성들은 개인적으로 자신들을 성폭행했던 남자들을 대면할 수 있었다. 그들 가운데 한 명은 법원에서 소송하는 가운데 만났다. 그들 모두는 그 남자와 만나 이야기해야겠다는 심적 동기가 발생했는데, 사실 그들은 처음에는 다른 사람들이 성폭행범을 반드시 고소해야 한다고 주장했을 때 어떻게 행동해야 할지 망설였던 경험들이 있었다. 그러한 애매모호한 상태에서 결국 그들은 그 남자와 대면했는데, 그 이유는 바로 생존자들은 자신들에게 발생한 사건을 보다 명료하게 알고 싶었고(예를 들면, 정말 나에게 이런 사건이 발생한 것인지?), 그 폭력을 성폭행이라고 부를 수 있는 권리를 주장하기 위해서였다.("당신은 나를 성폭행했으며, 지금 보시다시피 나에게 피해를 주었어. 당신이 바로 그 주범이야.") 자신을 폭행한 남자와 개인적으로 대면한 두 여성들은 그 남자들과 계속 같은 공동체 안에서 살아가야 했기에 언제가는 용기를 가지고 대면해야만 했었다. 이러한 대면을 통하여 그들은 자신들이 공동체 속에서 낯선 이방인처럼 살아가야 한다는 느낌에 강하게 저항했다. 그러나 그 남자들 중 어느 누구도 자기가 한 행동이 성폭행이라는 사실을 인정하지 않았으며, 기꺼이 자신의 행동에 대해서 책임지려고도 하지 않았다.

한편 전문종교인들이 먼저 생존자에게 가해자를 만나야 할 것을 언급할 필요는 없다. 만일 생존여성이 가해자를 만나고 싶어 한다면, 전문종교인들은 그녀가 성폭행범을 만나는 것이 얼마나 안전한지, 그녀가 무엇을 느끼는지, 그리고 그녀가 그 만남을 통하여 무엇을 얻고자 하는지 등에 대해서 잘 살필 수 있도록 도와주어야 한다. 생존여성이 자신을 성폭행한 남자를 대면해야 하는 데는 다음과 같은 충분한 이유가 있다. 그녀의 목소리를 주장하기, 진실을 말하기, 그녀의 힘을 되찾기, 정의를 요구하기, 그리고 공동체에 경종을 울리기 등등이다. 그러나 불행히도 가해자가 자신의 행동에 대한 책임감을 받아들이도록 권유한다거나(법정에서 그가 인정하도록 돕는 것과는 반대이다), 자기 자신의 행동들에 대해 적합한 이유를 생존자에게 설명하는 등의 일들은 일어날 법한 일이 아닌 것이 우리의 현실이다.

응급실, 경찰관, 그리고 법정

생존자가 전문종교인을 신뢰한다면, 돌봄제공자는 그녀에게 자신의 사건을 법당국에 알림으로써 얻게 되는 유익한 점들에 대해서 알릴 필요가 있다. 경찰은 피해자의 필요에 민감하게 반응하여 도움을 주려고 하는 한 팀의 일원으로서의 역할을 할 수 있다. 경찰은 성폭행이라는 범죄의 현실을 가해자로 하여금 더 확실하게 알게 해 주어야 하며, 생존자에게는 필요한 의료진단을 받을 수 있도록 도와주어야 한다. 그리고 만일 성폭행을 당한 직후에 경찰을 부르면 생존여성은 굳이 나중에 따로 고소하지 않아도 된다.

생존자가 응급실에 가면 병원관계자와 법집행관들을 만나 함께 절차를 밟게 된다. 의료진단을 받기 전에 경찰은 사건과 관련된 진술들을 생존여성으로부터 듣는다. 또한 많은 병원들은 그러한 경찰조사 과정에서 생존여성을 도와줄 변호인 명단을 확보하고 있다. 경찰관은 매우 단도직입적이고 사실적인 묘사가 필요한 질문을 할 수 있기 때문에 병원의 위기센터 상담원이나 아니면 목회자를 비롯한 전문종교인, 혹은 변호인은 경찰관이 던지는 질문들이 생존자들에게 얼마나 모욕을 줄 수 있을지에 대해서 민감해야 한다. 만일에 생존여성이 가해자를 고소하기를 원하고 있으며, 성폭행이 그 사실을 경찰에 신고한 시간을 포함해서 48시간 내에 발생했다면, 사법기관 대신에 병원이 성폭행 검사 여부를 위해 성폭행 키트(rape kit)를 실시한다. 한편 검사에 필요한 모든 비용은 지역 경찰에서 모두 부담한다.

일단 경찰관들이 피해자로부터 사건에 관한 자세한 진술을 들은 다음에 특수훈련을 받은 전문의료진들이 육체적 내상과 성폭행에 대한 증거를 수집하기 위해 그녀의 몸을 점검한다. 이때 사용하는 성폭행 키트에는 가해자의 음모와 옷의 조각들을 찾기 위해서 생존여성의 음모들을 모으며, 그녀의 팔이나 몸통, 다리나 얼굴, 성기에 난 타박상, 긁힌 자국이나 상처난 부위들을 촬영한다. 또한 혈흔을 찾기 위하여 그녀의 손가락 아래와 피부를 살펴보며, 정액을 발견하기 위해서 자외선을 사용하기도 하고(자외선으로 보면 정액이 빛나는 것이 보인다), 이 외에도 골반검진도 받는다. 위에서 말한 것들 외에도 다양한 방법으로 성폭행 키트를 실시하게 된다.

이때 주의할 것은 성폭행에 대한 가장 중요한 증거는 생존여성의 몸에서부터 얻어지기 때문에 성폭행 키트 검진을 하기로 결정한 피해자는 모든 절차가 끝나기까지 샤워를 해서는 안 된다. 물론 성폭행을 당한 상태 그대로 있다는 것 자체는 매우 견디기 힘겨운 일이다. 또한 피해자의 옷들도 정액이나 혈흔의 증거가 있을 수 있기에 증거품으로 모아진다. 일부 병원이나 성폭행응급센터들에서는 피해자가 입고 집으로 돌아갈 수 있는 여분의 옷을 준비해 놓고 있다. 이렇게 함으로써 피해자의 가족이나 친구들이 옷을 가지고 올 때까지 기다리지 않아도 된다.

성폭행 키트를 위한 절차는 수 시간 걸리는데, 이 시간 동안 피해자에게 성폭행에 이은 또 다른 침범의 느낌을 주기도 한다. 그러므로 피해자에게 미리 성폭행 키트의 절차에 대해서 말해 주어야 하며, 모든 검진과정 중이나 마친 후에 적절한 보호를 받아야만 한다. 의료검진과 성폭행 키트가 끝나면 경찰서의 성폭행 담당형사의 판단 하에 조사가 끝나게 되며, 형사는 기소할 만한 충분한 증거가 확보되었는지의 여부를 결정할 권한을 가진 검사에게 이 사건을 넘긴다. 일반적으로 극히 적은 성폭행 사건만이 법정까지 가기 때문에 피해자나 생존자들에게 그녀가 성폭행이라고 생각하는 경우와 법제도 하에서의 성폭행의 개념이 다를 수 있다는 것을 이해하도록 돕는 것은 중요한 일이다.

법적인 문제 외에, 병원은 생존여성의 육체적 외상에 주의를 기울일 책임을 가지고 있다. 생존여성의 건강에 초점을 맞추는 한편, 전문 의료인들은 또한 임신이나 성행위 감염증, 그리고 약물사용 등의 질문에 대하여도 점검할 책임이 있다. 병원을 나서기 전에 생존여성은 임신 방지용 약을 복용할 것인지의 여부를 결정할 수 있는 기회가 주어져야 한다. 통계에 따르면 성폭행을 당한 여성 가운데 오직 5퍼센트 정도만이 임신하였음에도 불구하고, 생존자들은 여전히 임신 가능성에 대해서 두려워한다.[3] 임신에 대한 가능성과 피임은 여성들에게는 어려운 이슈가 될 수 있다는 것을 전문종교인들은 깊이 인식해야만 한다.

임신 가능성과 함께, 생존자들은 성행위 감염증(Sexually transmitted diseases, STDs)에 대해서도 진단을 받아야만 한다. 성행위 감염증은 대략 성폭행 피해자 가운데 30퍼센트 정도가 감염되는 것으로 추산된다.[4] 임질(淋疾), 성병의 일종인 클라미디아, 나이세리균, 백선(白癬)균 감염, 그리고 매독 등은 일반적으로 가장 흔하게 볼 수 있는 성병이며, B형 간염과 인체면역결핍 바이러스(HIV)는 생명에 치명적인 영향을 주는 것들이다. HIV와 AIDS를 포함한 성행위 감염증이 성적인 공격을 당한 여성들의 주요 관심사임에도 불구하고, 성폭행을 당한 후 의료처치를 요청한 여성들 중 27퍼센트 이하만이 HIV 노출에 대한 정보나 검사를 받았으며, 39퍼센트는 다른 성행위 감염증 현상에 관한 어떠한 정보나 검사를 받지 않았다.[5] 한편 생명에 위협을 주는 바이러스에 감염되었을 가능성은 장기적인 심리영적인 문제들 외에 생존자들이 겪는 또 다른 어려움이다.

대학생들이 데이트 성폭행을 위해 사용하는 비합법적인 약물로는 '로히프놀(Rohypnol, 또한 flunitrazepam으로도 알려져 있다)'이라는 것이 있다. 일명 '루피스(ruphies)'나 '서클즈(circles)'로 부르기도 한다. 대학 캠퍼스나 술집에서 발견되는 이 약물들은 여성들을 무기력하게 만드는 데 사용되곤 한다. 이 아무런 맛도 느낄 수 없는 진정제는 물 속에 들어가 녹으면서 무기력증, 졸린 상태, 의식을 잃어버리거나 완전히 의식이 사라진 상태로 만든다.[6] 이러한 약물들은 또한 여성들이 자기들에게 일어났었던 일들을 완전히 기억하지 못하도록 하며, 자신들이 공격당했다는 것을 증명할 수 없도록 이끈다. 이 불법적인 약물들이 기억과 치유에 미치는 장기적인 영향에 대해서는 아직 밝혀진 바가 없다.

가족과 친구들

모든 아는 사람에 의한 성폭행 생존자들이 외상 후 스트레스 장애(PTSD)와 같은 증상들을 경험하는 것은 아니다. 비록 격렬한 외상이 나타나는 것을 막을 수 있는 마법의 약은 없지만, 가족과 친구들이 생존 여성의 성폭행 경험을 인식함으로써 외상적인 반응을 일으키지 않고 그녀를 치유해 가는 데 중요한 역할을 할 수 있다. 외상의 강도와 지속 기간은 대개 생존자가 가족이나 친구 등 자기 주위의 사람들과 어떻게 관계를 맺느냐에 달려 있다. 만일에 그녀가 자기 주위의 사람들과 함께 자신에게 벌어진 일들을 공유하는 데 편안함을 느끼고 그들로부터 자신이 돌봄을 받고 있다는 것을 발견하게 되면 회복 과정이 보다 쉽게 진행될 수 있다.

사실 가족과 친구들은 피해여성이 가장 먼저 찾아갈 수 있는 사람들이며, 누구보다도 그녀를 도와줄 수 있는 사람들이다. 생존자는 그녀가 신뢰하고 있는 사람들이 그녀가 당한 성폭행에 대한 것만이 아니라, 그녀 자신에 대한 일상적인 돌봄에 대해서 이야기할 수 있는 사람인지에 대해서 확신을 가지고자 한다. 그녀의 가족과 친구들은 피해자를 적극적으로 초청하여 그녀가 당한 성폭행에 대해서 이야기할 수 있도록 그녀를 지지해 주어야 하는 한편, 성폭행에 대해서 말하지 않을 수도 있는 그녀의 바람을 존중해 줄 수 있어야 한다. 몇몇 여성들은 그들의 가족이나 친구들에게조차도 자신들이 당한 일들에 대해서 이야기하지 않는다. 그 이유는 자신들의 성폭행당한 이야기들이 그들을 매우 곤혹스럽게 만들기 때문이다.

멜라니의 경우가 바로 이런 예에 속한다. 멜라니는 부모님들을 보호하기 위해서 그들에게 자신이 성폭행당했다는 사실을 말하지 않았다. 그녀는 몇몇 친구들에게만 알렸을 뿐, 다른 많은 친구들에게는 비밀로 했다. 왜냐하면 그들이 자기를 예전과는 다르게 대할 것이라는 두려움 때문이었다. 또한 비밀을 유지한다는 것이 매우 힘겹고 너무도 어려웠음에도 불구하고, 데브라 역시 지금까지 살아왔던 자신의 세계가 망가질까봐 두려운 나머지 그녀의 가족과 친구들에게 말하지 못했다.

여기서 우리가 확인할 수 있는 것은 성폭행은 피해 당사자를 황폐하게 만들뿐더러, 피해자의 가족들에게도 매우 심각한 악영향을 미칠 수 있다는 사실이다. 전문종교인들은 피해자 주위에 그녀를 도울 수 있는 가족과 친구가 있는지, 그리고 그들이 건강한 방향으로 생존자를 도울 수 있는지 등에 대해서 평가하는 데 중요한 역할을 담당할 수 있다. 전문종교인들이 그러한 역할을 하는 목적으로는 두 가지가 있다. 첫째는, 가족과 친구들이 생존자가 필요할 때 만날 수 있는가의 여부를 결정하고, 둘째로는, 가족과 친구들이 생존자에게 필요한 역할을 하고 있는지를 확실하게 하기 위해서이다.

한편 전문종교인들은 생존여성의 가족들과 친구들이 겪는 외상과 회복 과정에도 도움을 줄 수 있다. 생존자와 아는 사람들은 전문종교인들에게 여러 가지 감정이 섞인 복잡한 메시지를 주곤 한다. 심지어는 분노와 고통을 토로하면서 피해자를 나무라는 경우도 있다. 이러한 생존자와 관련된 사람들은 그들 자신이 경험하는 여러 가지 상실들, 예를 들면, 친밀감, 상호의존성, 또는 그들이 사랑하는 사람을 보호해 줄 수 있을 것이라고 믿었던 능력 등의 상실들에 대해서 보호와 지지가 필요하다.

전문종교인들은 생존자와 관련된 사람들이 그들 자신의 감정들을 치유하기 위한 과정을 통해서 그러한 감정을 생존자에게 투사하지 않도록 도와줄 수 있을 것이다. 비록 성폭행이 가족 전체에 어려움을 야기시키지만, 가족구성원들로 하여금 가장 커다란 위기는 바로 성폭행의 생존자 당사자에게 미친다는 사실을 기억하게끔 하는 것은 매우 중요하다. 그러므로 돌봄제공자들은 피해자의 회복과 치유에 저해되는 가족의 반응에 대해서 적절한 조치를 취해야 한다.

애비는 자기의 성폭행 사실에 대한 그녀의 부모님이 보여 주었던 반응으로 인해 갈등을 겪었다. 그녀는 그들의 애정이 담긴 말들에는 고마움을 느꼈지만, 그녀를 성폭행한 남자에 대해서 부모님이 보여 주었던 극심한 보복감으로 너무 당황스러웠다. 그녀의 부모님이 보기에 그는 성폭행범이고 범죄자였다. 반면에, 애비의 마음에 그는 한때 친구였고, 그녀는 그에게 성폭행당한 것이었다. 애비는 만약에 그녀의 부모님들이 목회자와 같은 다른 이와 이야기를 나누면 그들에게 도움이 될 것이며, 따라서 그녀 자신에게도 도움이 되리라고 느꼈다.

신앙공동체와 더 넓은 사회공동체

신앙공동체는 성폭행의 생존자가 잘 회복하도록 도움을 줄 수 있는 많은 방법들을 가지고 있다. 폭력으로부터의 생존자들을 위한 특별한 예배의식들은 목회돌봄과 상담에서 강력한 치유의 도구가 될 수 있다. 예배는 치유를 위해 필요한 중요한 내용들을 보여 준다. 예를 들면 인간의 온전성의 회복, 성폭행당한 날짜와 장소들의 구속(救贖), 그리고 생존자가 혼자가 아니라는 담대한 선포 등이다. 다만 여기서 우리가 주의해야 할 것은 특별한 예배의식들이 회중들로 하여금 폭력의 심각한 폐해나 이슈들을 의식하지 못하도록 하는 의도되지 않았던 결과, 즉 폭력의 실체를 최소화하려는 경향을 일으킬 수도 있다는 점이다. 비록 생존자들을 위해서 예배를 드리지만, 예배 그 자체가 슬픔과 분노와 회복의 힘겨운 과정을 대체할 수는 없다. 더 나아가 예배가 피해자가 된 상태를 미화해서도 안 된다. 진정한 치유는 상처뿐만이 아니라 '정의가 지니는 회복의 능력'과 '소망의 미래를 향한 온전성'이 함께 이루어지는 것을 의미한다.

한편 신앙공동체보다 더 넓은 지역공동체는 전문종교인들과 생존자들을 위해서 중요한 자원들을 제공하는 등 의미심장한 역할을 담당하기도 한다. 목회자들이 성폭행의 피해자들에게 필요한 모든 것을 제공할 수 있도록 훈련받은 경우가 매우 드물다. 마찬가지로 일반적인 기관들은 전문목회자들처럼 생존자의 심리영적인 부분들을 다룰 수 있는 교육이 매우 부족하다. 이렇게 볼 때, 목회돌봄제공자들이 그 지역공동체에 속한 다른 보건의료 서비스를 제공하는 사람들과 연계해서 함께 훈련을 받는 기회를 마련하거나 혹은 서로 필요하다면 내담자를 위탁하는 것 등은 매우 중요한 일이 될 수 있다. 지역공동체와의 협조관계를 통하여 전문종교인들은 지역사회가 가지고 있는 자료들을 알게 되고 사용할 수 있게 된다. 실제로 교회를 비롯한 신앙공동체와 일반 지역사회의 단체들 사이에 협조할 수 있는 다양한 방법들이 있다.

어떤 교회는 두 개의 성폭행 치료 그룹들이 이용할 수 있는 공간을 제공하고 있다. 그 교회는 이러한 활동들을 돕는 것은 지역사회를 위한 선교의 일환이 될 수 있다고 말하면서 교회 광고판에다 자주 알리고 있다. 또한 교회가 성폭행에 대해서 지역사회와 함께 목소리를 낼 수 있다는 점을 보여 주는 것이 되기도 한다. 교회와 성폭행 위기대처 기관 사이의 협력관계는 교회가 성폭행 생존자들이 함께 모여 이야기를 나누며 울 수 있는 안전한 장소를 제공하고 있다는 점에서 매우 바람직한 현상이다. 이러한 협력관계에서 파생되는 다른 유익한 점은 생존자들이 그들의 치유과정 속에서 할 수 있는 교회와 그들의 신앙의 역할에 대해서 의식적이고 주체적으로 이야기할 수 있도록 동기부여를 제공해 준다는 데 있다.

4. 다른 기관에 위탁하기

아는 사람에 의한 성폭행의 생존자들을 돌보는 목회돌봄과 상담은 항상 자신들의 전문적인 한계를 인식하는 가운데 실행하게 된다. 목회자로서 훈련을 받은 대부분의 종교전문가들은 성폭행 상담자로서 딱 들어맞게 준비되어 있는 그룹은 아니다. 그들은 자신들이 잘 훈련받은 성폭행 상담가라고 너무 과도하게 생각하지 않아도 된다. 지역사회에는 아는 사람에 의한 성폭행의 생존자들을 전문적으로 돌보도록 훈련받은 기관들과 전문인력들이 있기에, 그러한 기관들에게 생존자를 위탁하면 된다.

지역기관들과 다른 자원들

성폭행 위기대처센터들은 고소를 하든, 하지 않든지간에 상관없이 성폭행 생존자들이 이용할 수 있는 서비스 기관에 대한 가장 최근 명단을 가지고 있다. 따라서 이곳들은 도움을 구하는 처음 단계에서 가장 좋은 장소들이다. 그들은 그 지역 내의 경제적인 후원과 협력그룹에 대한 정보뿐만이 아니라 가장 최근의 주법규정을 가지고 있다. 또한 몇몇 기관들은 지역사회에 거주하는 사람들과 교육에 종사하는 사람들을 위해서 성폭행에 관한 트레이닝 프로그램을 운영하고 있다. 이러한 훈련을 받은 사람들은 인근 교회나 다른 사람들을 도울 수 있다. 그들 가운데는 응급전화선(hot line)을 연결해 놓고 있는데, 만일 핫라인이 없으면 어떤 기관에서 설치하고 있는지 알려 준다.

가정폭력피난처(domestic violence shelters)들도 성폭력과 관련된 많은 정보들을 제공해 주고 있다. 만일 생존자들이 즉시 머물 처소가 필요하면, 그들은 긴급 시에 제공해야 할 추가적인 자원들을 가지고 있다. 보통 전화번호부의 앞페이지를 보면 10대 청소년들을 위한 핫라인 번호를 포함한 응급핫라인 서비스에 대한 정보가 실려 있다. 주정부들은 그러한 서비스들이 필요한 사람들이 언제나 이용할 수 있도록 하기 위해서 노력하고 있다. 예를 들면, 코네티컷 주에서는 고객에게 적합한 다른 서비스들로 연결시켜 줄 수 있도록 주에서 운영하는 응급핫라인 (211)을 운영하고 있다. 이용가능한 각 주의 핫라인 번호를 알고자 하면 RAINN(Rape, Abuse, and Incest National, and Incest National Network)으로 연락하면 되는데, 1-800-656-HOPE나 또는 웹주소 http://www.rainn.org/counseling.html로 들어가면 된다.

준비된 부모되기(Planned Parenthood) 단체는 성병과 임신에 대한 문제와 관련한 중요한 정보를 제공해 준다. 그들은 비밀을 보장한 채 HIV 검사를 해 주는 의료원으로 안내해 준다. 성적 폭력에 대해서 풍부한 지식을 가지고 있는 치료사들이나 정신건강 전문가들의 명단을 가지고 있는 것은 중요하다. 아는 사람에 의한 성폭행의 생존자들을 돕고 있는 사람들이 다 전문적인 자격증을 소유하고 있을 것이라고 단순히 추측하지 말아야 한다. 따라서 성폭행 분야에 대한 전문지식을 가지고 있는 다른 전문종교인들에 대한 정보를 가지고 있는 것이 좋다. 특히 당신과 다른 종파일지라도 신앙공동체와 관련이 있는 기관들의 이름을 숙지하라.(가톨릭 사회봉사센터, 유대인 가족서비스, 구세군, 사마리탄 목회상담 센터 등.)

성적 폭력과 가정폭력 방지센터(The Center for the Prevention of Sexual and Domestic Violence)는 기독교인과 유대교신자 그리고 무슬람 공동체를 위해 정보를 제공해 주는 중요한 자원이다. 비디오, 서적들, 뉴스레터와 초청연사 등의 서비스 외에도, 그들은 성폭행의 생존자들과 그들의 가족들에게 전문적인 후원자가 될 수 있는 미국 전역에 산재한 전문종교인들에 관한 최신 명단을 가지고 있다.(http://www.cpsdv.org)

법적 후원

생존자들을 위한 법적인 조항들에 대한 정보를 가지고 있는 것은 중요하다. 우리가 이미 살펴본 것처럼, 성폭행 방지센터들은 종종 이러한 정보를 제공하곤 한다. 만일 당신이 방문한 센터에서 법적인 이슈에 관한 정보를 얻지 못할 경우, 다음의 기관들을 이용하면 도움이 될 것이다.

각 지역 경찰서는 어린이를 포함, 각종 성폭행 사건을 위해 임명된 직원들이 있다. 성폭행의 생존자들은 사건을 고소하건 혹은 고소하지 않건 상관없이 경찰서에 도움을 요청할 수 있다.

지역 담당검사(District Attorney) 사무실은 법적인 절차들과 법조항들에 대한 유용한 정보를 제공한다. 피해자에 대한 목격이나 피해자 도움 프로그램들이 지역담당검사의 사무실에 비치되어 있으며, 성폭행 생존자가 고소나 법정에서 증언하기로 결정했다면 그녀를 도와줄 후원자를 연결시켜 줄 수 있다. 이러한 프로그램들은 기소된 가해자들로부터 받은 법정비용을 통해서 충당된다.

임시접근제한명령(Temporary Restraining Orders, TROs)은 지역 경찰을 통해서 추진될 수 있는데 만일 가해자가 피해자를 계속 육체적으로 위협할 수 있다고 생존자가 느끼면 실행된다. 임시접근제한명령은 오직 대상이 된 사람에게만 유효하며, 생존자는 청원서를 비용과 함께 제출해야 한다. 그리고 생존자가 어느 곳에 거주하기를 원하는지, 그리고 임시접근제한명령이 상황을 더 악화시킬 경우 어떻게 할 것인지에 대해 이야기를 나누어야만 한다.

의료차원의 지원

병원의 많은 응급실들은 성폭행을 당한 여성들을 돕기 위한 제도적 장치를 마련하고 있다. 예를 들면, 일반 대중 대기실에 성폭행 피해자들이 함께 앉아 있는 것을 피하기 위하여 분리된 다른 공간을 마련하고 있는 경우도 있다. 일부 병원들은 성공격대응팀(Sexual Assault Response Teams, SART)을 두고 있다. SART에 소속되어 있는 간호사나 치료사들은 성폭행 생존자들에게는 하나님이 보낸 사람들과 같은 존재이다. 그들은 피해자가 보이는 외상의 현상에 대한 통찰력을 가지고 있는 경우가 많기 때문이다.

응급실 스태프들은 성병이나 임신에 대한 검사를 실시하거나 관련된 정보를 생존자에게 제공해야만 한다. 그들은 또한 생존자가 원하지 않는 임신을 하지 않도록 도와주는 임신방지 알약의 복용 여부에 대한 선택권을 주어야 한다. 그런데 이러한 의료적인 차원에서의 도움을 받는 것은 여성들이 성폭행을 당했을 시에 결정해야 할 중요한 옵션이다. 만일에 응급실이나 긴급치료를 받기를 원하지 않는 여성은 임신과 성병의 가능성을 방지하기 위해시 가능한 한 빠른 시간에 그녀의 담당 의사에게 반드시 가야만 한다.

지지그룹들

당신이 속한 지역사회에 다양한 지지그룹들이 있을 것이다. 그들은 대학이나 고등학교 상담가들 그리고 병원 등을 통해서 연결될 수 있다. 그러한 지지그룹들로는 위로 모임이나 성폭행 생존자들 모임이 있다. 성폭행위기대처센터들이나 가정폭력쉼터들도 종종 그러한 지지그룹들로서의 역할을 하기도 한다.

그 밖의 인쇄 혹은 인터넷 자료들

성폭행의 생존자들을 위해서 도움이 될 만한 책들이 많이 있다. 그 중에서 나는 두 권의 책을 추천해 주고 싶다. 로빈 워쇼(Robin Warshaw)가 지은 『나는 그것을 성폭행이라 부를 수 없었다: 면식범의 성폭행과 인정, 투쟁, 생존한 나날의 보고서(I never Called It Rape: The Ms. Report on Recognizing, Fighting, and Surviving Date and Acquaintance Rape)』라는 책과, 주디 캣츠(Judy Katz)가 지은 『요정도 아니고, 마술지팡이도 아니다: 성폭행 후의 치유과정(No Fairy Godmothers, No Magic Wands: The Healing Process after Rape)』이다. 목회돌봄 제공자들을 위해서는 파멜라 쿠퍼-화잇(Pamela Cooper-White)의 『타마의 외침: 여성에 대한 폭행과 교회의 대답(The Cry of Tamar: Violence against Women and the Church's Response)』, 버논 위히(Vernon R. Wiehe)와 앤 리처드(Ann L. Richards)의 공저인 『친밀한 배신: 아는 사람의 성폭행에 대한 이해와 대응(Intimate Betrayal: Understanding and Responding to the Trauma of Acquaintance Rape)』, 그리고 앤드리아 페롯(Andrea Parrot)이 쓴 『데이트 성폭행과 아는 사람의 성폭행에 대처하기(Coping with Date Rape and Acquaintance Rape)』을 추천하고 싶다. 또한 레베카 보켈-하우젠(Rebecca Voelkel-Haugn)과 마리 포튠(Marie Fortune)의 『성적 학대 예방(Sexual Abuse Prevention: A Course Study for Teenagers)』은 청소년들의 불필요하고 부적절한 섹스에 대해 이야기

하고 그것을 방지할 수 있도록 돕도록 만들어진 워크숍 커리큘럼이다.

생존자들과 그들을 돕는 사람들을 위하여 "사랑: 모든 것과 그 이상(Love: All That and More)"라는 비디오 시리즈를 소개한다. 이 시리즈는 청소년들과 청년들에게 건강한 관계의 형성을 위해 필요한 것들과 관계적인 남용을 어떻게 이해해야 하는지 그리고 관계의 평등과 상호존중을 창조하는 관계를 발달하는 방법 등을 알기 위하여 고안되었다. 한편 생존자와 돌봄제공자들에게 유용한 정보를 담고 있는 몇몇 단체들의 웹사이트는 다음과 같은 것들이 있다.

(1) 성폭행, 학대, 근친상간 국가 네트워크(Rape, Abuse, and Incest National Network: RAINN): http://www.rain.org/counseling.html or 1-800-656 - HOPE

(2) 아프리칸 어메리칸 가정폭력연구소(Institute on Domestic Violence in the African American Community): http://www.dvinstitute.org

(3) 전국가정폭력 핫라인(National Domestic Violence Hotline): http://www.feminist.org/911/crisis.html# hotline or 1-800-799-SAFE

(4) 결혼 및 데이트 성폭력에 대한 국립정보센터(National Clearing House for Marital and Date Rape): http://members.aol.com/ncmdr/

(5) 성폭력 및 가정폭력예방센터(The Center for the Prevention of Sexual and Domestic Violence): http://www.cpsdv.org

(6) 종교 간 성적 외상연구소(The Interfaith Sexual Trauma Institute): http://www.csbsju.edu/isti/

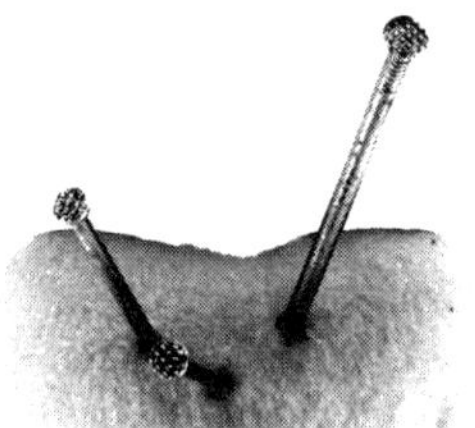

When Violence Is No stranger

5장 폭력이 우리 곁 가까이 있을 때

아는 사람에 의한 성폭행의 생존자가 도움을 구하기 위해 나에게 처음 찾아온 것은 내가 목회를 시작한 지 얼마 지나지 않아서였다. 나는 그녀가 자신의 부숴지기 쉬운 상태에 놓여 있던 영혼에 대해서 이야기를 나눌 정도로 나를 신뢰하고 있었음을 알 수 있었다. 그러나 시간이 지나면서 나는 그러한 신뢰가 영광스럽기만 한 것이 아니라 그녀가 개인적으로 겪고 있는 지옥과도 같은 상황 속으로 들어가야만 한다는 것을 느꼈다. 나는 하나님께서 그녀에게 매일매일 잠에서 깨어날 수 있는 용기와 힘을 주시면서 그녀의 악몽과도 같은 현실 속에서 함께 하신다는 것을 알았지만, 그 드라마 속에서 나의 위치에 대해서는 잘 알지 못했었다.

사실, 목회돌봄의 사역을 감당한 수년 동안 나를 의기소침하게 만든 일들이 많았지만, 그 어느 것도 아는 사람에 의한 성폭행만큼 나를 무기력하게 만든 것은 없었다. 생존자들이 말한 공포를 일으키는 일들을 나는 직접 경험해 보지 못했다. 그러나 적어도 나는 성폭행범이나 너무 지연되는 법적인 절차들, 무례한 법집행관들, 그리고 심지어는 생존자들에게조차도 분노를 가졌었다. 그리고 한편으로는 그들을 도와주기에는 나 자신이 준비가 잘못되었다는 사실을 발견하고는 부끄러움을 느끼기도 했다. 자주 나는 성폭행을 당한 뒤 성급한 변화나 갑작스런 탈출구, 즉 모 아니면 도라는 식으로 문제를 해결하려는 여자들의 이야기를 들어왔다. 성폭행의 외상은 돌봄제공자에게도 영향을 미칠 수 있다. 물론 완벽한 해결이나 부인은 둘 다 목회돌봄의 상황에서는 비현실적인 목표이다.

폭력이 우리 가까이에 있다는 것은 여성이 누군가 알고, 신뢰하고, 사랑하는 사람에 의해서 성폭행당할 수 있다는 것을 의미한다. 그러한 받아들이기 매우 어려운 불일치는 피해 여성에게 육체적·관계적·성적·영적으로 심각한 피해를 입힌다. 아는 사람에 의한 성폭행은 익숙했던 세계에서 의미를 만들어 가는 그녀의 능력을 파괴함으로써 결국 그녀의 심리영적인 환경을 산산조각으로 부숴 버릴 수 있는 힘을 지니고 있다. 그녀는 이러한 부숴짐을 배신, 자책감, 육신의 파괴, 일상생활의 상실, 폭력에 대한 혼란, 구속적인 공동체의 상실이라는 다양한 형태로 경험한다. 생존자가 자신이 당한 경험이 성폭행이라는 사실을 말하기 위해서는 그녀의 고통을 기꺼이 들을 수 있는 능력이 있으며, 충분히 신뢰할 만하고 안전하다고 믿는 사람을 필요로 한다.

진실을 아는 것과 진실 그 자체가 우리들을 자유롭게 해 줄지도 모른다는 말이 있다. 이 말은 마치 의로운 행동을 강조하고 있는 것처럼 들린다. 그러나 아는 사람에 의한 성폭행의 생존자들이 진실을 알고 말한다는 것은 두려운 일이고 부끄러움으로 가득찬 일이다. 생존자가 치유하는 과정 속에서 시간이 많이 흐르면, 자신이 당한 일에 대한 사실들에 대해서 아는 것이 그녀를 자유케 하여 온전한 삶을 살 수 있도록 도와준다는 것을 알게 된다. 그러나 외상과는 다른 증상처럼 산산조각 난 세상에서 어떤 의미를 찾으려고 갈등하는 초기의 단계에서는 그러한 자유를 느낄 여유가 없다. 자신이 성폭행당했다는 진실을 확인하게 되는 순간, 생존여성은 이제까지 세상을 살아가는 방식이 뿌리째 흔들리고 있다는 것을 알기 때문에 진실을 말하는 것은 매우 힘겨운 일이다.

그럼에도 불구하고 우리가 잊지 말아야 할 것은 고통의 한 가운데에 바로 우리가 찾는 구원적인 치유가 존재한다는 것이다. 아는 사람에 의한 성폭행을 폭력이라고 직접 부르고, 성폭행에 있어서 여자는 잘못한 것이 없다고 믿는 행위는 치유를 위한 가장 기본적인 출발점이다. 친구들이나 가족들, 그리고 전문적인 돌봄제공자들로부터 받는 지지의 여부는 생존여성이 극심한 장기적인 영향을 받건 그렇지 않건 간에 그 상황을 보고 다루는 데 영향을 미칠 수 있다. 치유는 생존 여성이 새로운 자기 정체성을 발견하고 그녀가 살고 있는 세계에 대한 새로운 이해를 갖는 것을 말한다.

이렇게 자신의 세계를 재구성하는 작업은 생존여성이 성폭행을 당한 후에 자신의 삶에 의미를 만들고, 악이 자신을 지배하도록 내버려 두지 않으며, 성폭행범과 그가 저지른 불의한 행동을 미워하고, 아울러 그녀의 친구들과의 관계와 신앙공동체 안에서 자신의 위치를 재천명하는 등의 행위를 하기 위한 방법을 찾는 과정 속에서 발생한다. 이러한 치유 요소들은 생존여성들이 깨진 상태를 희망으로 전환하는 데 도움을 주는 매우 귀중한 것들이다.

폭력이 우리와 아주 가까이에 존재할 때, 목회돌봄 제공자는 자신의 신발을 벗고 치유라고 하는 힘겹지만 성스러운 여정을 그녀가 걸어가도록 함께 동행해 주는 사명을 위해 부름받았다. 하나님의 이름으로 우리는 생존자가 고통 속에 있을 때 그와 함께 있는 존재로서 부름을 받은 것이다. 그 이유는 폭력으로부터 무언가 배울 가치가 있다거나, 혹은 고통이 우리들을 더욱 강하게 해 주기 때문이 아니라, 두 명 혹은 세 명이 모인 곳에서 고통을 이겨낼 수 있기 때문이다. 하나님을 통하여 우리의 존재가 생존자의 치유과정 속에서 긍정적인 영향을 줄 수 있다.

감정의 격한 풍랑 속을 지나가는 생존자와 함께 하기 위해서 돌봄 제공자에게 무엇보다도 요구되는 것은 인내, 용기와 하나님께서 그녀와 함께 하신다는 강한 확신이다. 그저 "해로운 것은 하지 말라."고 단순히 말하는 것으로는 충분하지 않다. 생존자는 심각한 신뢰감의 상실로 인한 배신감을 맛보고 있기 때문에 "이만하면 되겠지." 하는 돌봄제공자 자신이 설정한 선을 훨씬 뛰어넘어 그녀의 고통 속에서 그녀를 만나야 함을 의미한다. 보다 실제적으로 말하면, 이것은 생존자가 경험하는 불신 가운데 신뢰를 끝까지 붙들어야 하고, 그녀의 부끄러움과 혼란 속에서 인내를 가져야 하며, 그녀의 감정을 통제하지 않으면서도 그녀를 지지해야 하고, 생존자에게 안전함을 느끼라고 요구하지 않으면서 안전한 공간을 창조하는 것과 아울러 비록 답을 알지 못하는 때에라도 진실을 말해야 하는 것 등을 의미한다고 말할 수 있다.

대부분의 전문종교인들은 의료전문가나 법전문가, 혹은 성폭행 위기대처 상담가나 심지어 목회심리치료사들이 아니다. 우리가 하나님께로부터 부여받은 달란트는 위에서 말한 전문가들의 영역을 복사하며 따라하는 것이 아니다. 신앙공동체의 구성원이자 지도자로서 우리는 생존자들이 그들의 신앙과 보다 넓은 공공 공동체라는 관점에서 삶의 의미를 발견하고 실현시켜 나갈 수 있는 길을 찾고자 할 때, 그들과 함께 거하라고 초대를 받은 사람들이다. 아는 사람에 의한 성폭행의 생존자들을 돌보는 전문적인 목회돌봄의 행위는 생존여성이 그녀의 몸을 다시 거룩하게 여기며, 그녀의 영혼을 채우고, 그녀의 공동체가 지난 구속의 힘 등을 재천명할 수 있기에 충분히 안전한 장소가 될 수 있다는 가능성을 창조하는 것이다.

폭력이 우리와 아주 가까이에 존재할 때, 믿음의 공동체는 생존여성이 자신의 이야기를 말할 수 있고 그녀가 인정받고 있다는 것을 알 수 있는, 충분히 안전한 장소를 창조하기 위해 부름을 받았다. 믿음의 공동체는 성경이나 예배와 같은 그들이 지닌 역사적인 자원들을 통하여 상한 마음을 지닌 생존여성들에게 절실히 필요한 위로를 줄 수 있다. 교회나 다른 신앙공동체들이 실제로 존재하며, 구체적으로 나타나며, 성적인 모양을 띠고 있는 악에 대해서 이야기한다는 것은 그리 쉬운 일이 아니다. 아는 사람에 의한 성폭행은 그 자체가 가지는 특성들 -은밀성, 가해자와의 친밀성과 혼란- 때문에 신앙을 가진 사람들이 다루기에 어려운 면이 있는 것이 사실이다. 아는 사람에 의한 성폭행을 이해하려면 교회 구성원들은 모든 의심을 떨쳐 버리기 위하여 확실한 증거를 보아야만 믿는 편견이 우리 안에 있다는 것을 인정해야만 한다.

반면에, 아는 사람에 의한 성폭행은 생존자들이나 공동체에 늘 의혹의 여지가 존재한다. 생존자들을 구제하는 공동체가 되기 위해서 신앙공동체들은 부인 혹은 거절, 억압, 그리고 힘겨운 이슈들로부터 도망가려고 하는 등의 대처기제(coping mechanism)의 유혹을 직시하고 물리칠 수 있도록 노력해야만 한다. 생존자들이 이러한 자기방어적인 대처기제들과 갈등하며 싸우고 있는 것처럼, 그들에게 진정한 지성소(至聖所)를 제공하려는 열망을 가진 신앙공동체도 같은 마음을 가져야만 한다.

성폭력의 생존자들이 가지는 법적인 권리들을 다룬 세미나에서 캘리포니아의 샌 보나디노 카운티에 소속된 한 중범죄 담당검사는 "(성적 범죄)는 대학에 소속된 사람들이 다루기 원하지 않는 유형의 폭력"이라고 신랄하게 비판했다.[1] 이와 마찬가지로, 아는 사람에 의한 성폭행을 언급하는 것은 전문종교인들이나 우리 모두에게 그리 유쾌한 주제는 아니다. 그러나 예수 그리스도 안에서 한 지체를 이룬 우리들은 의심과 두려움의 높은 탑 위에서 내려와 억압받은 자들을 위한 해방의 좋은 소식을 들으라고 부름받았다는 사실을 기억할 필요가 있다.

이 해방은 악의 세력으로부터 우리들을 자유케 해 주는데, 그 목적은 남을 구제하고 돌보는 삶을 살라는 것이다. 이러한 희망의 기쁨 소식을 선언하기 위해서 우리는 무엇보다도 먼저 우리 자신의 '깨어짐'을 말할 수 있어야만 한다. 즉 치유라고 하는 희망은 우리의 슬픔과 비탄을 드러내어 말하는 것으로 시작된다. 폭력은 저 멀리 있는 것이 아니라 바로 우리들의 곁에 아주 가까이에서 어슬렁거리기 때문에 복음은 우리들을 억누르고 있는 폭력을 드러내고, 우리 자신을 부끄럽게 했던 의심을 개탄하며, 구속의 공동체 안에 존재하는 희망을 재천명할 수 있도록 하나님이 우리에게 부여하셨던 힘을 다시 우리에게 부여해 준다.

주(註)

서론

1) American Association of Pastoral counselors, petiotion, presented to Hillary Rodham Clinton on behalf of heath care reform, American Association of Pastoral Counselors Conference, 1993, cited in Laura Delaplain, *Cutting a New Path: Helping Survivors of Childhood Domestic Trauma* (Cleveland: United Church Press, 1997), xv.

2) Juithe Lewis Herman, *Trauma and Recovery* (New York: Basic Books, 1992), 61.

3) Dean G. Kilpatrick, Christine N. Edmunds, and Anne Seymour, *Rape in America: A Report to the Nation* (Arlington, Va.: National Victim Center, 1992), i.

4) Division of Adolescent and School health, *Youth Risk Bohavior Surveillance: National College Health Risk Behavior Survey? United States* (Washington, D.C.: National Center for Chronic Disease Prevention and health Promotion, 1995).

5) Kilpatrick et al., *Rape in America*, 3.

6) Gail E. Wyatt, "The Sociocultural Context of African American and White American Women's Rape," *Journal of Social Issues* 48 (Spring 1992): 80.

7) Kilpatrick et al. *Rape in America*, 6, 14.

8) Particia Tjaden and Nancy Thoennes, *Full Report of the Prevalence, Incidence, and Consequences of Violence against Women: Findings from*

the National Violence against Women Survey (Washington, D.C.: National Institute of Justice, 2000), 4. 이 책은 아이들에 대한 성적 공격과 어른들을 대상으로 한 성적 폭력을 뚜렷히 구분하고 있다.

9) Patricia Searles and Ronald J. Berger, "The Current Status of Rape Reform Legislation: An Examination of State Statutes," *Women's Rights Law Reporter* 10 (1987): 41.

10) 토이넷 유진이 정한 성적 남용의 개념에서 이러한 폭력의 네 가지 유형을 빌려왔다. 이 유형에 대해 보다 더 알고 싶으면 다음을 참조하라. Toinette Eugene, "'Swing Low, Sweet Chariot!' A Womanist Ehtical Response to Sexual Violence and Abuse," in *Violence against Women and Children: A Christian Theological Sourcebook*, ed. Carol J. Adams and Marie Fortune (New York: Continuum, 1995), 187.

11) 이 책에서 피해자(victim)는 성폭행을 당할 당시 혹은 직후에 있는 여자들을 말하며, 생존자(survive)는 성폭행 후 겪은 외상의 급박한 위험을 지나 치유를 위한 삶의 재조직단계에 있는 여자들을 나타내기 위하여 사용하였다.

12) Sharon D. Parks, *The Critical Years: Young adults and the Search for Meaning, Faith, and Commitment* (San Francisco: Harper-SanFrancisco, 1986), 75.

13) Susan Estrich, *Real Rape* (Cambridge, Mass.: Harvard University Press, 1987), 4.

14) Mary Koss, Thomas Dinero, Cynthia Seibel, and Susan Cox, "Stranger and Acquaintance Rape: Are There Differences in the Victim's Experience?" *Psychology of Women Quarterly* 12 (1988): 20.

15) Anita Diamant, *The Red Tent* (New York: St. Martin's, 1997).

16) Pamela Cooper-White, *The Cry of Tamar: Violence against Women and the Church's Response* (Minneapolis: Fortress Press, 1995), 14.

17) Marie Fortune, *Sexual Violence: The Unmentionable Sin* (Cleveland: Pilgrim, 1983), 43.

18) Cooper-White, Cry of Tamar, 95. For the original work on the wounded healer, see Henri Mouwen, *The Wounded Healer: Ministry in Contemporary Society* (New York: Doubleday, 1979).

19) Herman, *Trauma and Recovery*, 140.

20) Cooper-White, *Cry of Tamar*, 196.

21) Marsha Foster-Boyd, "Womanist Care," paper presented at the American Academy of Religion, Chicago, Ill., November 17, 1995.

22) For more on a feminist method of research, see Sandra Harding, "Introduction: Is There a Feminist Method?" in *Feminism and Methodology*, ed. Sandra Harding (Bloomington: Indiana University Press, 1987), 6.\

1장 아는 사람에 의한 성폭행에 대한 사실들과 이론들

1) Vernon R. Wiehe and Ann L. Richards, Intimate Betrayal: Understanding and Responding to the Trauma of Acquaintance Rape (Thousand Oaks, Calif.: Sage, 1995), 10-14.

2) 부부 사이에서 발생하는 성폭행의 경우, 일곱 명 중의 한 명꼴로 현재 혹은 전 남편에 의해서 한 번 혹은 그 이상 성폭행당한 적이 있는 것으로 나타났다. 통

계상 성폭행의 약 46퍼센트 정도가 친아버지나 계부, 현남편, 전남편, 그리고 친척에 의해서 저질러지고 있다(위의 책, 14).

3) Federal Bureau of Investigation. "Forcible Rape." *Uniform Crime Reports*, Section II: Crime Index Offenses Reported, 1998 [February 28, 2000]. On-line: http://www.fbi.gov/ucr/98cius.htm.

4) "Sexual Assault Statistics," *Research and Advocacy Digest* 1 (February 1999): 10.

5) Patricia Tjaden and Nancy Thoennes, *Full Report of the prevalence, Incidence, and Consequences of Violence agaist Women: Findings from the National Violence against Women Survey* (Washington, D.C.: National Institute of Justice, 2000), 46.

6) David Finkelhor, "Current Information on the Scope and Nature of Child Sexual Abuse," *The Future of Childern* 4 no.2 (1994): 46.

7) Mary Koss, Thomas Dinero, Cynthia Seibel, and Susan Cox, "Stranger and Acquaintance Rape: Are There Differences in the Victim's Experience?" *Psychology of Women Quarterly* 12 (1988): 13.

8) "Sexual assault Statistics,"44.

9) Pamela Cooper-White, *The Cry of Ramar: Violence against Women and the Church's Response* (Minneapolis: Fortress Press, 1995), 85.

10) Frank Julian, "Date ad Accquaintance Rape: The Legal Point of View: Part 1," *College Student Affairs Journal* 12 (Spring 1993): 6.

11) Audre Lorde, *Sister Outsider: Essays and Speeches* (Trumansburg, N.Y.: Crossing, 1984), 120.

12) William Ryan, *Blaming the Victim* (New York: Pantheon, 1971), 19.

13) Wiehe and Richards, *Intimate Betrayal*, 20.

14) Geraldo M. Gonzales, "A comparison of Alcohol Use and Alcohol Related Problems among Caucastian, Black and Hispanic College Students," *NASA Journal* 27 (1990): 334.

15) Bureau of Justice Statistics, *BJS Data Report* (Rockville, Md.: National Criminal Justice Reference Service/BJS Clearinghouse, 1986), 12.

16) Pauline Bart and Patricia O'Brien, *Stopping Rape: Successful Survival Strategies* (New York: Pergamon, 1985), 86.

17) Gail E. Wyatt, "The sociocultural Context of African American and White American Women's Rape," *Journal of Social Issues* 48 (Spring 1992): 86.

18) Cooper-White, *Cry of Tamar*, 88.

19) Eileen O'Brein, "Black Women Additionally Victimized by Myths, Stereotypes: Scholars Say More Research Needed," *Black Issues in Higher Education* (December 7, 1989): 9.

20) Particia Tjaden and Nancy Thoennes, "Extent, Nature, and Consequences of Intimate Partner Violence" (Washington, D.C.: National Institute of Justice, 2000), 53.

21) Wyatt, "Sociocultural Context," 78.

22) Angela Y. Davis, *Women, Race and Class* (New York: Random House, 1981), 175.

23) Darlene Clark Hine, "Rape and the Inner Lives of Black Women in the Middle West: Preliminary Thoughts on the Culture of Dissemblance," *Signs: Journal of Women in Culture and Society* 14 (1989): 912.

24) Davis, *Women, Race and Class*, 25.

25) Ibid., 7.

26) Ibid., 183.

27) Ibid.

28) Susan Brownmiller, *Against Our Will: Men, Women, and Rape* (New York: Simon and Schuster, 1975), 240.

29) Emilie M. Townes, *Womanist Justice, Womanist Hope* (Atlanta: Scholars, 1993), 138.

30) For in-depth critiques of Brownmiller and others, see Angela Y. Davis, "Rape, Racism, and the Capitalist Setting," *Black Scholar* 12 (November/December 1981): 39-45; idem, *Women, Race and Class*, 78.

31) Toinette Eugene, "'Swing Low, Sweet Chariot!' A Woman's Ethical Response to Sexual Violence and Abuse," in *Violence against Women and Children: A Christian Theological Sourcebook*, ed. Carol J. Adams and Marie Fortune (New York: Continuum, 1995), 187.

32) 이것은 좀 의아스러운 점이다: 한 여성의 정체성이 항상 생존과 저항을 동반한다면, 사회와 당신이 속한 공동체가 그것을 받아들이지 않을 때 당신이 성폭행 당했다고 믿는 것이 심리적으로 안전한 것인가?

33) Wyatt, "Sociocultural Context," 80.

34) O'Brein, "Black Women," 9.

35) Anita P. Jackson and Susan J. Sears, "Implications of an Afrocentric Worldview in Reducing Stress for African American Women," *Journal of Counseling and Development* 71 (November/December 1992): 186.

36) Eileen O'Brein, "Date Rape: Hidden Epidemic Makes Campuses Unsafe for Women," *Black Issues in Higher Education* (December 7, 1989): 9.

37) N. Duncan Sinclair, *Horrific Traumata: A Pastoral Response to the Post-Traumatic Stress Disorder* (New York: Haworth Pastoral, 1993), 15.

38) Ruth E. Krall, *Rape's Power to Dismember Women's Lives: Personal Realities and Cultural Forms* (Ph.D. diss., School of Theology at Claremont, 1990; Ann Arbor, Mich.: UMI, 1990), 152.

39) Ann W. Burgess and Lynda L. Holmstrom, "Rape Trauma Syndrome," *American Journal of Psychiatry* 131 (September 1974): 981-85.

40) Ibid., 982.

41) 나중에 버거스와 홈스트롬은 이 증후를 세 가지 단계로 나누었다: 급성단계 혹은 충격단계, 반동 혹은 유사적응의 단계, 그리고 통합 혹은 재조직의 단계.

42) Burgess and Holmstrom, "Rape Trauma Syndrome," 982; Ann W. Burgess and Lynda L. Holmstrom, Rape: *Victims of Crisis* (Bowie, Md.: Brady, 1974), 40.

43) 버거스와 홈스트롬은 자신의 감정으로부터 분열을 경험하는 사람들에 대해서는 언급하지 않았다. 그 이유가 외상을 당했을 때 의식적으로 자신의 감정을 감추는 반응이 다른 복잡한 반응들과 함께 보다 더 일반적으로 나타나는 현상이기 때문인지 궁금하다. 즉 이 반응이 과거 경험했던 내상에 대해서 알려 주며, 위기치료 접근방법보다 다른 치료방법의 필요성을 나타낼 정도로 더 심각한 반응이기 때문이 아닐까 하는 궁금증이다.

44) Ann W. Burgess and Lynda L. Holmstrom, "Crisis and Counseling Requests of Rape Victims," *Nursing Research* 23 (May 1974): 199.

45) 생존자들을 위해서 일하면서 나는 생존자들이 매일매일 일상 생활을 하는 동안에 보이는 반응들에 대해서 편집증, 공포증 혹은 과도하게 예민하다거나, 극도예민증이라고 부르지 않는 것이 도움이 된다는 것을 알았다. 성폭행으로

부터의 생존자들은 성폭행당하기 전에 늘 했었던 일들에 대해서 의문을 던지며 갈등하고 있고, 그들의 주위 환경에 대해서 본인들이 갖는 예민함이 거의 강박관념에 가깝다는 것을 스스로도 느끼고 있기 때문에, 나는 생존자들이 그들의 환경에 대해서 갖는 지속적인 관심을 묘사할 때면 과민반응이라고 부르기를 선호하는 편이다. 이러한 상담자의 자세는 생존자가 익숙했던 자신들의 환경에 대해서 다르게 처신해야 하는 것을 정상적으로 받아들일 수 있도록 격려하는 데 도움을 줄 수 있다.

46) 샤론 맥콤비(Sharon L. McCombie)는 피해자들은 공격을 당하고 있는 중이나 바로 직후에는 분노를 거의 느끼지 않는다고 주장한다.("Characteristics of Rape Victims Seen in Crisis Intervention," *Smith College Studies in Social Work* 46 [1976]: 153).

47) Burgess and Holmstrom, "Rape Trauma Syndrome," 983. 그들이 행한 초기의 연구에서 버거스와 홈스트롬은 낯선 사람에 의한 성폭행과 지금 이 책에서 우리가 부르고 있는 아는 사람에 의한 성폭행을 당한 피해자들을 인터뷰했었지만, 여러 종류의 성폭행의 생존자들이 경험하는 다양한 감정들에 대해서는 말하지 않았다. 그러나 내가 연구한 바에 따르면, 두려움은 성폭행 직후에 생존자가 느끼는 가장 중요한 감정이 아니었다. 그 대신에 불신, 무감각, 메스꺼움, 배신감 등을 주로 겪는 것으로 나타났다.

48) Marie Fortune, *Sexual Violence: The Unmentionable Sin* (Cleveland: Pilgrim, 1983), 148.

49) Roxane L. Silver and Camille B. Wortman, "Coping with Undesirable Life Events," in *Human Helplessness: Theory and Application*, ed. Judy Garber and Martin Seligman (New York: Academic, 1980), 300.

50) Ann W. Burgess and Lynda L. Holmstorm, "Rape Trauma Syndrome

and Post Traumatic Stress Response," in *Rape and Sexual Assault: A Research Handbook*, ed. Ann W. Burgess (New York: Garland, 1985), 53-54.

51) Ann W. Burgess, "Rape Trauma Syndrome," *Behavioral Science and the Law* 1 (1983): 99.

52) Burgess and Holmstorm, "Crisis and Counseling," 200.

53) Burgess and Holmstorm, "Rape Trauma Syndrome," 983.

54) Ibid., 984.

55) 버거스와 홈스트롬은 이러한 현상을 전쟁의 피해자들에게게서 발견했었던 산도 라도(Sandor Rado)의 책을 참고로 했다. See Rado, "Pathodynamics and Treatment of Traumatic War Neuroses (Traumatophobia)," *Psychosomatic Medicine* 4 (1948): 362-68. Today we would call this post-traumatic stress disorder.

56) Burgess and Holmstorm, "Rape Trauma Syndrome," 985.

57) Burgess and Holmstorm, *Rape: Victims of Crisis*, 109.

58) Burgess and Holmstorm, "Rape Trauma Syndrome," 984.

59) Burgess and Holmstorm, *Rape: Victims of Crisis*, 48.

60) Robert Kastenbaum, "Is Death a Life Crisis? On the Confrontation with Death in Theory and Practice," in *Life-Span Developmental Psychology*, ed. Nancy Datan and Leon H. Ginsberg (New York: Academic, 1975), 37.

61) Silver and Wortman, "Coping with Undesirable Life Events," 307.

62) Ibid., 335.

63) Ibid., 281.

64) Burgess and Holmstorm, *Rape: Victims of Crisis*, 100.

65) Edward P. Wimberly, *Counseling African American Marriages and Families* (Louisville: Westminster John Knox, 1997), 13.

66) 루스 크놀(Ruth Krall)은 "그 어느 곳(것)의 소유물이 될 수 없는 존재의 본래적인 근본"을 나타내기 위하여 '육체자신(bodyself)'이라는 용어를 사용하고 있다.

Ruth Krall, "Christian Ideology, Rape, and Women's Postrape Journeys to Healing," in *Peace Theology and Violence against Women*, ed. Elizabeth G. Yoder (Elkhart, Ind.: Institute of Mennonite Studies, 1992), 76.

67) Lenore E. A. Walker, *Abused Women and Survivor Therapy: APractical Guide for the Psychotherapist* (Washington, D.C.: American Psychological Association, 1994), 26.

68) Harold Kaplan, Benjamin Sadock, and Jack Grebb, *Kaplan and Sadock's Synopsis of Psychiatry: Behavioral Sciences, Clinical Psychiatry*, 7th ed. (Baltimore: Williams ans Wilkins, 1994), 606.

69) Edna B. Foa, Gail Steketee, and Barbara Olasov Rothbaum, "Behavioral/Cognitive Conceptualizations of Post-Traumatic Stress Disorder," *Behavior Therapy* 20 (1989): 155.

70) Judith Lewis Herman, *Trauma and Recovery* (New York: Basic Books, 1992), 28.

71) American Psychiatric Association, *Diagnostic and Statistical Manual of Mental Disorder* (Washington, D.C.: American Psychiatric Association, 1952). *DSM은 Diagnostic and Statistical Manual of Mental Disorders의 약어로 우리말로 하면 정신장애 진단 및 통계 편람이다. 미국정신과협회(American Psychiatric Association)에서 만든 정신질환에 대한 진단 체계 편

람이다.(역자 주)

72) American Psychiatric Association, *Diagnostic and Statistical Manual of Mental Disorder: DSM-II* (Washington, D.C.: American Psychiatric Association, 1968).

73) American Psychiatric Association, *Diagnostic and Statistical Manual of Mental Disorder: DSM-III*, 3rd ed. (Washington, D.C.: American Psychiatric Association, 1980).

74) American Psychiatric Association, *Diagnostic and Statistical Manual of Mental Disorder: DSM-IV*, 4th ed. (Washington, D.C.: American Psychiatric Association, 1994), 424. 최근 개정판에서 DSM-IV는 DSM-III and DSM-III-R 리스트에 처음 등장했던 것들 가운데 몇 가지 변화들을 주었다. DSM-III and III-R에서는 어떤 행동이 PTSD의 기준에 부합되기 위해서는 그러한 증상이 '사람이 정상적으로 경험하는 범위를 벗어나야'만 했다. 그러나 DSM-IV에서는 이러한 규정이 신뢰할 만하지 못하며 정확하지 못하기 때문에 삭제했다. 특히 성적 폭력의 유형에서 더욱 그렇다. 그 대신에 DSM-IV는 스트레스에 대한 그 사람의 반응이 극심한 두려움, 무기력증이나 공포 등과 같은 현상을 포함할 것을 권고했다. 내가 이 책에서 많은 예를 들었던 레노 워커와 쥬디스 루이스 허만의 작업은 DSM-III and III-R을 기초로 한 것이다. 아직까지도 DSM-IV의 기준에 맞는 성폭행이나 PTSD에 대한 연구 결과가 발간되지 못했다.

75) DSM-IV는 아이들에게 나타나는 종합적인 증상들이 아마도 다르게 나타날 것이라고 적고 있다.

76) PTSD는 적응장애하고는 다른데, 적응장애는 정상적인 삶의 주기에서 발생하는 일들에 대해서 비정상적인 감정반응을 보이는 경우이다. For more on this, see Walker, *Abused Women and Survivor Theraphy*, 76.

77) Ibid., 35.

78) Sinclair, *Horrific Traumata*, 37.

79) Walker, *Abused Women and Survivor Theraphy*, 36.

80) 이것은 아는 사람에 의한 성폭행의 생존자들과 특히 연관성이 깊다. 왜냐하면 그들 중 41퍼센트가 다시 성폭행을 당할지도 모른다는 불안을 느끼기 때문이다. Robin Warshaw, *I Never Called it Rape: The Ms. Report on Recognizing, Fighting, and Surviving Date and Acquaintance Rape* (New York: Harper & Row, 1988), 64.

81) Kaplan et al., *Kaplan ans Sadock's Synopsis of Psychiatry*, 610.

82) American Psychiatric Association, *DSM-IV*, 429.

83) Barbara Olasov Rothbaum, Edna B. Foa, David S. Riggs, Tamera Murdock, and William Walsh, "A Prospective Examination of Post-Traumatic Stress Disorder in Rap Victims," *Journal of Traumatic Stress* 5 (1992): 470.

84) Dean G. Kilpatrick, Benjamin E. Saunders, Lois J. Vernon, Connie L. Best, and Judith M. Von, "Criminal Victimization: Lifetime Prevalence, Reporting to Police, and Psychological Impact," *Crime and Delinquency* 33 (October 1987): 484.

85) Fran H. Norris, "Epidemiology of Trauma: Frequency and Impact of Different Potentially Traumatic Events of Different Demographic Groups," *Journal of Consulting and Clinical Psychology* 60, no. 3 (1992): 409.

86) Edna B. Foa, Gail Steketee, and Barbara Olasov Rothbaum, "Behavioral/Congitive Conceptualizations of Post-Traumatic Stress Disorder," *Behavior Theraphy* 20 no. 2 (1989): 172.

87) Edna B. Foa, Barbara Olasov Rothbaum, and Gail Steketee, "Treatment of Rape Victims," *Journal of Interpersonal Violence 8* (June 1993): 256.

88) Sinclair, *Horrific Traumata*, 37.

89) Walker, *Abused Women and Survivor Theraphy*, 27.

90) Sinclair, *Horrific Traumata*, 37.

91) Koss and Harvey, *The Rape Victim*, 78.

92) American Psychiatric Association, *DSM-IV*, 683.

93) Ibid., 431.

94) Jeffrey Jay, "Walls for Wailing," *Common Ground* 12 (May/June 1994): 31.

95) Myung-Sook Lee, personal conversation, Claremont School of Theology, Claremont, Calif., July 27, 1998. For more on this discussion, see her forthcoming dissertation from the Claremont School of Theology.

96) Walker, *Abused Women and Survivor Theraphy*, 30.

97) Ibid., 369, 373.

98) Ibid., 34.

2장 생존자들의 이야기

1) 여기에 사용된 특정한 이름과 정보들은 가명임을 밝혀 둔다.

2) 우리가 제 1장에서 살펴본 대로 기억상실은 외상과 관련되어 보편적으로 나타나는 증상이다.

3) "레아가 야곱에게 낳은 딸 디나가 그 땅의 딸들을 보러 나갔더니 히위 족속 중 하몰의 아들 그 땅의 추장 세겜이 그를 보고 끌어들여 강간하여 욕되게 하고"

4) "그 후에 이 일이 있으니라 다윗의 아들 압살롬에게 아름다운 누이가 있으니 이름은 다말이라 다윗의 다른 아들 암논이 그를 사랑하나 그는 처녀이므로 어찌할 수 없는 줄을 알고 암논이 그의 누이 다말 때문에 울화로 말미암아 병이 되니라 암논에게 요나답이라 하는 친구가 있으니 그는 다윗의 형 시므아의 아들이요 심히 간교한 자라 그가 암논에게 이르되 왕자여 당신은 어찌하여 나날이 이렇게 파리하여 가느냐 내게 말해 주지 아니하겠느냐 하니 암논이 말하되 내가 아우 압살롬의 누이 다말을 사랑함이니라 하니라 요나답이 그에게 이르되 침상에 누워 병든 체하다가 네 아버지가 너를 보러 오거든 너는 그에게 말하기를 원하건대 내 누이 다말이 와서 내게 떡을 먹이되 내가 보는 데에서 떡을 차려 그의 손으로 먹여 주게 하옵소서 하라 하니 암논이 곧 누워 병든 체하다가 왕이 와서 그를 볼 때에 암논이 왕께 아뢰되 원하건대 내 누이 다말이 와서 내가 보는 데에서 과자 두어 개를 만들어 그의 손으로 내게 먹여 주게 하옵소서 하니 다윗이 사람을 그의 집으로 보내 다말에게 이르되 이제 네 오라버니 암논의 집으로 가서 그를 위하여 음식을 차리라 한지라 다말이 그 오라버니 암논의 집에 이르매 그가 누웠더라 다말이 밀가루를 가지고 반죽하여 그가 보는 데서 과자를 만들고 그 과자를 굽고 그 냄비를 가져다가 그 앞에 쏟아 놓아도 암논이 먹기를 거절하고 암논이 이르되 모든 사람을 내게서 나가게 하라 하니 다 그를 떠나 나가니라 암논이 다말에게 이르되 음식물을 가지고 침실로 들어오라 내가 네 손에서 먹으리라 하니 다말이 자기가 만든 과자를 가지고 침실에 들어가 그의 오라버니 암논에게 이르러 그에게 먹이려고 가까이 가지고 갈 때에 암논이 그를 붙잡고 그에게 이르되 나의 누이야 와서 나와 동침하자 하는지라 그가 그에게 대답하되 아니라 내 오라버니여 나를 욕되게 하지 말라 이런 일은 이스라엘에서 마땅히 행하지 못할 것이니 이 어리석은 일을 행하지 말라

내가 이 수치를 지니고 어디로 가겠느냐 너도 이스라엘에서 어리석은 자 중의 하나가 되리라 이제 청하건대 왕께 말하라 그가 나를 네게 주기를 거절하지 아니하시리라 하되 암논이 그 말을 듣지 아니하고 다말보다 힘이 세므로 억지로 그와 동침하니라"(삼하 13:1-14).

5) 멜라니의 혼란은 특히 그가 성폭행을 당한 지 몇 개월 후에 빌 클린턴 대통령의 섹스 스캔들에 관한 청문회가 있었기에 더욱 마음을 아프게 했다. 빌 클린턴 대통령은 섹스를 여성의 질 안에서 남성의 성기가 사정하는 것으로 매우 제안적인 범위의 정의를 내렸다.

6) 성폭행의 생존자들이 자신들의 가해자와 대면하는 것은 그들에게 위험을 줄 수 있다는 것을 독자들은 주목할 필요가 있다. 만약에 그런 일이 발생하면 반드시 생존자가 먼저 요청해야만 하며, 추가적으로 발생할 수 있는 신체적, 관계적, 그리고 심리영적인 위해로부터 생존자가 안전할 수 있도록 마련된 장소에서 이루어져야만 한다.

3장 목회상담신학을 위한 이론적 틀

1) Eugene Kanin and Clifford Kirkpatrick wrote the first published articles on acquaintance rape in 1957. Eugene Kanin, "Male Aggression in Dating-Courtship Relations," *American Journal of Sociology* 63 (1957): 197-204; Clifford Kirkpatrick and Eugene Kaini, "Male Sex Aggression on a University Campus," *American Sociological Review* 22 (February 1957): 52-58.

2) Pamela cooper-White, *The Cry of Tamar: Violence against Women and the Church's Response* (Minneapolis: Fortress Press, 1995), 98.

3) For more on these spiritual losses, see N. Duncan Sinclair, *Horrific Traumata: A Pastoral Response to the Post-Traumatic Stress Disorder* (New York: Haworth Pastoral, 1993), 43-69.

4) Herbert Ginsburg and Sylvia Opper, *Piaget's Theory of Intellectual Development: An Introduction* (Englewood Cliffs, N.J.: Prentice Hall, 1969), 172.

5) Marie Fortune, *Sexual Violence: The Unmentionable Sin* (Cleveland: Pilgrim, 1983), 143.

6) Ronnie Janoff-Bulman, *Shattered Assumptions: Toward a New Psychology of Trauma* (New York: Free Press, 1992), 19.

7) Alice Miller, *Thou Shalt Not Be Aware: Society's Betrayal of the Child* (New York: Meridian, 1986), 95.

8) Fortune, *Sexual Violence*, 204; Mary D. Pellauer, "A Theological Perspective on Sexual Assault," in *Sexual Assault and Abuse: A Handbook for Clergy and Religious Professionals*, ed. Mary D. Pellauer, Barbara Chester, and Jane Boyajian (San Francisco: Harper & Row, 1987), 91.

9) Fortune, *Sexual Violence*, 204.

10) Sinclair, *Horrific Traumata*, 72.

11) Fortune, *Sexual Violence*, 204.

12) Emilie Morgan, "Don't Call Me a Survivor," in *Listen Up: Voices from the Next Feminist Generation, ed. Barbara Findlen* (Seattle: Seal, 1995), 180.

13) Fortune, *Sexual Violence*, 34.

14) 성폭행과 법에 관한 논의를 알고 싶다면, 다음의 책을 참고하라. Susan Estrich, *Real Rape* (Cambridge, Mass.: Harvard University Press, 1987);

and Leslie Francis, ed., *Date Rape, Feminism, Philosophy, and the Law* (University Park: Pennsylvania State University Press, 1996).

15) 설득이나 유혹은 비록 그녀에게 부과된 의무와 반대될지라도 그녀 자신이 원하는 대로 행동하라고 납득시키는 것이다. 설득은 "노!"라고 대답할 수도 있다는 점에서 위협과는 다르다. 위협은 "안돼요!"라고 말할 수 없다. 유혹은 성에 대해서 적절한 정보와 합의 혹은 거절할 수 있는 힘을 가지고 있는 누군가에게 접근하는 것을 뜻한다. For more on this, see Lorenne Clark and Debra Lewis, *Rape: The Price of Coercive Sexuality* (Toronto: Women's Press, 1977), 175.

16) Fortune, *Sexual Violence*, 37.

17) 기독교에서 행해지는 결혼예식에서 결혼반지는 종종 '내적이고 영적인 은총에 대해 외적으로 드러나는 표시'로 말해지곤 한다. See "A Service of Christian Marriage I," in *The United Methodist Book of Worship* (Nashville: Abingdon, 1992), 121.

18) I am indebted to the Rev. Marty Cash-Burliss, Chaplain at Mount Union College (Alliance, Ohio), for this term.

19) Jennifer Manlowe, *Faith Born of Seduction: Sexual Trauma, Body Image, and Religion* (New York: New York University Press, 1995), 67.

20) Fortune, *Sexual Violence*, 201.

21) Not her real name.

22) Celia J. Falicov, "Mexican Families," in *Ethnicity and Family Therapy*, ed. Monica McGoldrick, John Pearce, and Joseph Giordano (New York: Guilford, 1982), 134.

23) M. Shawn Copeland, "Wading through Many Sorrows: Toward a

Theology of Suffering in Womanist Perspective," in *A Troubling in My Soul: Womanist Perspectives on Evil and Suffering*, ed. Emilie M. Townes (Maryknoll, N.Y.: Orbis, 1993), 124.

24) Ruth E. Krall, *Rape's Power to Dismember Women's Lives: Personal Realities and Cultural Forms* (Ph.D. diss., School of Theology at Claremont, 1990; Ann Arbor, Mich.: UMI, 1990), 38.

25) Judith Lewis Herman, *Trauma and Recovery* (New York: Basic Books, 1992), 51.

26) Fortune, *Sexual Violence*, 143.

27) Monique Savage, personal communication, 1997.

28) David Finkelhor, "Current Information on the Scope and Nature of Child Sexual Abuse," *The Future of Children* 4, no. 2 (1994), 41.

29) Herman, *Trauma and Recovery*, 178.

30) Kathleen M. Sands, *Escape from Paradise: Evil and Tragedy in Feminist Theology* (Minneapolis: Fortress Press, 1994), 65.

31) Fortune, *Sexual Violence*, 153.

32) Ibid., 194.

33) Ibid., 201.

34) Cooper-White, The Cry of Tamar, 97.

35) Marie Fortune, "Forgiveness: The Last Step," in *Abuse and Religion: When Praying Isn't Enough*, ed. Anne L. Horton and Judith A. Williamson (New York: Lexington, 1988), 218; John Patton, "Forgiveness, Lost Contracts, and Pastoral Theology," in *The Treasure of Earthen Vessels: Explorations in Theological Anthropology*, ed. Brain Childs and David

Waanders (Louisville: Westminster John Knox, 1994), 206.

36) Pellauer, "Theological Perspective on Sexual Assault." 87.

4장 목회상담과 아는 사람에 의한 성폭행

1) Marie Fortune, *Sexual Violence: The Unmentionable Sin* (Cleveland: Pilgrim, 1983). 125.

2) Emma Justes, "Women," in *Clinical Handbook of Pastoral Counseling*, ed. Robert Wicks, Richard Parsons, and Donald Capps (New York: Paulist, 1958, 298.

3) Diane K. Beebe, "Emergency Management of the Adult Female Rape Victim," *American Family Physician* 43 (1991): 2041-46, cited in Lenore Walker, *Abused Woman and Survivor Therapy: A Practical Guide for the Psychotherapist* (Washington, D.C.: American Psychology Association, 1994), 29.

4) Mary Koss, W. J. Woodruff, and P. G. Koss, "Criminal Victimization among Primary Care Medical Patients: Incidence, Prevalence, and Physician Usage," *Behavioral Science and the Law* 9 (1991): 85-96.

5) Walker, *Abused Women and Survivor*, 29.

6) Kathleen Doheny, "What Date Rape Drugs Do," *Los Angeles Times*, Octobor 8, 1996, E1. For more on this, see "Rohypnol 'Roofie' and Rape" (July 30, 1998), on-line: http://www.goaskalice.columbia.edu/0884.html

5장 폭력이 우리 곁 가까이 있을 때

1) Gail Solo, workshop on legal issues for a volunteer advocate's training
session, Project SISTER, Sexual Assault Crisis and Prevention Services,
Pomona, Calif., October 19, 1996.

·Adams, Carol J., and Marie Fortune, eds. *Violence against Women and Children: A Christian Theological Sourcebook*. New York: Continuum, 1995.

·American Psychiatric Association. *Diagnostic and Statistical Manual of Mental disorders: DSM-IV*. 4th ed. Washington, D.C.: American Psychiatric Association, 1994.

·Bohmer, Carol, and Andrea Parrot. Sexual Assault on Campus: The Problem and the Solution. New York: Lexington, 1993.

·Brown, Joanne Carlson, and Carole R. Bohn, eds. *Christianity, Patriarchy, and Abuse: A Feminist Critique*. Cleveland: Pilgrim, 1989.

·Brownmiller, Susan. *Against Our Will: Men, Women, and Rape*. New York: Simon & Schuster, 1975.

·Buchwald, Emilie, Pamela R. Fletcher, and Martha Roth. *Transforming a Rape Culture*. Minneapolis: Milkweed Editions, 1993.

·Burgess, Ann W., ed. *Rape and Sexual Assault: A Research Handbook*. New York: Garland, 1985.

·Burt, Martha R. "Cultural Myths and Support for Rape." *Journal of Personality and Social Psychology* 38 (1980): 217-30.

·Cooper-White, Pamela. *The Cry of Tamar: Violence against Women and the Church's Response*. Minneapolis: Fortress Press, 1995.

·__________. "Opening the Eyes: Understanding the Impact of Trauma on Development." In *In Her Own Time: Women and Developmental Issues in*

Pastoral Care, ed. Jeanne Stevenson Moessner, 87-101. Minneapolis: Fortress Press, 2000.

· Cromwell, Nancy A., and Ann W. Burgess, eds. *Understanding Violence against Women.* Washington, D.C.: National Academy Press, 1996.

· Davis, Angela Y. "Rape, Racism, and the Capitalist Setting." *Black Scholar* 12 (November/December 1981): 39-45.

· ____________. *Women, Race and Class.* New York: Random House, 1981.

· Delaplain, Laura. *Cutting a New Path: Helping Survivors of Childhood Domestic Trauma.* Cleveland: United Church Press, 1997.

· Diamant, Anita. *The Red Tent.* New York: St. Martin's, 1997.

· Division of Adolescent and School Health. *Youth Risk Behavior Surveillance: National College Health Risk Behavior Survey-United States.* Washington, D.C.: National Center for Chronic Disease Prevention and Health Promotin, 1995.

· Doheny, Kathleen. "What the Date Rape Drugs Do." *Lost Angeles Times,* October 8, 1996, E1.

· Estrich, Susan. *Real Rape.* Cambridge, Mass.: Harvard University Press, 1987.

· Eugene, Toinette, and James Poling. *Balm for Gilead: Pastoral Care for African American Families Experiencing Abuse.* Nashville: Abingdon, 1998.

· Federal Bureau of Investigation. "Forcible Rape." *Uniform Crime Reports,* Section II: Crime Index Offenses Reported. 1998 [Fevruary 28, 2000]. On-line: http://www.fbi.gov/ucr/98cius.htm.

· Fortune, Marie. *Sexual Violence: The Unmentionable Sin.* Cleveland: Pilgrim, 1983.

· Francis, Leslie, ed. *Date Rape, Feminism, Philosophy, and the Law.* University Park: Pennsylvania State University Press, 1996.

·Groth, A. Nicholas. *Men Who Rape: The Psychology of the Offender.* New York: Plenum, 1979.

·Herman, Judith Lewis. *Trauma and Recovery.* New York: Basic Books, 1992.

·Hine, Darlene Clark. "Rape and the Inner Lives of Black Women in the Middle West: Preliminary Thoughts on the Culture of Dissemblance." *Signs: Journal of Women in Culture and Society* 14 (1989): 912-20.

·Horton, Anne L., and Judith A. Williamson, eds. *Abuse and Religion: When Praying Isn't Enough.* New York: Lexington, 1998.

·Janoff-Bulman, Ronnie. *Shattered Assumptions: Toward a New Psychology of Trauma.* New York: Free Press, 1992.

·Jay, Jeffrey. "Walls for Wailing." *Common Ground* 12 (May/June 1994): 30-35.

·Julian, Frank H. "Date and Acquaintance Rape: The Legal Point of View: Part 1." *College Student Affairs Journal 12* (Spring 1993): 3-10.

·__________. "Date and Acquaintance Rape: The legal Point of View: Part 2." *College Student Affairs Journal 12* (Spring 1993): 11-17.

·Katz, Judy. *No Fairy Godmothers, No Magic Wands: the Healing Process after Rape.* Saratoga, Calif.: R and E, 1984.

·Kilpatrick, Dean G., Christine N. Edmunds, and Anne Seymour. *Rape in America: A Report to the Nation.* Arlington, Va.: National Victim Center, 1992.

·Koss, Mary, Thomas Dinero, Cynthia Seibel, and Susan Cox. "Stranger and Acquaintance Rape: Are There Differences in the Victim's Experience?" *Psychology of Women Quarterly* 12 (1988): 1-24.

·Koss, Mary, Christine Gidycz, and Nancy Wisniewski. "The Scope of Rape: Incidence and Prevalence of Sexual Aggression and Cictimization in a National

Sample of Higher Education Student." *Journal of Consulting and Clinical Psychology* 55 (1987): 162-70.

· Koss, Mary P., and Mary R. Harvey. *The Rape Victim: Clinical and Community Interventions.* 2nd ed. Newbury Park, Calif.: Sage, 1991.

· Krall, Ruth E. *Rape's Power to Dismember Women's Lives: Personal Realities and Cultural Forms.* Ph.D. diss., School of Theology at Claremont, 1990; Ann Arbor, Mich.: UMI, 1990.

· __________. "Christian Ideology, Rape, and Women's Postrape Journeys to Healing." *In Peace Theology and Violence against Women*, ed. Elizabeth G. Yoder, 73-85. Elkhart, Ind.: Institute of Mennonite Studies, 1992.

· Levy, Barrie, ed. Dating violence: Young Women in Danger. Seattle: Seal, 1998.

· "Love: All That and More." A three-video series created and distributed by the Center for the Prevention of Sexual and Domestic Violence, Seattle, Wa.; http://www.cpsdv.org.

· Manlowe, Jennifer. *Faith Born of Seduction: Sexual Trauma, Body Image, and Religion.* New York: New York University Press, 1995.

· McClure, John, and Nancy Ramsay, eds. *Telling the Truth: Preaching about Sexual and Domestic Violence.* Cleveland: Pilgrim, 1998.

· Michigan Department of Community Health. *Watch Out for Rape Drugs.* Lansing: Michigan Women's Commission, 2002.

· Neuger, Christie Cozad. *Counseling Women: A Narrative, Pastoral Approach.* Minneapolis: Fortress Press, 2001.

· ____________________. "Narratives of Harm: Setting the Developmental Context for Intimate Violence." In *In Her own Time: Women and Developmental*

Issues in Pastroal Care, ed. Jeanne Stevenson Mossner, 65-86. Minneapolis: Fortress Press, 2000.

·O'Brien, Eileen. "Black Women Additionally Victimized by Myths, Stereotypes: Scholars Say More Research Needed." *Black Issues in Higher Education* (December 7, 1989): 8-9.

·__________. "Date Rape: Hidden Epidemic Makes Campuses Unsafe for Women." *Black Issues in Higher Education* (December 7, 1989): 6-10.

·Parrot, Andrea, and Laurie Bechhofer, eds. *Acquaintance Rape: The Hidden Crime.* New York: Wiley and Sons, 1991.

·Pellauer, Mary D., Barbara Chester, and Jane Boyajian, eds. *Sexual Assault and Abuse: A Handbook for Clergy and Religious Professionals.* San Francisco: Harper & Row, 1987.

·Piercy, Marge. "Rape Poem." *In Circles on the Water: Selected Poems of Marge Piercy.* New York: Knopf, 1982.

·Ramsay, Nancy. "Sexual Abuse and Shame: The Travail of Recovery." In *Women in Travail and Transition: A New Pastoral Care*, eds. Maxine Glaz and Jeanne Stevenson Moessner, 109-25. Minneapolis: Fortress Press, 1991.

·"Sexual Assault Statistics." *Research and Advocacy Digest* 1 (February 1999).

·Sinclair, N. Duncan. *Horrific Traumata: A Pastoral Response to the Post-Traumatic Stress Disorder.* New York: Haworth Pastoral, 1993.

·Stinson-Wesley, S. Amelia. "Daughters of Ramar: Pastoral Care for Survivors of Rape." In *Through the Eyes of Women: Insights for Pastoral Care*, ed. Jeanne Stevenson Moessner, 222-39. Minneapolis: Fortress Press, 1996.

·Tjaden, Patricia, and Nancy Thoennes. *Extent, Nature, and Consequences of*

Intimate Partner Violence. Wahsington, D.C.: National Institute of Justice, 2000.

————. *Full Report of the Prevalence, Incidence, and Consequences of Violence against Women: Findings from the National Violence against Women Survey*. Washington, D.C.: National Institute of Justice, 2000.

·Townes, Emilie M., ed. *A Troubling in My Soul: Womanist Perspectives on Evil and Suffering*. Maryknoll, N.Y.: Orbis, 1993.

·Voelkel-Haugen, Rebecca, and Marie Fortune. *Sexual Abuse Prevention: A Course of Study for Teenagers*. Rev. ed. Cleveland: United Church Press, 1996.

·Walker, Lenore E. A. *Abused Women and Survivor Therapy: A Practical Guide for the Psychotherapist*. Washington, D.C.: American Psychological Association, 1994.

·Warshaw, Robin. *I Never Called It Rape: The Ms. Report on Recognizing, Fighting, and Surviving Date and Acquaintance Rape*. New York: Harper & Row, 1988.

·West, Traci C. *Wounds of the Spirit: Black Women, Violence, and Resistance Ehtics*. New York: New York University Press, 1999.

·Wiehe, Vernon R., and Ann L. Richards. *Intimate Betrayal: Understanding and Responding to the Trauma of Acquaintance Rape*. Thousand Oaks, Calif.: Sage, 1995.

·Wyatt, Gail E. "The Sociocultural Context of African American and White American Women's Rape." *Journal of Social Issues* 48 (Spring 1992): 77-91.

·Wyatt, Gail E., Cindy M. Notgrass, and Michael Newcomb. "Internal and External Mediators of Women's Rape Experiences." *Psychology of Women Quarterly* 14 (1990): 153-76.